供应链管理专家都是技术控

PMC总监手把手教你学 EXCEL函数

许栩 ——— 著

中国铁道出版社有限公司

CHINA RAILWAY PUBLISHING HOUSE CO., LTD.

图书在版编目（CIP）数据

供应链管理专家都是技术控:PMC 总监手把手教你学 Excel
函数/许栩著 . —北京:中国铁道出版社有限公司,2022.8
ISBN 978-7-113-29153-2

Ⅰ.①供… Ⅱ.①许… Ⅲ.①表处理软件-应用-供应链管理
Ⅳ.①F252.1-39

中国版本图书馆 CIP 数据核字（2022）第 089285 号

书　　名：**供应链管理专家都是技术控：PMC 总监手把手教你学 Excel 函数**
　　　　　GONGYINGLIAN GUANLI ZHUANJIA DOUSHI JISHU KONG：PMC
　　　　　ZONGJIAN SHOUBASHOU JIAO NI XUE EXCEL HANSHU

作　　者：许　栩

责任编辑：陈　胚　　　　　　　　编辑部电话：（010）51873459
封面设计：仙　境
责任校对：孙　玫
责任印制：赵星辰

出版发行：中国铁道出版社有限公司（100054，北京市西城区右安门西街 8 号）
网　　址：http://www.tdpress.com
印　　刷：三河市兴博印务有限公司
版　　次：2022 年 8 月第 1 版　　2022 年 8 月第 1 次印刷
开　　本：710 mm×1 000 mm　1/16　印张：16.5　字数：215 千
书　　号：ISBN 978-7-113-29153-2
定　　价：79.00 元

前　　言

这不是一本专门讲述 Excel 函数的书。

这是一本以实际案例讲述 Excel 函数在供应链管理中应用的书，这是一本讲述供应链管理人员如何使用 Excel 函数解决供应链日常管理问题的书。本书中，Excel 与 Excel 函数只是辅助供应链管理的工具。

尽管目前各种软件、各种系统越来越先进，越来越完善，但 Excel 之于供应链管理，作用不但没有减弱，反而越来越强大。因为，软件和系统能够给供应链管理提供越来越多、越来越全面的数据，而利用数据进行统计与数据分析正是 Excel 函数在供应链管理中的强项。

有人说软件和系统自身也有一定的甚至是很强大的统计与数据分析能力，这是事实。但在实战中，软件与系统的这些强大的统计与数据分析能力不一定是供应链管理者所需要的，也不一定是供应链管理所能应用的。而需要或想要的功能，软件与系统实施起来往往很复杂，或者需要高昂的开发费用。

如果企业的软件与系统不完备，那么，Excel 是统计与数据分析当之无愧的王者。

用好 Excel，需要用好 Excel 函数。但在实战中仅仅知道如何使用 Excel 函数不一定能起到作用。Excel 能否有效应用在于如何在一定的场景合理地使用 Excel 函数。

本书专门讲述供应链管理日常工作场景中 Excel 的应用。书中所讲的"供应链管理"为狭义的供应链管理，其着眼点是企业的供应链管理部门，主要涉及企业内部的计划、物控、仓库、物流、采购、生产等方面。以供应链管理部门中日常使用的表格与模型，以及日常出现问题的解决实例来讲述 Excel 函数。

书中将供应链管理必备的 Excel 函数分为三类：求和、查找与判断，主要以 22 个表格或问题解决的具体应用为依托。

仓储：原料库存明细表、应收与库存总表、物料采购流水表、应付账款汇总表、物料盘点表。

物流：物流费用统计表、物流发货跟踪表。

计划：加权移动平均预测模型、Holt 双参数指数平滑预测模型、线性回归分析预测模型、爆旺平滞判定表。

物控：库存预警与订货模型（订货预警与催货报警）、物料 ABC 矩阵分类模型、生产缺料记录表、车间物料需求计算表、呆滞处理跟踪表、呆滞库存判定模型、安全库存选择问题。

生产：生产计件统计表、投料与投入产出计算表。

其他：导入地址识别问题、根据身份证号码计算性别与年龄。

本书共有四篇 11 章的内容。

第一篇包含第 1 章，基础篇。主要讲解供应链管理与 Excel 的关系，概述供应链管理必备的三类函数。

第二篇包含第 2 到 4 章，求和函数。主要讲解供应链管理中的简单求和、筛选求和、累计求和、乘积求和、条件求和、多条件求和、选择性多条件求和与条件乘积求和。

第三篇包含第 5 到 7 章，查找函数。主要介绍查找三剑客（VLOOKUP、HLOOKUP、LOOKUP）、两对好组合（INDEX＋MATCH、INDEX＋SMALL＋

IF)和两个幕后英雄(OFFSET、FIND)在供应链管理中的应用。

第四篇包含第 8 到 11 章,判断与其他函数。主要讲解在供应链管理中无处不在的 IF 函数、解决错了怎么办的 IFERROR 函数和取整、日期时间与文本三类其他函数。

特别提示:本书提供供应链管理中涉及的 22 个表格,详情请关注作者公众号"许栩原创之供应链计划",欢迎下载使用。

目 录

第三篇

查　　找

第四篇

判断与其他

01

第一篇

基础篇

本篇包含第 1 章内容，主要讲解供应链管理中哪些地方涉及 Excel 的应用及应用场景等。

在供应链管理中，常用的函数有三大类：求和、查找与判断。掌握和熟练应用这三类函数，对于供应链日常工作中数据的分析与处理，供应链相关报表的设计与建模有非常大的帮助。

第 01 章　供应链管理与 Excel

按照国标 GB/T 18354—2021 的定义,供应链,是指生产及流通过程中,围绕核心企业的核心产品或服务,由所涉及的原材料供应商、制造商、分销商、零售商直到最终用户等形成的网链结构。所谓供应链管理,是指从供应链整体目标出发,对供应链中采购、生产、销售各环节的商流、物流、信息流及资金流进行统一计划、组织、协调、控制的活动和过程。

1.1　供应链管理的"两条腿"

从以上国标的定义可以看出,供应链管理是基于整体目标对四流(商流、物流、信息流和资金流)进行管理。而本书所谈的供应链管理,是企业供应链管理部门的供应链管理。在供应链管理部门的实际工作中,四流中的商流与资金流离供应链管理部门较为遥远,供应链管理人员没有精力,没有能力,更没有权力去切入这些方面。所以,供应链管理部门的供应链管理,针对的只是物流和信息流。

那么,供应链管理部门如何管好物流和信息流呢?笔者综合前人经验,提出供应链管理的两条腿：第一条腿是数据；第二条腿是流程。数据与流程两条腿走路，才能有效地达到供应链管理的目的；缺少任何一条腿，供应链管理都无法走路（运行）。

关于什么是数据，什么是流程以及数据为什么重要，流程为什么重要，这其实已经是管理上的共识，本书就不赘述。

1.2 供应链、数据与 Excel

数据和流程是供应链管理的两条腿，对供应链管理来说，数据的重要性毋庸置疑。在供应链管理实战中，第一步需要有数据，但仅仅有数据还远远不够，有效地利用这些数据，要想使这些数据起到应有的作用，要想体现这些数据的价值，还需要对数据进行一系列的处理与分析，让其为己所用。

而对数据进行处理与分析，需要借助一些工具和方法。这些工具和方法有很多，比如品种越来越多、功能越来越齐全、技术越来越先进、解决方案越来越专业的各种信息系统或软件；再比如 Excel。

尽管如今各种供应链管理系统、各类专业软件越来越完善、越来越先进，但是笔者认为，在供应链管理实践中，这些系统和软件目前还不能完全替代Excel。Excel 仍是供应链管理人员最好用的数据处理与分析工具之一，是在供应链管理中作为数据处理与分析的首选工具和方法之一，Excel 操作能力仍是供应链管理人员必备的能力之一。

1.3 供应链管理必备的三类函数

供应链管理人员必须熟练操作 Excel，这是供应链管理人员必备的能力之一。不过 Excel 的体系非常庞大，一些高深复杂的知识与操作，对供应链管理的帮助不大，在供应链日常管理中也基本用不上。供应链管理人员没有精力也没有必要去学习所有的 Excel 操作。所以，本书基于实战，只讲述供应链管理中最常使用的、相对简单的、对供应链管理能够带来直接帮助的 Excel 函数的操作与技能以及一些实用案例。一些复杂的应用，比如数组公式、VBA 等尽可能少涉及或不涉及。

供应链管理必备的常使用、简单的 Excel 函数其实并不多。笔者认为只需要三类：**求和、查找和判断**。如果供应链管理人员能够熟练应用这三类函数，对于供应链日常工作中数据的分析与处理，供应链相关报表的设计与建模就没有任何压力。学会了这三类函数，就能够应对和满足大部分甚至是绝大部分供应链岗位对 Excel 操作能力的要求。

当然，求和、查找和判断这三类函数看起来简单，但要真正学会，尤其是将这三类函数应用到日常工作中也并不容易，需要不停地学习和不断地实践。

02

第二篇

求和

求和场景在供应链管理中经常出现,比如计算汇总数、计算分类合计数等。本书将供应链管理中的求和分为 5 个小类:一是简单求和,比如求总数,求合计数;二是筛选求和,主要解决临时性的分类汇总;三是条件求和,根据各类设定的条件或限制进行汇总与求和;四是累计求和,求取累计数,比如 ABC 分类法中的累计占比;五是乘积求和,即先相乘再求和,比如加权平均的计算等。

　　除以上 5 个小类以外,还有进阶的求和,本书称之为高手求和,比如多条件选择性求和、条件乘积求和等。

　　在供应链管理实战中,条件求和是应用的重点,也是实战中使用最多的求和。条件求和包括单条件求和、多条件求和及多条件选择求和等。本篇为突出重点,将条件求和单列一章进行讲解。

第02章　简单求和、筛选求和、累计求和与乘积求和

为讲解方便,将5个小类中的简单求和、筛选求和、累计求和与乘积求和放在一起讲解。

2.1　简单求和与筛选求和:原料库存明细表中合计数计算

求和是指求取两个或两个以上数字相加的总数。英文单词中,SUM的意思是总和,作动词使用时正是求和的意思。

Excel求和函数是SUM。

简单求和 SUM函数是求和类函数中的基础函数。后面章节介绍的SUMIF、SUMIFS、SUMPRODUCT和SUM+IF数组均以SUM为基础和底层搭建,SUM函数是学习Excel需要了解的第一个函数。

筛选求和主要解决的是分类求和,比如在日常工作中,对整个报表可能只需要某一类或某几类物料的数据,只需要知道某一类或某几类物料的库存有多少,

这时可以对整个报表先进行筛选，再对筛选的结果进行求和。

如图 2-1 所示，是某企业的"原料库存明细表"（原表有一万多行，为便于讲述，进行了相应的删减与处理），记录了不同原料每天的出入库情况及月度累计汇总数。在这个表中，可能需要求取所有物料的汇总数或合计数（表中的第 34 行），也可能需要根据物料大类（比如图 2-2 所示的 A 列"物料分类"已筛选出的"乙类"）求取大类的汇总数或合计数（第 35 行）。这时，就需要用到简单求和与筛选求和。

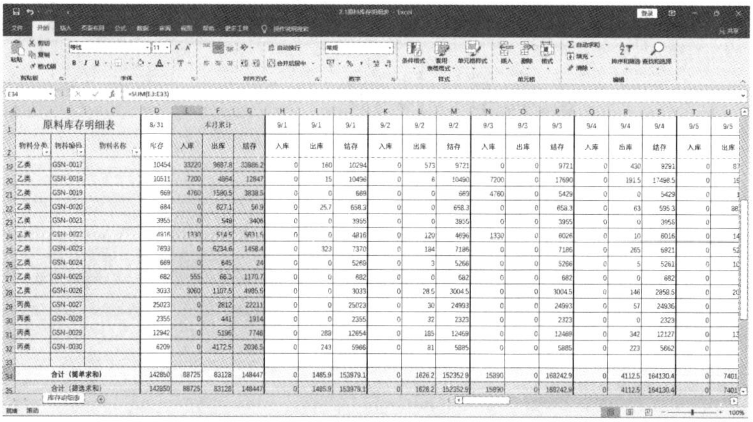

图 2-1　原料库存明细表（未筛选）

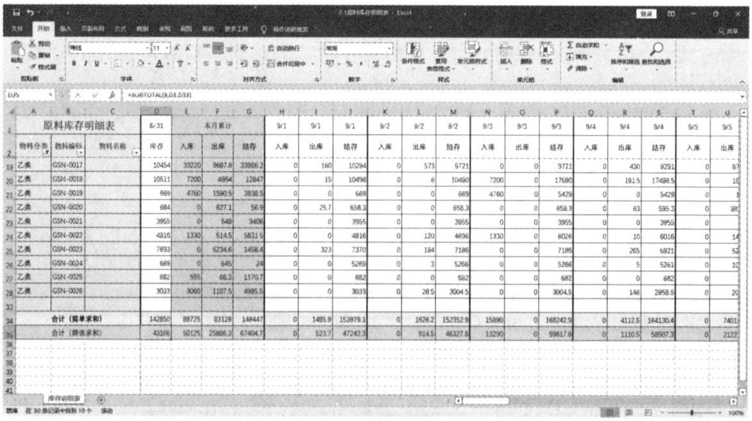

图 2-2　原料库存明细表（筛选后）

2.1.1　简单求和 SUM

如图 2-3 所示，Excel 中，对 SUM 函数的描述是，"计算单元格区域中所有数值的和"；其语法为，"SUM(Number1,[Number2],[Number3],…)"，用中文翻译即为，"SUM(待求和的数值 1,[待求和的数值 2],[待求和的数值 3],…)"。

SUM 函数的参数 Number(待求和的数值)是 1 到 255 个待求和的数值，最少需要有 1 个参数，最多可以支持 255 个参数。在这里需要注意的是：

(1)函数允许的最大参数个数，在不同的 Excel 版本中有所不同，后文不再进行特别说明；

(2)Excel 函数语法中，用中括号"[ ]"代表该参数为可选参数，否则为必需参数，后文不再进行特别说明。

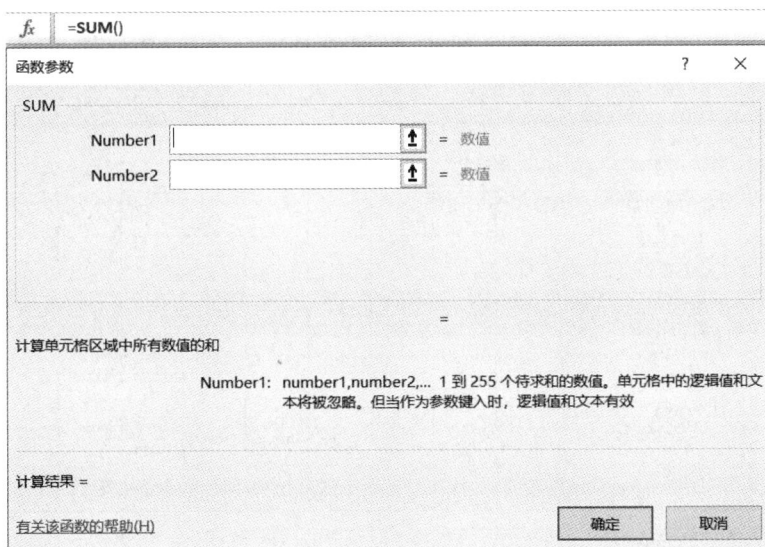

图 2-3　SUM 函数参数

SUM 函数参数 Number，可以是单个值、单元格引用或单元格区域。如果参数是单元格引用或单元格区域，那么引用或区域中的逻辑值和文本将被忽略。如果逻辑值或文本作为参数输入时（即 Number 为单个值），逻辑值和文本有效。

SUM 函数的基础功能就是简单求和。还以图 2-1 所示的"原料库存明细表（未筛选）"为例，需要在 G34 单元格中求取全部原料本月截至当天的结存数，这时可以在 G34 单元格中用 SUM 函数进行简单求和。

G34 单元格的公式为"＝SUM(G3:G33)"。SUM 函数只有一个参数（G3:G33 单元格区域），计算结果（即全部原料本月截至当天的结存数）为 148 447。

SUM 函数是 Excel 中最基础的函数之一，Excel 中还有其他一些基础函数，其语法、参数和使用方法和 SUM 函数完全一样（仅仅函数不同）。表 2-1 列出供应链管理中能够使用或较常使用的基础函数。

表 2-1　Excel 中的基础函数

基础函数	语　　法	数据1	数据2	数据3	数据4	数据5	数据6	数据7	数据8	计算结果	函数功能
求和	SUM(Number1, [Number2],…)	2 263.5	2 822.5	4 121	2 621	3 716	4 121	4 293	3 758	27 716	求和
平均	AVERAGE (Number1, [Number2],…)	2 263.5	2 822.5	4 121	2 621	3 716	4 121	4 293	3 758	3 464.5	求平均值
个数	COUNT/COUNTA (Number1, [Number2],…)	2 263.5	2 822.5	4 121	2 621	3 716	4 121	4 293	3 758	8	计数
最大值	MAX(Number1, [Number2],…)	2 263.5	2 822.5	4 121	2 621	3 716	4 121	4 293	3 758	4 293	求最大值
最小值	MIN(Number1, [Number2],…)	2 263.5	2 822.5	4 121	2 621	3 716	4 121	4 293	3 758	2 263.5	求最小值

续上表

基础函数	语　　法	数据1	数据2	数据3	数据4	数据5	数据6	数据7	数据8	计算结果	函数功能
中值	MEDIAN(Number1, [Number2],…)	2 263.5	2 822.5	4 121	2 621	3 716	4 121	4 293	3 758	3 737	求中值
众数	MODE(Number1, [Number2],…)	2 263.5	2 822.5	4 121	2 621	3 716	4 121	4 293	3 758	4 121	求众数
乘积	PRODUCT (Number1, [Number2],…)	2 263.5	2 822.5	4 121	2 621	3 716	4 121	4 293	3 758	1.7E+28	求乘积
标准差	STDEV/STDEVP (Number1, [Number2],…)	2 263.5	2 822.5	4 121	2 621	3 716	4 121	4 293	3 758	780.462 2	求标准差

2.1.2　筛选求和 SUBTOTAL

上文图 2-2 所示的表,筛选出了"乙类"原料,在实战中,往往需要对筛选后的数据进行求和,希望能够根据不同的筛选条件得出不同的筛选求和结果。SUM 函数是求取所选区域的总和(不论是否筛选都是对区域内所有的数据进行求和),无法解决筛选求和问题。这时就需要用到 SUBTOTAL 函数。

SUBTOTAL 函数返回列表或数据库中的分类汇总,其主要作用是处理隐藏数据(或筛选数据)。在这方面,SUBTOTAL 函数是其他函数无法代替的,这是 SUBTOTAL 函数最大、也是最重要的特点。

1. SUBTOTAL 函数参数

如图 2-4 所示,Excel 中,对 SUBTOTAL 函数的描述为,"返回一个数据列表或数据库的分类汇总",其语法为"SUBTOTAL(Function_num,Ref1,[Ref2],

…）"，用中文翻译即为，"（函数序号,汇总区域或引用,［汇总区域或引用］,…）"。

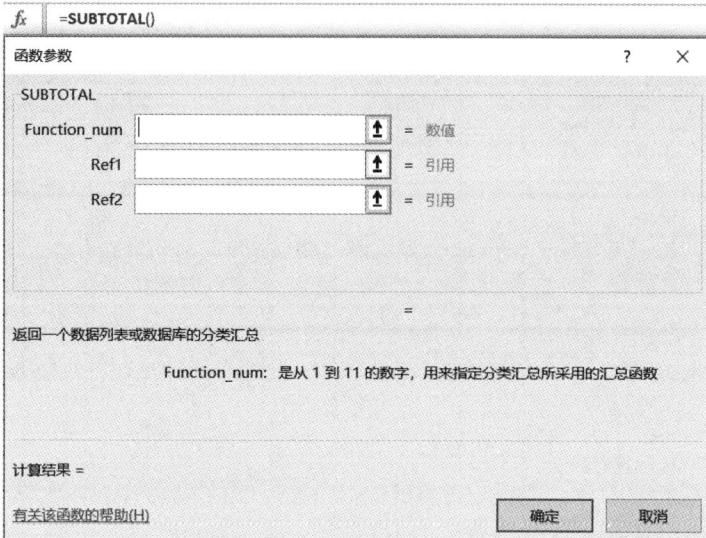

图 2-4　SUBTOTAL 函数参数

SUBTOTAL 函数的"Ref1,Ref2,Ref3,…"参数为 1～254 个要进行分类汇总的区域或引用。SUBTOTAL 函数的汇总区域或引用必须要有一个（最多可支持 254 个），即第二个参数是必需参数，第三个、第四个……参数是可选参数。在供应链管理实战中，SUBTOTAL 函数一般只用到第二个参数，即实战中往往只需要对一个汇总区域进行筛选求和。

SUBTOTAL 函数第一个参数"Function_num"是函数序号，指从 1～11 的数字（或 101～111），用来指定分类汇总所采用的汇总函数，具体见表 2-2。

表 2-2　SUBTOTAL 函数的函数序号

参数：包含隐藏值	参数：忽略隐藏值	相当于函数	函数功能
1	101	AVERAGE	算术平均数
2	102	COUNT	数值单元格个数

续上表

参数:包含隐藏值	参数:忽略隐藏值	相当于函数	函数功能
3	103	COUNTA	非空单元格个数
4	104	MAX	最大值
5	105	MIN	最小值
6	106	PRODUCT	乘积
7	107	STDEV	样本标准差
8	108	STDEVP	总体标准差
9	109	SUM	求和
10	110	VAR	样本方差
11	111	VARP	总体方差

表 2-2 的第一列列出了 1～11 共 11 个数字,每一个数字代表着一个函数。当 SUBTOTAL 函数的第一个参数(即函数序号)选择 1～11 这些数字中的一个时,SUBTOTAL 函数就起到这个数字所代表函数的作用。比如第一个参数选 1,那么 SUBTOTAL 函数起到 AVERAGE 求平均数函数的作用;如果第一个参数选 5,SUBTOTAL 函数起 MIN 求最小值函数的作用等。

在没有筛选和没有隐藏的情况下,SUBTOTAL 函数与表中 1～11 代表的 11 个函数所起的作用相同。需要注意的是,在有筛选和隐藏时,SUBTOTAL 函数只对筛选和隐藏后的数据进行计算;而不管有没有筛选和隐藏,1～11 代表的 11 个函数都是对全部数据进行计算。

2. 第一个参数选择 1～11 还是 101～111

表 2-2 有两列数据,即第一列的 1～11 和第二列的 101～111。SUBTOTAL 函数第一个参数有两组选择,可以选 1～11 这 11 个数,也可以选 101～111 这 11 个数。101～111 所代表的函数与 1～11 所代表的函数相同。

那么,选择 1～11 与选择 101～111 又有什么区别呢?

(1)按表2-2中的注明，1～11包含隐藏值，101～111忽略隐藏值。当第一个参数为1～11时，SUBTOTAL函数将包括通过“隐藏行”命令所隐藏的行(即手动隐藏的行)；当第一个参数为101～111时，SUBTOTAL函数将忽略通过“隐藏行”命令所隐藏的行中的值。

(2)请注意，这里特别注明了“通过‘隐藏行’命令所隐藏的行”(即手动隐藏的行)，说的是1～11与101～111的区别仅限通过“隐藏行”命令所隐藏的行，而以“筛选”命令所隐藏的行，不管是1～11还是101～111，都不进行计算(都忽略)，即SUBTOTAL函数始终排除已筛选掉的行。

(3)另外，在进行筛选操作之后的筛选状态下，用1～11与101～111效果一样。即在筛选状态下，再用“隐藏行”命令进行隐藏，不管是1～11还101～111，隐藏的行都不参与计算，两者结果一样。如图2-5所示，筛选后再隐藏BZ000009样品纸箱，两者计算结果一致。

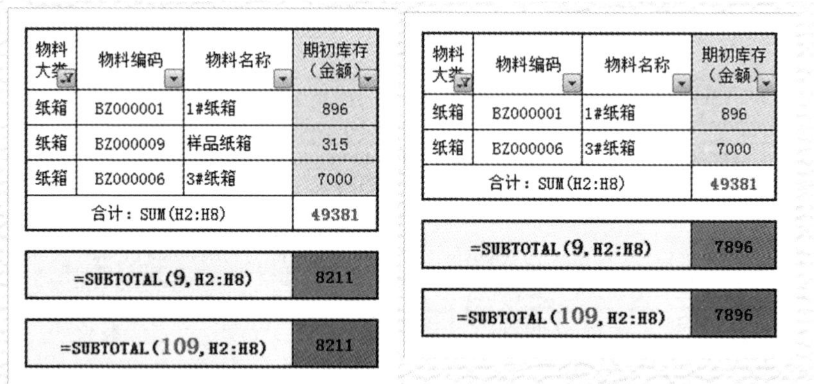

物料大类	物料编码	物料名称	期初库存(金额)
纸箱	BZ000001	1#纸箱	896
纸箱	BZ000009	样品纸箱	315
纸箱	BZ000006	3#纸箱	7000
合计：SUM(H2:H8)			49381
=SUBTOTAL(9,H2:H8)			8211
=SUBTOTAL(109,H2:H8)			8211

物料大类	物料编码	物料名称	期初库存(金额)
纸箱	BZ000001	1#纸箱	896
纸箱	BZ000006	3#纸箱	7000
合计：SUM(H2:H8)			49381
=SUBTOTAL(9,H2:H8)			7896
=SUBTOTAL(109,H2:H8)			7896

图2-5　SUBTOTAL筛选状态下用“隐藏行”命令

上述所说的区别，很多人都会感觉复杂，在供应链管理实践中，管理者最怕的就是这种复杂，供应链管理需要的是简单和实用。

在供应链管理的日常实践中，隐藏情况下求和更多的应用场景是筛选，而不是"通过'隐藏行'命令所隐藏的行"。所以,为了避免复杂,本书建议SUBTOTAL函数的第一个参数只选1～11,不要选101～111。并且,为了避免记忆负担,建议不但不要选101～111,而且最好忘记101～111。

当然,请先忘记上文刚刚讲的三点。

3. SUBTOTAL 函数应用实例

仍以图 2-2"原料库存明细表(已筛选)"为例,经筛选出"乙类"之后的显示,可以在 G35 单元格中以 SUBTOTAL 函数求取筛选后的"乙类"原料本月截至当天的合计结存数。

在 G35 单元格中输入公式"=SUBTOTAL(9,G3:G33)",即可对筛选之后的原料(乙类原料)结存数进行求和。第一个参数,函数序号,输入"9",代表求和。第二个参数,待求和的单元格区域"G3:G33"。本例计算结果为 67 404.7。

在前文提到,当没有筛选和隐藏时,SUBTOTAL 函数所起的作用与 1～11 所代表的函数所起的作用相同,但在实战中不建议此时用 SUBTOTAL 函数代替 1～11 所代表的其他函数,如以筛选求和代替 SUM 求和。因为实战中如果有筛选时,SUBTOTAL 函数计算的结果与 1～11 所代表的其他函数计算的结果不同,这样容易带来误解从而造成后续的一些错误或影响。

图 2-1"原料库存明细表(未筛选)"中保留了简单求和与筛选求和两个求和数据(即 34 行与 35 行),笔者建议在实战报表设计时,SUM 和 SUBTOTAL 两个求和项同步保留,以满足需求并避免失误。

2.2　累计求和:物料 ABC 分类模型的累计金额占比计算

累计求和,指对从某一个数据开始截止到当前数据进行求和,比如从当月的1 日起截止到当天的实际用量进行求和(即当月用量的累计求和)。在供应链管理日常工作中，除了计算一定时间段的累计数以外，比较典型的是物料 ABC 分类时对累计金额占比的计算。

2.2.1 物料 ABC 分类法

在供应链管理实战中，对库存控制或物料管理，要避免采取非常低效的一刀切的方式进行。

所谓一刀切式管理，就是对全部被管理的物料、对象采取同一种策略、同一种方法进行管理。比如，采取同一种办法设置安全库存等。

在实际工作中，物料的特性各异，物料的需求各异，物料的供应也各不相同。加之现今 VUCA 时代，无论是供应链计划、库存控制还是安全库存设置，都需要依据实际情况，针对不同的物料，采取不同的方法进行管理，而不是一刀切地采用同一种方法。

那么，如何区分不同的物料，避免一刀切呢？最简单实用的就是先采取一定的方法对物料进行分类，然后再按照不同的类别采取不同的方法与措施进行管理。当然，在易变的、不确定的、复杂的和模糊的 VUCA 时代，对物料进行分类也不能一刀切，需要动态地管理物料分类，即时地关注物料数据，根据实际情况更新、调整和优化物料的分类。

在供应链管理实战中，ABC 分类法是一种较常见的物料分类方法。对于供应链从业者或供应链管理人员来说，ABC 分类法要耳熟能详。

ABC 分类法，是将库存物品按照设定的分类标准和要求分为特别重要的库存（A 类）、一般重要的库存（B 类）和不重要的库存（C 类）三个等级，然后针对不同等级分别进行控制的管理方法（GB/T 18354－2021 物流术语）。即 ABC 分类法是按照一定标准对管理对象进行分类，区别重点与一般，分清主次，从而确定投入不同管理力量、不同管理资源和不同管理策略的一种分类方法。

ABC 分类法的核心逻辑是区别重点和一般，是物料管理中的帕累托法则。

ABC 分类法，一般将全部物料分为 ABC 三类。但其目的在于区分重点和一般，分清主次。所以，只要能有效地分出重点与一般，最终分类可以并不限于三类。

在物料管理中，ABC 分类法的基本操作方法是，以一定的时间区间内物料消耗的金额大小来排序，并计算每一种物料消耗金额占消耗总金额的比率。然后，根据金额及品种占比进行分类。一般情况下按如下标准进行分类。

（1）消耗金额占总消耗金额的 60％～80％，而品种数量仅占总品种数的 5％～15％的物料，确定为 A 类物料。

（2）消耗金额占总消耗金额的 20％～30％，而品种数量占总品种数的 20％～30％的物料，确定为 B 类物料。

（3）消耗金额占总消耗金额的 5％～15％，但品种数量占总品种数的 60％～80％的物料，确定为 C 类物料。

按以上标准进行 ABC 分类，可以明显看出 A 类物料是最重要的物料，是供应链管理与库存控制的重点，供应链管理需要花更多的时间、更多的资源来应对 A 类物料。

2.2.2　Excel 的引用符$

Excel 中，"$"符号一般出现在函数或者公式中的行标或者列标前面，所起的作用是"固定"。出现在行标前是固定行，出现在列标前是固定列，行列前都出现即是同时固定行与列。单元格公式中对行列的引用没有"$"符号的，称为直接引用；行标或列标前有"$"符号的，称为相对引用；行标和列标前都有"$"符号的，称为绝对引用，如图 2-6 所示。

	A	B	C	D	E	F	G	H	I	J	K	L	M
1	原数据	A	B	C	D	E	F						
2		G	H	I	J	K	L			对应单元格公式			
3		M	N	O	P	Q	R						
4	无固定（直接引用）=B1	A	B	C	D	E	F	=B1	=C1	=D1	=E1	=F1	=G1
5		G	H	I	J	K	L	=B2	=C2	=D2	=E2	=F2	=G2
6	固定行（相对引用）=B$1	A	B	C	D	E	F	=B$1	=C$1	=D$1	=E$1	=F$1	=G$1
7		A	B	C	D	E	F	=B$1	=C$1	=D$1	=E$1	=F$1	=G$1
8	固定列（相对引用）=$B1	A	A	A	A	A	A	=$B1	=$B1	=$B1	=$B1	=$B1	=$B1
9		G	G	G	G	G	G	=$B2	=$B2	=$B2	=$B2	=$B2	=$B2
10	固定行列（绝对引用）=$B$1	A	A	A	A	A	A	=$B$1	=$B$1	=$B$1	=$B$1	=$B$1	=$B$1
11		A	A	A	A	A	A	=$B$1	=$B$1	=$B$1	=$B$1	=$B$1	=$B$1

图 2-6　引用符 $

在 Excel 中，单元格中的引用随着公式的复制而变化，其变化分四种情况。

（1）图 2-6 中"无固定"的 4、5 两行，B4 单元格中的公式为"=B1"，当选定 B4 单元格向右和向下拖动填充（复制）时，B4 中的公式会随着拖动而变化。比如拖到 B5 单元格，公式变为"=B2"；拖到 G5 单元格，公式变为"=G2"。这种公式中没有 $ 符号的，称为直接引用。

（2）图 2-6 中"固定行"的 6、7 两行，B6 单元格中的公式为"=B$1"，当选定 B6 单元格向右拖动填充（复制）时，B6 中的公式会随着拖动而变化（比如拖到 C6 单元格，公式变为"=C$1"）；但当选定 B6 单元格向下拖动填充（复制）时，B6 中的公式不会变化（比如拖到 B7 单元格，公式仍然"=B$1"）。这种公式中只有行标前有 $ 符号的，称为相对引用。

（3）图 2-6 中"固定列"的 8、9 两行，B8 单元格中的公式为"=$B1"，当选定 B8 单元格向右拖动填充（复制）时，B8 中的公式不会变化（比如拖到 C8 单元格，公式还是"=$B1"）；但当选定 B8 单元格向下拖动填充（复制）时，B8 中的公式会随着拖动而变化（比如拖到 B9 单元格，公式变为"=$B2"）。这种公式中只有列标前有 $ 符号的，也称为相对引用。

(4)图 2-6 中"固定行列"的 10、11 两行,B10 单元格中的公式为"=$B$1",当选定 B10 单元格向右或向下拖动填充(复制)时,B10 中的公式不变化(比如拖到 C10 单元格,公式还是"=$B$1";拖到 G11 单元格,公式仍为"=$B$1")。这种公式中列标前都有$符号的,称为绝对引用。

2.2.3　ABC 分类模型中物料金额累计占比的计算

前文介绍了 ABC 分类法,其具体操作中有一步是按顺序计算物料金额的累计占比,这正是累计求和需要解决的问题。

如图 2-7 所示,是一个物料 ABC 分类模型。表中,已根据每一物料的合计消耗金额(O 列合计数)进行降序排列,并计算得出每一物料的金额占比(即每一物料金额与总金额的比值,S 列)。接下来需要按顺序计算物料金额的累计占比(T 列)。这时可以用 SUM 加引用符"$"来解决累计求和问题,如图 2-8 所示。

	A	B	C	D	E	F	G	H	I	J	K	L	M	N	O	S	T	U	V
T2				fx	=SUM(S$2:S2)														
1	产品编码	第1周	第2周	第3周	第4周	第5周	第6周	第7周	第8周	第9周	第10周	第11周	第12周	第13周	合计	金额占比	金额累计占比	品项累计占比	ABC
2	GSN-0003	2465.7	1910.95	935	2522.2	2233	2263.5	2822.5	4121	2621	3716	5462	4293	3758	39123.9	16.72%	16.72%	3.33%	A
3	GSN-0017	2228.25	1323.44	1287.37	5856.66	1770.2	1035.6	1669.5	2046.3	1812.7	1703.5	3462	2712.5	2978.3	29886.3	12.78%	29.50%	6.67%	A
4	GSN-0006	1918.6	1216.6	1282.2	2168.35	2192	1291.5	1597	1971	1435.5	2076	2657.5	2298	2643	24747.3	10.58%	40.08%	10.00%	A
5	GSN-0023	2604.51	1053.29	1386.05	3131.23	1679.95	1274.56	1893.5	2019.5	1648	1507	2250.7	1819.5	1743.4	24011.2	10.26%	50.34%	13.33%	A
6	GSN-0012	1737.5	0	902.3	858.25	1124.6	0	2091	1360	500	1384	2525	2865	2065	17412.7	7.44%	57.78%	16.67%	B
7	GSN-0029	860.896	670.8	1258.64	1498.99	1039.4	518.188	1101.5	1107	1149	1175.5	1615	1897	1090	14981.9	6.40%	64.19%	20.00%	B
8	GSN-0001	512.5	1485	471.05	1953.25	1122.9	0	643	1177	1909	444	575	1272	1177	12764.7	5.46%	69.64%	23.33%	B
9	GSN-0030	812.24	467.4	837.12	1137.72	739.4	258.92	1015	834	1072.5	1009	1181	1323.5	1211	11898.8	5.08%	74.73%	26.67%	B
10	GSN-0018	133.76	101.76	818.998	1393.26	272.5	609.3	403	694	597.5	380.5	757.5	1546.5	2304	10012.6	4.28%	79.01%	30.00%	B
11	GSN-0011	650	0	833	740	325	56	731	562.5	553	798	685.5	1718	888	8540	3.65%	82.66%	33.33%	B
12	GSN-0027	275.8	185.6	39.28	780.6	300	292.5	481.5	414	465	185	359	1217	1086	6081.28	2.60%	85.26%	36.67%	C
13	GSN-0013	100	340	0	740	70	0	40	840	350	287	178	827	785	4557	1.95%	87.21%	40.00%	C
14	GSN-0026	885.5	78.75	215.52	884.89	138	58	196	127	259	607	589.5	109	399	4547.16	1.94%	89.15%	43.33%	C
15	GSN-0002	0	434	251.25	0	0	0	443	150	237.5	448	562.5	250	321	3219	1.38%	90.53%	46.67%	C
16	GSN-0009	150	108.75	37.5	187.5	255.4	158.5	186	295	145	237.5	456	325	225	2767.15	1.18%	91.71%	50.00%	C
17	GSN-0007	78	57	144	238	116	0	207	265	42	330	202	414	568	2661	1.14%	92.85%	53.33%	C
18	GSN-0005	541.9	235	0	32	16	216	125	47	0	328	242	0	570	2352.9	1.01%	93.85%	56.67%	C
19	GSN-0016	128.6	8	170.48	221.175	104	76	226.5	335	103.2	117.9	116.2	308.5	359.2	2274.76	0.97%	94.83%	60.00%	C

图 2-7　ABC 分类模型

T2 =SUM(S$2:S2)

	A	S	T	U
1	产品编码	金额占比	金额累计占比	T列单元格公式
2	GSN-0003	16.72%	16.72%	=SUM(S$2:S2)
3	GSN-0017	12.78%	29.50%	=SUM(S$2:S3)
4	GSN-0006	10.58%	40.08%	=SUM(S$2:S4)
5	GSN-0023	10.26%	50.34%	=SUM(S$2:S5)
6	GSN-0012	7.44%	57.78%	=SUM(S$2:S6)
7	GSN-0029	6.40%	64.19%	=SUM(S$2:S7)
8	GSN-0001	5.46%	69.64%	=SUM(S$2:S8)
9	GSN-0030	5.09%	74.73%	=SUM(S$2:S9)
10	GSN-0018	4.28%	79.01%	=SUM(S$2:S10)

图 2-8　累计金额占比

(1)在 T2 单元格中输入公式“=SUM(S$2:S2)”。T2 单元格计算的是 S2 至 S2 单元格之和，S2 至 S2 单元格其实就是 S2 单元格，所以，T2 单元格计算结果 16.72%(等于 S2 单元格)。

(2)拖动 T2 单元格向下填充至 T3 单元格。因为 T2 单元格公式中用引用符“$”固定了求和区域起始单元格(即前一个 S2)的行，当公式向下拖动填充时，前一个 S2 不变，而后一个 S2 则经拖动变为 S3，所以 T3 单元格的公式变为“=SUM(S$2:S3)”，计算的是 S2 至 S3 单元格之和，计算结果为29.50%(即 S2+S3)。

(3)继续拖动向下填充，前一个 S2 保持不变，后一个 S2 经拖动依次变为 4、5、6…，这样就完成了顺序求取累计数(物料金额的累计占比)。

2.3　乘积求和：加权移动平均预测模型中预测结果计算

乘积求和是指一组数据，先两两相乘，再将各自相乘之积进行求和。比如对“2、3、4”和“5、6、7”两组数进行乘积求和，先分别计算 2×5=10，3×6=18，4×

7＝28,再将三者进行求和,即 10＋18＋28＝56。"2、3、4"和"5、6、7"乘积求和的结果是 56。

在供应链管理实战中,乘积求和应用的场景会有一些,比如不同数量、不同计件单价的计件工资计算。而比较典型的是加权平均的计算,比如以简单加权移动平均进行需求预测等。

2.3.1　加权移动平均预测的建模思路

需求预测中,为了使移动平均更好地反映时间序列水平,一般按一定规则或经验对不同时期的观察值分别给予不同的权重,按不同权重求取移动平均,从而得出预测值。这种以不同权重计算移动平均值来进行预测的方法,就是加权移动平均预测法(Weighted Moving Average)。

加权移动平均的计算公式如图 2-9 所示。其中第一个公式采用当前期数据,第二个公式为不采用当前期数据的公式。

加权移动平均计算公式

$$F_{t+1}=\frac{w_1 s_t+w_2 s_{t-1}+w_3 s_{t-2}+\cdots+w_n s_{t-n+1}}{w_1+w_2+\cdots w_n}$$

$$F_{t+1}=\frac{w_1 s_{t-1}+w_2 s_{t-2}+\cdots+w_n s_{t-n}}{w_1+w_2+\cdots w_n}$$

➤ F_{t+1} 为预测值，是移动期数的加权平均数
➤ t 为当前期，$t+1$ 为下一期（预测期），$t-1$ 为上一期
➤ w 是每一期的加权权重，n 为提前设定的固定的移动期数
➤ s 是每一期的实际数据，s_t 为当前期实际，s_{t-1} 为上一期实际

图 2-9　加权移动平均计算公式

式中:F_{t+1} 是预测值,为移动期数的加权平均数。

t 为当前期,$t+1$ 为下一期,即需要预测的预测期,$t-1$ 为当前期的上一期,

$t-2$ 为当前期的上两期。

w 为加权权重，也称加权权重系数。

n 是提前设定的固定的移动期数或称移动项数。

s 是每一期的实际数据，s_t 为当前期实际，s_{t-1} 为上一期实际。

如图 2-10 所示，是一个加权移动平均预测模型。本模型的设计思路主要是以下两点。

H5		fx	=SUMPRODUCT(C5:G5,$D$2:$H$2)			
	A	C	D	E	F	G	H

		加权权重	第5周	第4周	第3周	第2周	第1周
1, 2			0.1	0.15	0.2	0.25	0.3
3		原料未来一周预测					
4	物料编码	前5周	前4周	前3周	前2周	前1周	未来1周预测
5	GSN-0001	1909	444	575	1272	1200	1051
6	GSN-0002	237	563	448	563	250	413
7	GSN-0003	2621	3716	5462	4293	3758	4113
8	GSN-0004	24	36	73	74	63	60
9	GSN-0005	0	328	242	0	570	269
10	GSN-0006	1436	2076	2658	2298	2643	2354
11	GSN-0007	42	330	202	414	568	368
12	GSN-0008	0	25	18	0	36	18
13	GSN-0009	145	238	456	325	225	290
14	GSN-0010	38	89	87	64	118	86
15	GSN-0011	553	798	686	1718	888	1008
16	GSN-0012	500	1384	2525	2865	2065	2098
17	GSN-0013	350	287	178	827	785	556

图 2-10　加权移动平均预测模型

（1）采用加权移动平均法以周为单位进行预测，移动期数（移动项数）选定为 5 期，即以过去 5 周的历史数据来预测未来一周的需求。前 5 周的数据用公式从其他表中滚动引入（即由滚动 5 期数据的引入得到移动 5 期的效果）。

（2）加权权重遵循"新的数据比旧的数据应该更接近于预测值"的思路,给新的数据以较大的权重。具体的加权权重为最近 1 周 0.3,前 2 周 0.25,前 5 周 0.1,如图 2-10 所示表格上中"加权权重"所示。

2.3.2　乘积求和函数 SUMPRODUCT

SUMPRODUCT 函数是一个非常强大的函数,后续章节还会讲到,本节只介绍 SUMPRODUCT 函数的基础形式,即描述"返回相应的数组或区域乘积的和"。SUMPRODUCT 函数的基础形式是在给定的几组数组中,将数组间对应的元素相乘,并返回乘积之和。

如图 2-11 所示,Excel 中,对 SUMPRODUCT 函数的语法是"= SUM-PRODUCT(Array1,[Array2],[Array3],…)",用中文翻译即是"= SUMPROD-UCT(第 1 个数组,[第 2 个数组],[第 3 个数组],…)"。

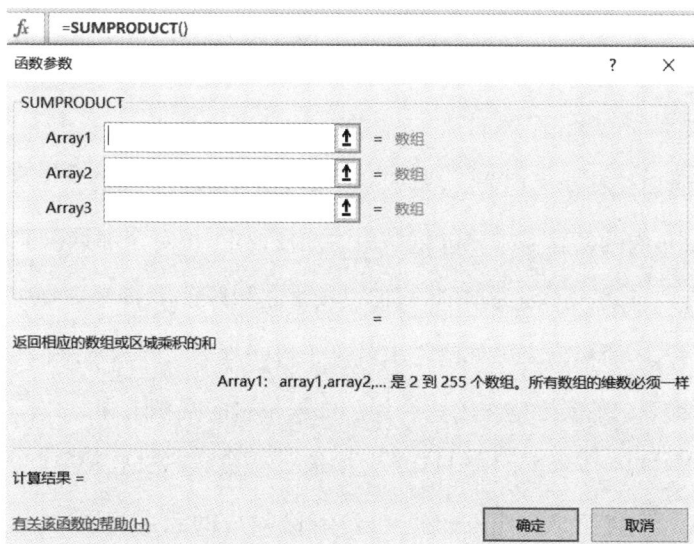

图 2-11　SUMPRODUCT 函数参数

SUMPRODUCT 函数的第一个数组参数是必需参数，第二个数组、第三个数组……是可选参数，即 SUMPRODUCT 函数至少需要有一组数组，最多可支持 255 组数组。SUMPRODUCT 函数的运算逻辑是各数组之间对应的元素相乘（超过 2 个数组即连乘），并将所乘之积进行求和。

当 SUMPRODUCT 函数第二个及以后的参数全部省略时，SUMPRODUCT 函数所起的作用就是 SUM 函数的作用（求和），可以理解为这个数组的各元素分别乘以 1 再求和。

SUMPRODUCT 函数将非数值型的数组元素作为 0 处理。SUMPRODUCT 函数各数组参数必须具有相同的维数，否则 SUMPRODUCT 将会出现错误。比如 SUMPRODUCT（C2:C10,D2:D5）将返回错误，而 SUMPRODUCT（C2:C5,D2:D5）则没有问题，原因在于"C2:C10"与"D2:D5"维数不同。

2.3.3　加权移动平均预测模型的公式设计

图 2-10 的加权移动平均预测模型中，采用加权移动平均法对不同物料未来一周的需求进行预测。

（1）按照加权移动平均公式（本例采用图 2-9 中的第一个公式），未来一周的需求等于每一周的实际需求乘以每一周的加权权重，再对全部乘积进行求和，然后除以所有权重之和。因为本例中，加权权重之和等于 1（即 0.3＋0.25＋0.2＋0.15＋0.1＝1），所以未来一周的需求就等于每一周的实际需求乘以每一周的加权权重，即每一周的实际需求与每一周的加权权重的乘积求和。

（2）在图 2-10 所示中的表 H5 单元格输入公式"＝SUMPRODUCT（C5:G5,$D$2:$H$2）"，将两个数组 C5:G5 和 D2:H2 对应的元素相乘，并返回乘积之和。即分别用第 5 周的实际用量乘以第 5 周的加权权重，加上第 4 周的实际用量乘以第 4 周的加权权重，……，加上第 1 周的实际用量乘以第 1 周的加权权重。H5 单元格计算的是"GSN-0001"这一物料未来一周的需求,计算结果为 1 051。

(3)拖动 H5 单元格向下填充,由于 H5 单元格公式中固定了 D2:H2(即"$D$2:$H$2",加权权重),所以当公式向下填充时,D2:H2(加权权重)保持固定,物料则随着拖动而变化,这样就得出该系列所有物料的预测,完成加权移动平均预测模型的公式设计。

第 03 章　条件求和与多条件求和

上一章介绍了简单求和、筛选求和、累计求和与乘积求和。在供应链管理中,从功能和作用的角度,简单求和承担着最原始的功能,发挥着最基础、最根本的作用。筛选求和、累计求和与乘积求和应用的场景有限,往往是在一些特有的场景下起到特有并实际的作用,但它所应用的场景毕竟不多,在供应链管理实战中往往起辅助作用。

在供应链管理所应用的求和中,承担着主要功能,发挥着核心作用的是条件求和。

所谓条件求和,是指对满足一定条件的数据进行求和,即对满足相同属性、相同条件的数据进行求和。比如对需求量中所有爆款的需求进行求和,再比如对生产日期在某某日期之前或之后的成品库存进行求和等。

根据条件的多少,可以将条件求和分为单条件求和与多条件求和。只有一个条件,只需要满足一个条件的求和就是单条件求和;需要满足两个或两个以上条件的求和,则是多条件求和。一般情况下,往往将单条件求和直接称为条件求和。

在 Excel 中，条件求和与多条件求和分别有对应的函数。条件求和函数是 SUMIF，多条件求和函数是 SUMIFS。单词词尾加 S 是英语的复数形式，从函数的字样就可以看出，多条件求和函数是从条件求和函数升级而来的。

在 Excel 中还有一些函数也是在原函数后加 S 升级为另一个函数的，比如 IF 与 IFS，COUNTIF 与 COUNTIFS，AVERAGEIF 与 AVERAGEIFS 等。

3.1　条件求和函数 SUMIF 及其三种用法

SUMIF 函数是 Excel 中最常用的函数之一，其主要作用是对符合指定的单一条件的值进行求和。

3.1.1　SUMIF 函数参数

Excel 中，对 SUMIF 函数的描述是"对满足条件的单元格求和"，即对范围中符合指定条件的值进行求和。

SUMIF 函数有三个参数，其语法是"= SUMIF（Range，Criteria，［Sum_range］）"。用中文翻译即为"= SUMIF（条件区域，求和条件，［求和区域］）"。如图 3-1 所示。

（1）第一个参数 Range，要求值的单元格区域，是必需参数，指希望通过标准评估的单元格范围（条件区域），即用于条件判断的单元格区域（判断这个区域内的数据是不是符合指定的条件）。每个范围内的单元格必须是数字或名称、数组或包含数字的引用，空白和文本值将被忽略。选定的范围可以包含标准Excel格式的日期。

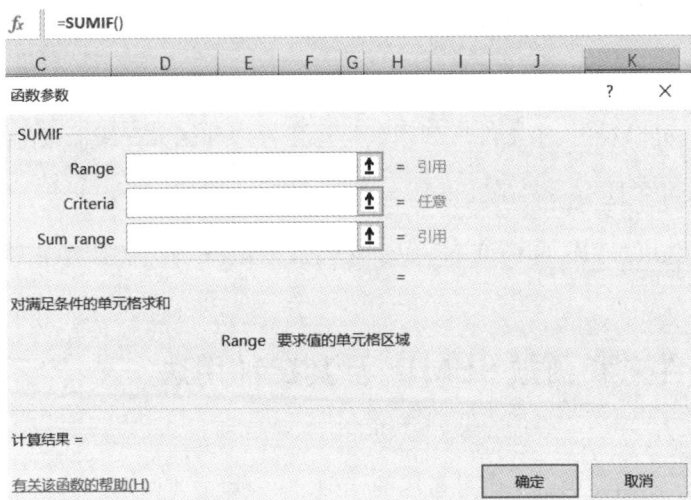

图 3-1　SUMIF 函数参数

（2）第二个参数 Criteria，以数字、表达式或文本形式定义的条件，是必需参数。第二参数指的是求和条件，用数字、表达式、单元格引用、文本或函数等形式来定义的判定条件，即前文所提到的"指定条件"，确定哪些单元格将被相加被求和的条件。求和条件可包括通配符（即问号"?"，匹配任意单个字符；星号"*"匹配任意字符序列），如果要查找的本身是问号或星号，则在问号或星号前加波形符（~），比如"~?"。

（3）第三个参数 Sum_range，用于求和计算的实际单元格，是可选参数。指的是实际的求和区域（将这个区域内满足条件的单元格求和）。如果省略 Sum_range 参数（省略求和区域），Excel 会默认第三参数与第一参数相同，即求和区域等于条件区域。

SUMIF 函数的第一参数与第三参数的大小并不一定严格要求一致，SUMIF 函数的求和区域会自动根据条件区域的大小而调整，可以将这个自动调整功能称为 SUMIF 函数的自适应功能。

不过,SUMIF 函数的自适应功能会以条件与求和两种区域大小不同的各种形式而有各种不同,非常繁多和复杂,容易出错。在供应链管理实战中,管理人员最怕的就是这种复杂和易出错,并且 SUMIF 函数的这种复杂并不能给供应链管理工作解决更多的问题。所以,为减少记忆和理解负担,也避免出错,建议慎用或者不用 SUMIF 的自适应功能。基于此,本书不具体介绍这个自适应功能,并建议大家直接记住:条件区域和求和区域的大小必须一致。

3.1.2　SUMIF 函数常见的三种用法

在供应链管理实际工作场景中,SUMIF 函数常见的用法有如下三种。

1. 常规条件求和

这是条件求和的一种最基础、最标准的形式,也是最常应用的一种形式,其解决的是纵向条件求和问题,即对某一列的数据进行求和。

2. 横向条件求和

这是相对于常规条件求和解决纵向求和问题而来的,横向条件求和所解决的是横向求和,即对某一行的数据进行求和。

3. 比较条件求和

在供应链管理的日常工作中,经常会出现要求对大于或小于某个数的部分数据进行求和,这就是比较条件求和。比如对每月出库次数小于 5 次的物料的每月出库量进行求和。

3.2　常规条件求和:物流费用统计表中分地区重量与金额统计

常规条件求和是最常见也是最简单的一种条件求和,下面以物流费用统计表的分地区进行重量与金额的统计为例,来进行解释与说明。

3.2.1 物流费用统计表

如图3-2所示，是一份“物流费用统计表”（原表有近9 000行，本表只截取其中的一部分），记录了一个月内的物流发货明细。本表包括快递单号（A列）、计费重量（B列的称入重量）、揽收时间（C列）、揽收日期（D列，根据揽收时间计算）、收货地（E列）和运费（F列）等几项信息。现需要以SUMIF函数对不同地区一个月（2006年10月）的合计发货重量和合计发货运费进行汇总与求和。

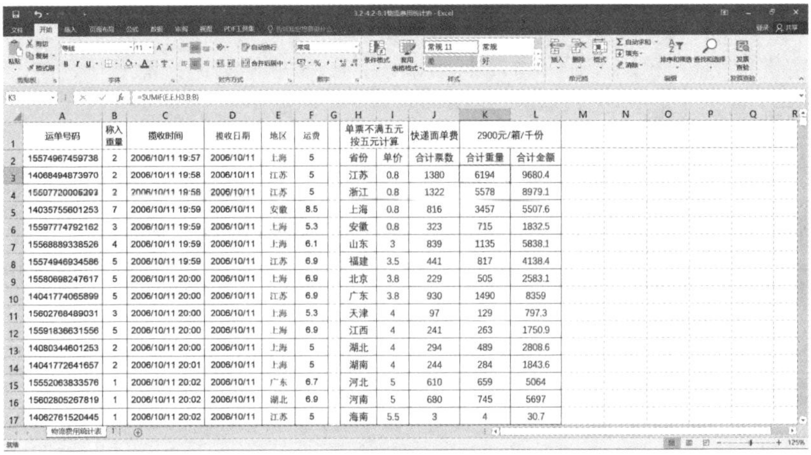

运单号码	称入重量	揽收时间	揽收日期	地区	运费		单票不满五元按五元计算		快递面单费	2900元/箱/千份	
15574967459738	2	2006/10/11 19:57	2006/10/11	上海	5		省份	单价	合计票数	合计重量	合计金额
14068494873970	2	2006/10/11 19:58	2006/10/11	江苏	5		江苏	0.8	1380	6194	9680.4
15507720006293	2	2006/10/11 19:58	2006/10/11	江苏	5		浙江	0.8	1322	5578	8979.1
14035755601253	7	2006/10/11 19:59	2006/10/11	安徽	8.5		上海	0.8	816	3457	5507.6
15597774792162	3	2006/10/11 19:59	2006/10/11	上海	5.3		安徽	0.8	323	715	1832.5
15568889338526	4	2006/10/11 19:59	2006/10/11	上海	6.1		山东	3	839	1135	5838.1
15574946934586	5	2006/10/11 19:59	2006/10/11	江苏	6.9		福建	3.5	441	817	4138.4
15580698247617	5	2006/10/11 20:00	2006/10/11	上海	6.9		北京	3.8	229	505	2583.1
14041774065899	5	2006/10/11 20:00	2006/10/11	江苏	6.9		广东	3.8	930	1490	8359
15602768489031	3	2006/10/11 20:00	2006/10/11	上海	5.3		天津	4	97	129	797.3
15591836631556	5	2006/10/11 20:00	2006/10/11	上海	6.9		江西	4	241	263	1750.9
14080344601253	2	2006/10/11 20:00	2006/10/11	上海	5		湖北	4	294	489	2808.6
14041772641657	2	2006/10/11 20:01	2006/10/11	上海	5		湖南	4	244	284	1843.6
15552063833576	1	2006/10/11 20:02	2006/10/11	广东	6.7		河北	5	610	659	5064
15602805267819	1	2006/10/11 20:02	2006/10/11	湖北	6.9		河南	5	680	745	5697
14062761520445	1	2006/10/11 20:02	2006/10/11	江苏	5		海南	5.5	3	4	30.7

图3-2 物流费用统计表

每单的运费根据计费重量、单价（I列）以及面单费和其他相关条件，经公式计算而得出，这些公式的介绍及应用将在后面的章节中详细介绍。

3.2.2 物流费用统计表的公式设计

1. 计算不同地区的合计重量

在K3单元格输入公式“=SUMIF(E:E,H3,B:B)”，即可得出江苏省当月发货的合计重量。

SUMIF 函数的第一个参数"E:E",是条件区域,用来判断符不符合指定条件的区域。本例为 E 列(地区列),从 E 列中查找是否符合指定条件。

SUMIF 函数的第二个参数"H3",是条件,用来判断的条件。本例为 H3 单元格(江苏),从 E 列地区中找到"江苏"。

SUMIF 函数的第三个参数"B:B",是求和区域,用来对满足条件的单元格进行求和的区域。本例为 B 列(称入重量列),即从 E 列地区中找到"江苏",再对所有江苏的称入重量进行求和。

K3 单元格求和结果为 6 194 kg。向下拖动填充,"E:E"和"B:B"因为整列而不变化,而"H3"则依次变为"H4""H5"……,这样就得出了浙江、上海等全部地区的计费重量。

2. 计算不同地区的合计金额

从图 3-2 所示的"物流费用统计表"中可以发现,本例每一个地区都有对应的单价,有人可能会问,知道了合计重量,那么合计金额是不是可以直接用合计重量乘以单价呢? 在本例中是不可以的,因为本例中合计金额并不等于计费重量乘以单价。本例中,单票的费用并不是重量乘以单价,还涉及首重(面单)和单票最小费用问题(如不足 5 元按 5 元计算)。所以,在本例中,合计金额需要以条件求和方式计算,即在地区中找到对应地区,再将这个地区的全部费用求和。

在 L3 单元格输入公式"= SUMIF(E:E,H3,F:F)",即可得出江苏省当月发货的合计金额(物流费用)。

这里 SUMIF 函数的前两个参数和计算合计重量时完全一样,所表达的意义和所起的作用也一样,即从 E 列(地区列)中查找,是否符合指定条件 H3 单元格(江苏)。第三个参数不同,由"B:B"变为"F:F",即求和区域由"称入重量列"变为"运费列",对满足条件的全部运费进行求和。

L3 单元格求和结果为 9 680.4 元。拖动单元格填充,可依次得出浙江、上海等全部地区当月的运费。

3.2.3 条件计数 COUNTIF 函数的应用：合计票数的计算

图 3-2 所示的"物流费用统计表"中，统计项目除了合计重量、合计金额以外，还有一栏合计票数。票数是指发货的订单数，本例的票数指的是运单数，对票数统计需要用到条件计数函数 COUNTIF。

COUNTIF 函数是一个统计函数，用于统计满足某个条件单元格的数量。如图 3-3 所示，Excel 中，对 COUNTIF 函数的描述为，"计算某个区域中满足给定条件的单元格数目"，其语法为"=COUNTIF(Range,Criteria)"。用中文翻译为"=COUNTIF(条件区域,条件)"。

COUNTIF 函数只有两个参数，与 SUMIF 函数前两个参数相同。第一个参数是用于条件判断的单元格区域，第二个参数是用来判断的条件。

在图 3-2 所示的案例中，在 J3 单元格输入公式"=COUNTIF(E:E,H3)"，即可得出江苏省发货的总票数。往下拖动公式，依次得出浙江、上海等全部地区的当月总票数。

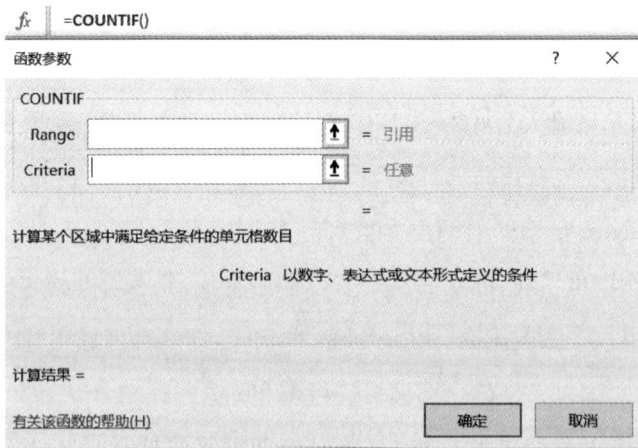

图 3-3 COUNTIF 函数参数

3.3　横向条件求和:仓库库存明细表中出入库汇总的计算

条件求和在供应链管理中的常规应用是纵向求和,即对列进行求和,但在日常工作中,也经常出现需要对行求和的场景,即横向条件求和。典型的例子就是库存明细表中出入库汇总或累计出入库的计算。

3.3.1　库存明细表数据说明与逻辑

如图 3-4 所示,是笔者为一家小型经销商"红旗经营部"所制作的"应收与库存总表"中的"库存明细表"。该表列示了产品编码、名称与规格,列出了期初库存数量(2021 年 4 月 30 日库存)、出入库汇总数(累计入库与累计出库)以及按 kg 和按箱显示的期末库存(即时库存);在表格的右边,按日期列出了每一个产品每一天的出入库及结存明细。

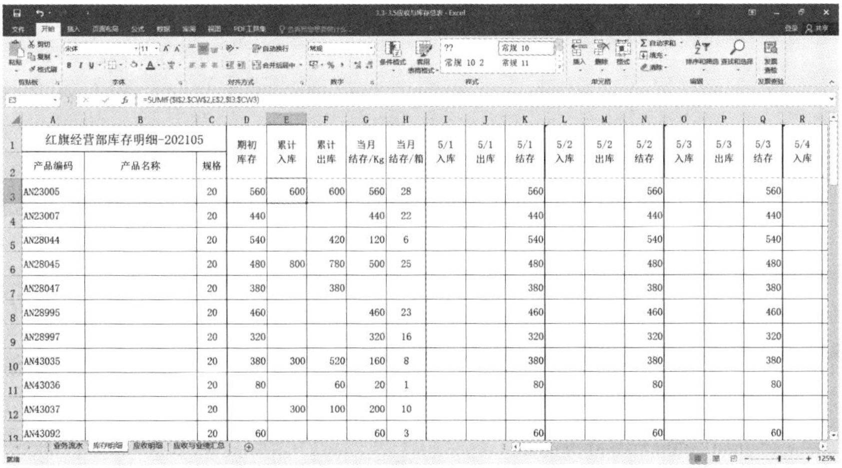

红旗经营部库存明细-202105			期初库存	累计入库	累计出库	当月结存/Kg	当月结存/箱	5/1 入库	5/1 出库	5/1 结存	5/2 入库	5/2 出库	5/2 结存	5/3 入库	5/3 出库	5/3 结存	5/4 入库
产品编码	产品名称	规格															
AN23005		20	560	600	600	560	28			560			560			560	
AN23007		20	440			440	22			440			440			440	
AN28044		20	540		420	120	6			540			540			540	
AN28045		20	480	800	780	500	25			480			480			480	
AN28047		20	380		380					380			380			380	
AN28995		20	460			460	23			460			460			460	
AN28997		20	320			320	16			320			320			320	
AN43035		20	380	300	520	160	8			380			380			380	
AN43036		20	80		60	20	1			80			80			80	
AN43037		20		300	100	200	10										
AN43092		20	60			60	3			60			60			60	

图 3-4　红旗经营部库存明细表

本表主单位为 kg（即没特别注明单位的都是 kg）。本表既是库存明细表，也是库存日报表，还是出入库汇总表。表中相关数据来源及相互之间的关系如下。

（1）产品编码、名称与规格：是已知数据，为红旗经营部所销售的全部产品，源于产品编码明细表。

（2）期初库存：是引入数据，源于上一期库存明细表，即《红旗经营部库存明细－202104》的期末结存数，以 VLOOKUP 函数（后面章节介绍）导入或直接复制填入。

（3）累计入库与累计出库：为计算数据，由当月每一天的入库、出库数相加而成，即需要对每一产品全月的入库、出库分别进行求和。

（4）当月结存/kg：为计算数据，当月结存/kg＝期初库存＋累计入库－累计出库。

（5）当月结存/箱：为计算数据，由当月结存/kg 与产品规格换算而来，当月结存/箱＝当月结存/kg÷产品规格。

（6）每一天的出入库明细：为计算引入数据，由"流水"工作表以"SUMIFS"函数引入（在本章多条件求和小节中详细介绍）。

（7）每一天的结存（1～31 日）：为计算数据，每一天的结存＝上一天结存＋当天入库－当天出库，其中 1 日的"上一天结存"为"期初库存"。

3.3.2　累计入库与累计出库的公式设计

累计入库与累计出库的计算方法基本一致，都是以条件求和函数 SUMIF 进行横向条件求和，下面以累计入库为例进行说明。

仍以图 3-4 红旗经营部库存明细表为例，在 E3 单元格中输入公式

"=SUMIF（I2:CW2，E2，I3:CW3）"，即可求出"AN23005"产品当月的累计入库数。

1. 公式的解决思路

本表每一天的明细都有三项（入库、出库和结存），这样可以在每一天的"入库""出库""结存"中找到"入库"，再将"入库"对应的数量进行求和，以达成求取累计入库的目的。

2. SUMIF 函数参数说明

第一个参数"I2:CW2"，为条件区域。I 列到 CW 列是从 1 日到 31 日的全部出入库明细区域，第 2 行是每天及汇总的入库、出库和结存行，"I2:CW2"即选定 1～31 日全部的"入库"、"出库"和"结存"。

第二个参数"E2"，为条件。E2 单元格是"入库"两字，即此处的条件是"入库"，在 1～31 日全部的"入库"、"出库"和"结存"中寻找"入库"。

第三个参数"I3:CW3"，为求和区域。"I3:CW3"是"AN23005"产品具体入库、出库和结存数量所在的行，SUMIF 函数只对满足条件的数据，即"入库"数进行求和。E3 单元格计算结果为 600。

3. 公式拖动与"$"的应用

E3 单元格公式设计完成后，求出了"AN23005"产品当月的累计入库数，但表格中还有很多其他产品，还有累计出库需要计算，这时可以直接拖动公式完成对全部产品累计入库和累计出库的计算。

因为公式拖动，其引用的行列也将同步变动，但有些引用是不能变动的，比如条件区域"I2:CW2"，这就需要用引用符"$"来固定相应的行列。

（1）每一个产品累计入库的判定区域都是"I2:CW2"（即 1～31 日全部的"入库"、"出库"和"结存"），所以条件区域"I2:CW2"需要绝对引用（同时固定行与列），在行列前面均加上符号"$"，变为"$I$2:$CW$2"。

（2）因为计算累计入库时判定条件是"入库"，计算累计出库时判定条件是"出库"，所以当往下拖动公式时，要求判定条件的行不变，但往右拖动公式时要求列同步改变（从"入库"变为"出库"），即固定行不固定列，在行前面加上符号"$"，"E2"变为"E$2"。

（3）求和区域为每一个产品的 1～31 日数据（即 I 列到 CW 列），列号需要固定，但行不能固定，需要随着公式往下拖动而自动选择对应产品的行。所以，需要固定行而不固定列，"I3:CW3"变为"$I3:$CW3"。

以上设置好后，将"= SUMIF（I2:CW2,E2,I3:CW3）"加上引用符变为"= SUMIF（$I$2:$CW$2,E$2,$I3:$CW3）"，然后向右、向下拖动公式，即可完成库存明细表中全部产品累计出入库的计算。

3.4　比较条件求和：生产计件统计表的计件数量计算

上文常规条件求和与横向条件求和的例子中，其条件都是一个确定的值（等值），比如物流费用统计表中的"省份"，仓库库存明细表中的"入库"。但条件不仅仅是一个确定值，可能还会是与某个值的比较值，比如在实际工作中，经常会遇到对大于或小于某个数的部分进行求和，这就是比较条件求和。

比较条件求和是针对 SUMIF 的第二个参数"条件"而言的。常规条件求和与横向条件求和都会存在比较条件的情况。较常用到的比较符号有大于（">"）、小于（"< "）、大于或等于（"> = "）、小于或等于（"< = "）、不等于（"< > "）。

比较条件求和在实战中有很多案例，下面以生产计件统计表中的计件数量的计算为例来说明，如图 3-5 所示。

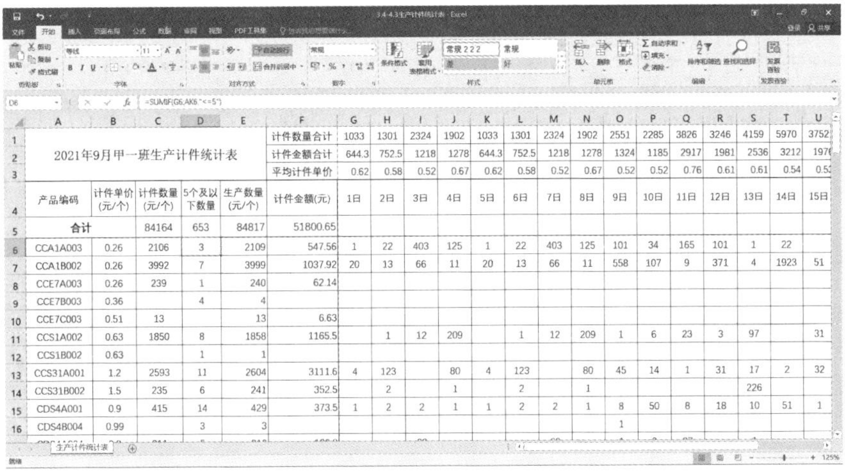

D6　=SUMIF(G6:AK6,"<=5")

	A	B	C	D	E	F	G	H	I	J	K	L	M	N	O	P	Q	R	S	T	U
1	2021年9月甲一班生产计件统计表					计件数量合计	1033	1301	2324	1902	1033	1301	2324	1902	2551	2285	3826	3246	4159	5970	3752
2						计件金额合计	644.3	752.5	1218	1278	644.3	752.5	1218	1278	1324	1185	2917	1981	2536	3212	197
3						平均计件单价	0.62	0.58	0.52	0.67	0.62	0.58	0.52	0.67	0.52	0.52	0.76	0.61	0.61	0.54	0.5
4	产品编码	计件单价(元/个)	计件数量(元/个)	5个及以下数量	生产数量(元/个)	计件金额(元)	1日	2日	3日	4日	5日	6日	7日	8日	9日	10日	11日	12日	13日	14日	15日
5	合计		84164	653	84817	51800.65															
6	CCA1A003	0.26	2106	3	2109	547.56	1	22	403	125	1	22	403	125	101	34	165	101	1	22	
7	CCA1B002	0.26	3992	7	3999	1037.92	20	13	66	11	20	13	66	11	558	107	9	371	4	1923	51
8	CCE7A003	0.26	239	1	240	62.14															
9	CCE7B003	0.36		4	4																
10	CCE7C003	0.51	13		13	6.63															
11	CCS1A002	0.63	1850	8	1858	1165.5		1	12	209		1	12	209	1	6	23	3	97		31
12	CCS1B002	0.63		1	1																
13	CCS31A001	1.2	2593	11	2604	3111.6	4	123		80	4	123		80	45	14	1	31	17	2	32
14	CCS31B002	1.5	235	6	241	352.5		2		1		2		1					226		
15	CDS4A001	0.9	415	14	429	373.5	1	2	2	1	1	2	2	1	8	50	8	18	10	51	1
16	CDS4B004	0.99		3	3										1						

图 3-5　生产计件统计表

3.4.1　生产计件统计表的计件思路与逻辑关系

图 3-5 是 R 公司“甲一”生产班组 2021 年 9 月份的生产计件统计。该表记录了“甲一”生产班组当月每一天的生产明细(产量)。“甲一”班组的生产计件规则及该表的逻辑关系如下。

(1)不同的产品按生产工艺及作业难度设定不同的计件单价(B 列),计件金额(F 列)等于计件单价(B 列)乘以计件数量(C 列)。

(2)为使计件公平合理,R 公司生产部规定,任何产品只要单日的产量不超过 5 个,则该产量当天不进行计件并从计件数量中剔除,生产部按其他规则另行给予固定的补偿(比如 5 个及以下的数量全月合计超过一定的数量给予全班组一定金额的奖励。规则另计,本表不体现)。

(3)按照第(2)条规定,计件数量(C 列)等于生产数量(E 列)减去 5 个及以下的生产数量(D 列)。

(4)每一产品的生产数量(E 列)为该产品全月每一天生产产量的合计数。

（5）第 1 行汇总统计每一天的计件数量（当天产量大于 5 个才统计），第 2 行汇总统计每一天的计件金额（当天产量大于 5 个才统计），第 3 行以计件金额除以计件数量计算了每一天的平均计件单价（供生产部管理人员参考）。G1 单元格为 9 月 1 日的计件数量，G2 单元格为 9 月 1 日的计件金额，G3 单元格为 9 月 1 日的平均计件单价。

（6）第 5 行的 C5、D5、E5、F5 分别为计件数量、5 个及以下数量、生产数量和计件金额的全月合计数。最后 1 列（AL 列）为每一产品的合计数，AL1、AL2、AL3 单元格分别为全月的计件数量总数、计件金额总数及全月的平均计件单价。

3.4.2 单品计件数量计算：横向比较条件求和

本"图 3-5 生产计件统计表"中，C 列为每一个产品当月的计件数量。按生产部的规定，当天产量在 5 个或以下的不纳入计件，故计件数量等于生产数量减去 5 个及以下的生产数量，比如第 6 行 CCA1A003 产品的计件数量 C6＝E6－D6。

其中，生产数量（E 列）为该产品全月的全部生产数量，直接以 SUM 函数进行简单求和即可，E6 单元格的公式为"＝SUM(G6:AK6)"。

"5 个及以下的生产数量"，指全月每一天的生产数量中当天产量不大于 5 个（即≤5）的生产数量的合计数，可以用条件求和函数 SUMIF 计算得出。因为这里的条件是一个判断比较值（≤5），故称为比较条件求和，又因为"5 个及以下的生产数量"是对以行排列的每一天生产数量的横向求和，故本例可称为横向比较条件求和。

D6 单元格公式为"＝SUMIF(G6:AK6,"＜＝5")"，计算结果为"3"。

SUMIF 函数的第一个参数"G6:AK6"，为条件区域，从 1 到 31 日（G 列到

AK 列)第 6 行(CCA1A003 产品)的生产产量记录区域。

SUMIF 函数的第二个参数""＜＝5""，是条件，即条件区域中的值(1～31日每一天的产量)小于或等于 5。

本例省略了第三个参数求和区域，当 SUMIF 函数省略第三参数时，Excel会默认为求和区域等于条件区域，即第三个参数等于第一个参数，也为"G6:AK6"。

在这里需要注意的是，＜＝5 有双引号，在 Excel 公式中(以"＝"开头的Excel会默认为公式)，所以在输入文本时必须加双引号，否则会出错。

3.4.3　每日计件数量计算：纵向比较条件求和

如图 3-5 所示的生产计件统计表中，第 1 行统计的是每日计件数量，即每一天"甲一"生产班组生产的计件合计数(产量需要大于 5 个，小于或等于 5 个不统计)，比如 G1 单元格为"甲一"生产班组 1 日的有效计件产量合计。

每日计件数量计算的是纵向(列)的数据(当天全部产品的生产数量)，其条件是比较值("＞5")，计算每日计件数量的条件求和可以称为纵向比较条件求和。

G1 单元格公式为"＝SUMIF(G6:G112,"＞5")"，计算结果为 1 033。

第一个参数"G6:G112"，为条件区域，即全部产品(从第 6 行到第 112 行)每一天的生产产量记录区域。

第二个参数"＞5""，为条件，即条件区域中的值(全部产品每一天的产量)大于 5 的才进行求和。

这里也省略了第三个参数求和区域。当省略第三个参数时，Excel 会默认为求和区域等于条件区域，即第三个参数也为"G6:G112"。

3.5 经典多条件求和：应收与库存总表（全表设计）

多条件求和函数是 SUMIFS，它是 Office 2007 新增的函数，是条件求和函数 SUMIF 的升级版。SUMIFS 函数参数及其使用方法与 SUMIF 一脉相承。

多条件求和 SUMIFS 在供应链管理中的应用场景很多，本书列出了两种典型的应用场景，其他的场景可以参考这两种场景的思路进行设计与建模。

（1）以应收与库存总表介绍 SUMIFS 函数，是最常见也是最经典的应用，解决从流水记录中抓取所需数据的问题，这是流水账的完美应用。在这类场景和这些应用中，一个函数 SUMIFS 几乎可以搞定一切。

（2）以物料预警与订货模型中的滚动用量计算，来介绍在供应链管理中 SUMIFS 最实用的一种应用：滚动用量数据自动获取。滚动用量是供应链管理中进行物料与需求滚动管理的基础，比如进行滚动安全库存设置、滚动预测、滚动预警等都需要用到滚动用量数据。

3.5.1 SUMIFS 函数参数

如图 3-6 所示，Excel 中，对 SUMIFS 函数的描述为，"对一组给定条件指定的单元格求和"，其语法为"SUMIFS(Sum_range,Criteria_range1,Criteria1,［Criteria_range2,Criteria2］,…)"，用中文翻译即为，"SUMIFS(求和区域,条件区域1,条件 1,［条件区域 2,条件 2］,…)"。

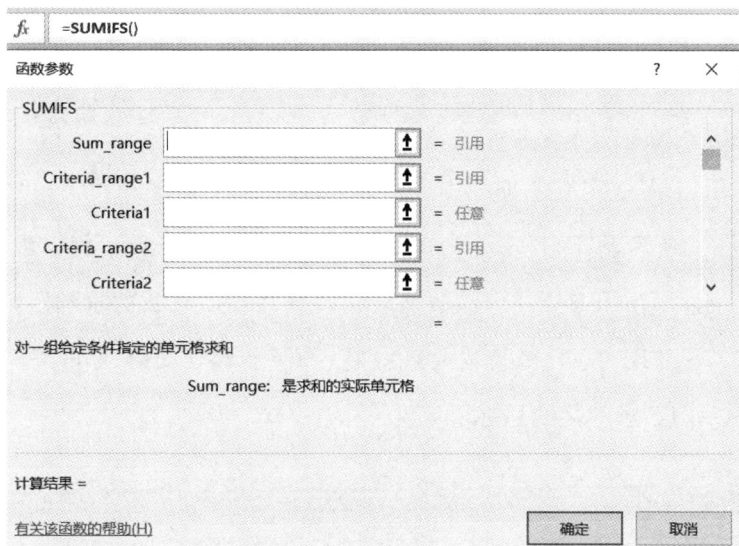

图 3-6　SUMIFS 函数参数

（1）第一个参数 Sum_range，是求和的实际区域，是必需参数，指的是实际的求和区域（将这个区域内满足条件的单元格进行求和）。

（2）第二个参数 Criteria_range1，是要针对特定条件求值的单元格区域，是必需参数。它指的是第 1 个条件区域，用于第 1 个条件判断的单元格区域（即判断这个区域内的数据是不是符合指定的第 1 个条件）。

（3）第三个参数 Criteria1，是数字、表达式或文本形式的条件，它定义了单元格求和的范围（满足条件才进行求和），是必需参数。它指的是第 1 个条件，用数字、表达式、单元格引用、文本或函数等形式来定义的判定条件。

（4）第四个、第五个及以后的参数分别是条件区域 2，条件 2，条件区域 3，条件3，……SUMIFS 函数前三个参数是必需参数，从第四个参数开始都是可选参数，但条件区域与条件必须成对出现。

SUMIFS 函数要求所有的条件区域与求和区域的大小形状相同，并要求至少需要有一个条件（即至少有前三个参数），SUMIFS函数最多可以支持127个条件。

SUMIFS函数如果只有一个条件，则SUMIFS函数所起的作用与SUMIF函数的作用相同，在实战中SUMIFS函数可以代替SUMIF使用。

如图3-7所示，SUMIFS函数参数与SUMIF最大的不同，是将"求和区域"放到了前面。SUMIFS第一个参数是求和区域，而SUMIF的求和区域是最后一个参数。SUMIF的求和区域可以忽略（如果忽略则默认为与条件区域相同），而SUMIFS求和区域是必须参数。

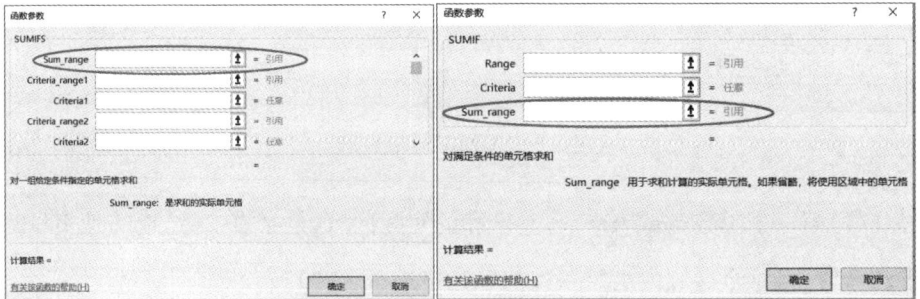

图3-7　SUMIFS函数参数与SUMIF函数参数

3.5.2　应收与库存总表的结构与逻辑

如图3-8、图3-9、图3-10和图3-11所示，是笔者为一家小型经销商"红旗经营部"所设计制作的应收与库存总表中的一部分。此表只使用了一个函数SUMIFS，就解决了应收账款与库存的明细及汇总问题，并且在日常工作时作业人员操作简单（只需要登记业务流水），很好地解决了这家经销商的多项问题，如作业人员时间不充分，且电脑操作能力有限等问题。

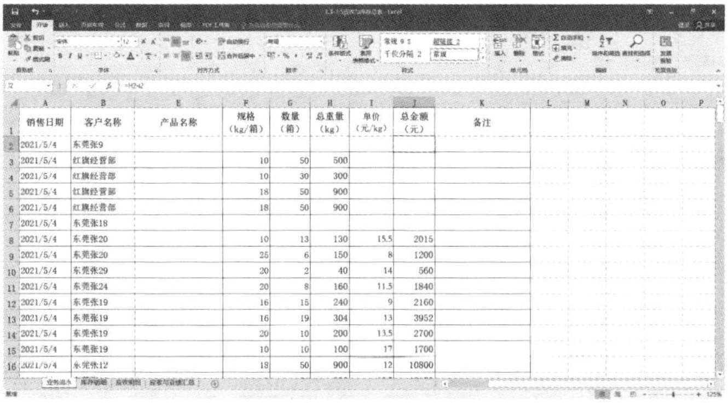

销售日期	客户名称	产品名称	规格(kg/箱)	数量(箱)	总重量(kg)	单价(元/kg)	总金额(元)	备注
2021/5/4	东莞张9							
2021/5/4	红旗经营部		10	50	500			
2021/5/4	红旗经营部		10	30	300			
2021/5/4	红旗经营部		18	50	900			
2021/5/4	红旗经营部		18	50	900			
2021/5/4	东莞张18							
2021/5/4	东莞张20		10	13	130	15.5	2015	
2021/5/4	东莞张20		25	6	150	8	1200	
2021/5/4	东莞张29		20	2	40	14	560	
2021/5/4	东莞张24		20	8	160	11.5	1840	
2021/5/4	东莞张19		16	15	240	9	2160	
2021/5/4	东莞张19		16	19	304	13	3952	
2021/5/4	东莞张19		20	10	200	13.5	2700	
2021/5/4	东莞张19		10	10	100	17	1700	
2021/5/4	东莞张12		18	50	900	12	10800	

图 3-8　应收与库存总表:业务流水

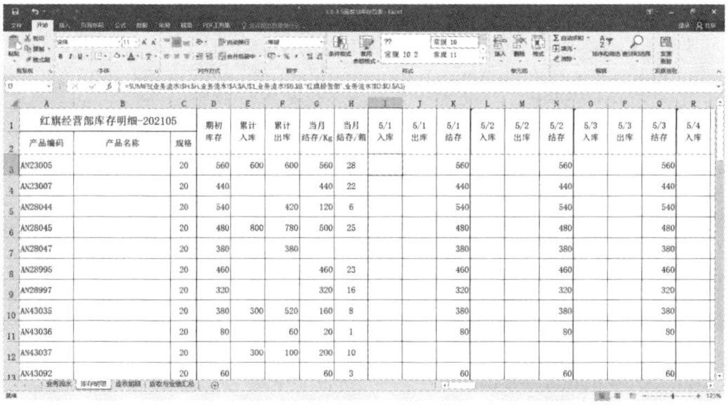

红旗经营部库存明细-202105

产品编码	产品名称	规格	期初库存	累计入库	累计出库	当月结存/Kg	当月结存/箱	5/1入库	5/1出库	5/1结存	5/2入库	5/2出库	5/2结存	5/3入库	5/3出库	5/3结存	5/4入库
AN23005		20	560	600	600	560	28			560			560			560	
AN23007		20	440			440	22			440			440			440	
AN28044		20	540		420	120	6			540			540			540	
AN28045		20	480	800	780	500	25			480			480			480	
AN28047		20	380		380					380			380			380	
AN28995		20	460			460	23			460			460			460	
AN28997		20	320			320	16			320			320			320	
AN43035		20	380	300	520	160	8			380			380			380	
AN43036		20	80		60	20	1			80			80			80	
AN43037		20		300	100	200	10										
AN43092		20	60			60	3			60			60			60	

图 3-9　应收与库存总表:库存明细

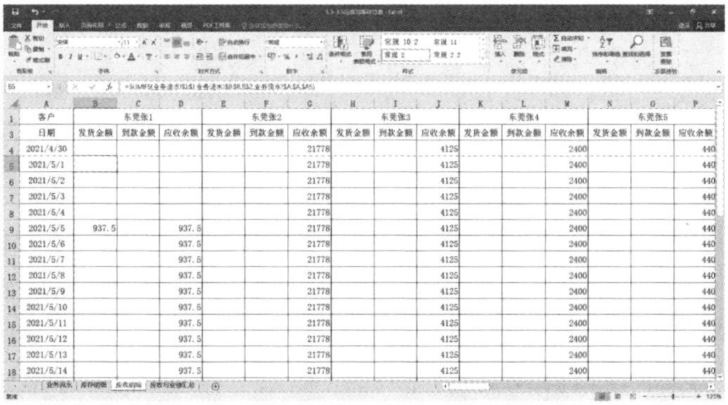

客户	东莞张1			东莞张2			东莞张3			东莞张4			东莞张5		
日期	发货金额	到款金额	应收余额	发货金额	到款金额	应收余额	发货金额	到款金额	应收余额	发货金额	到款金额	应收余额	发货金额	到款金额	应收余额
2021/4/30						21778			4125			2400			440
2021/5/1						21778			4125			2400			440
2021/5/2						21778			4125			2400			440
2021/5/3						21778			4125			2400			440
2021/5/4						21778			4125			2400			440
2021/5/5	937.5		937.5			21778			4125			2400			440
2021/5/6			937.5			21778			4125			2400			440
2021/5/7			937.5			21778			4125			2400			440
2021/5/8			937.5			21778			4125			2400			440
2021/5/9			937.5			21778			4125			2400			440
2021/5/10			937.5			21778			4125			2400			440
2021/5/11			937.5			21778			4125			2400			440
2021/5/12			937.5			21778			4125			2400			440
2021/5/13			937.5			21778			4125			2400			440
2021/5/14			937.5			21778			4125			2400			440

图 3-10　应收与库存总表:应收明细

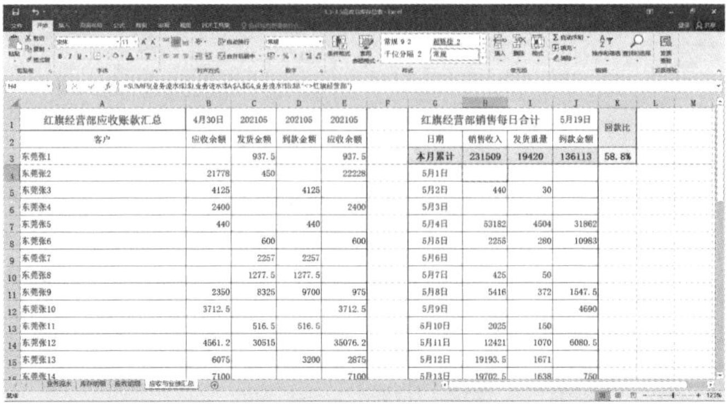

	A	B	C	D	E	F	G	H	I	J	K
1	红旗经营部应收账款汇总	4月30日	202105	202105	202105		红旗经营部销售每日合计			5月19日	回款比
2	客户	应收余额	发货金额	到款金额	应收余额		日期	销售收入	发货重量	到款金额	
3	东莞张1		937.5		937.5		本月累计	231509	19420	136113	58.8%
4	东莞张2	21778	450		22228		5月1日				
5	东莞张3	4125		4125			5月2日	440	30		
6	东莞张4	2400			2400		5月3日				
7	东莞张5	440		440			5月4日	53182	4504	31862	
8	东莞张6		600		600		5月5日	2255	280	10983	
9	东莞张7		2257	2257			5月6日				
10	东莞张8		1277.5	1277.5			5月7日	425	50		
11	东莞张9	2350	8325	9700	975		5月8日	5416	372	1547.5	
12	东莞张10	3712.5			3712.5		5月9日			4690	
13	东莞张11		516.5	516.5			5月10日	2025	150		
14	东莞张12	4561.2	30515		35076.2		5月11日	12421	1070	6080.5	
15	东莞张13	6075		3200	2875		5月12日	19193.5	1671		
16	东莞张14	7100			7100		5月13日	19702.5	1638	750	

图 3-11　应收与库存总表：应收与业绩汇总

应收与库存总表由 4 个工作表组成，分别是业务流水表（图 3-8）、库存明细表（图 3-9）、应收明细表（图 3-10）和应收与业绩汇总表（图 3-11）。

1. 业务流水表

此表由作业人员日常流水登记，每发生一笔业务就登记一笔。包含的内容及注意事项如下。

（1）销售日期，必填项。一笔业务如果有多个产品（多行），每一行的销售日期都要填入。

（2）客户名称，必填项。一笔业务如果有多个产品（多行），每一行的客户名称都要填入。客户名称必须与应收明细表中的客户名称保持一致。当经营部进货时（采购入库），客户名称填自己，即“红旗经营部”。

（3）回款，客户回款时填制。客户回款等同一笔业务，客户回款时后面的编码等各项均不用填制。

（4）产品编码，必填项（业务为客户回款时除外），编码必须与库存明细表中的产品编码保持一致。

（5）产品名称、规格，由公式自动生成（使用 VLOOKUP 函数，本书将在第二篇查找函数中详细介绍）。

（6）数量，指实际出货箱数或采购入库箱数。

（7）总重量，等于规格乘以数量（箱数），可以设简单乘法公式自动生成。

（8）单价，指实际销售单价，采购入库时不需要填制。

（9）总金额，等于总重量乘以单价，可以设简单乘法公式自动生成。

2. 库存明细表

在此表中，产品编码、名称与规格是基础数据，其他各项全部设公式自动生成。库存明细表的介绍详见第 3 章第 3 节"横向条件求和：仓库库存明细表出入库汇总的计算"。其中每一天的出入库明细需要用到 SUMIFS 多条件求和。

3. 应收明细表

在此表中，每一个客户每一天的发货金额、回款金额及应收余额明细，全部设公式自动生成。

（1）期初数，第 4 行的应收余额（4 月 30 日的应收余额），直接从上月期末数复制粘贴或以多条件求和函数 SUMIFS 从上个月的应收明细表中导入。

（2）每一个客户每一天的发货金额与到款金额，使用多条件求和函数 SUMIFS 从业务流水表中获取。

（3）应收余额，等于上一天的应收余额加上当天的发货金额减去当天的到款金额。

4. 应收与业绩汇总表

由两份报表组成，左边为分客户的应收账款汇总，右边为每一天的销售收入、发货重量及到款金额汇总，全部设公式自动生成，如图 3-11 所示。

（1）应收账款汇总表列示了每一客户的上期余额、本期发货金额、本期回款金额和本期余额，使用多条件求和函数 SUMIFS 从应收明细表中获取。

（2）每日销售合计列示了每一天的销售收入、发货重量、到款金额（全部客户每一天的汇总），以及截止到当天的当月累计数（本例当天的日期为 5 月 19 日）。

（3）回款比为累计到款金额除以累计销售收入，设简单除法公式自动生成（将单元格格式变为百分比格式）。

3.5.3　应收与库存总表的公式设计

应收与库存总表的 4 个工作表中，除了在业务流水表中以 VLOOKUP 函数导入产品名称和规格外，其他的就只使用了一个函数：多条件求和 SUMIFS。

1. 业务流水表

唯一需要作业人员填制的一个表是业务流水表，其他三个表都由公式自动生成。业务流水表中，作业人员需要逐笔填入销售日期、客户名称、回款数额、产品编码、出入库箱数和单价，其他四项（产品名称、规格、总重量、总金额）设公式自动生成。

产品名称、规格使用 VLOOKUP 函数从库存明细表中导入（将在下一篇查找函数中详细介绍 VLOOKUP 函数）；总重量、总金额都是单一的乘法运算，直接输入简单的乘法公式即可。比如 H2 单元格公式"= F2 * G2"，J2 单元格公式"= H2 * I2"。

2. 库存明细表

库存明细表以及累计出入库、结存数的公式设计上文中有详细的介绍，本小节主要介绍每一个产品每一天出入库数量的多条件求和计算（用到三个条件）。

（1）如图 3-9 所示，在 I3 单元格中输入公式"= SUMIFS(业务流水! H:H,业务流水! A:A,I1,业务流水! B:B,"红旗经营部",业务流水! D:D,A3)"，计算 5 月 1 日 AN23005 产品的入库。

（2）第一个参数"业务流水! H:H"，是求和区域，即对业务流水工作表中的 H 列（发货总重量列）进行求和。

（3）第二个参数"业务流水! A:A"，是第一个条件区域，在业务流水工作表的 A 列（销售日期列）查找是否符合第一个条件（第三个参数）。

（4）第三个参数"I1"，是第一个条件，指的是每月出入库明细中的日期（"I1"单元格为 5 月 1 日）。

（5）第四个参数"业务流水! B:B"，是第二个条件区域，在业务流水工作表的 B 列（客户名称列）查找是否符合第二个条件（第五个参数）。

（6）第五个参数""红旗经营部""，是第二个条件。因为当经营部进货时（采购入库），客户名称填的是红旗经营部，所以第二个客户名称里查找的条件就是红旗经营部，直接输入即可（因为是文本，需要加英文双引号）。

（7）第六个参数"业务流水! D:D"，是第三个条件区域，在业务流水工作表的 D 列（产品编码列）查找是否符合第三个条件（第七个参数）。

（8）第七个参数"A3"，是第三个条件，指的是产品编码，A3 单元格即 AN23005 产品。

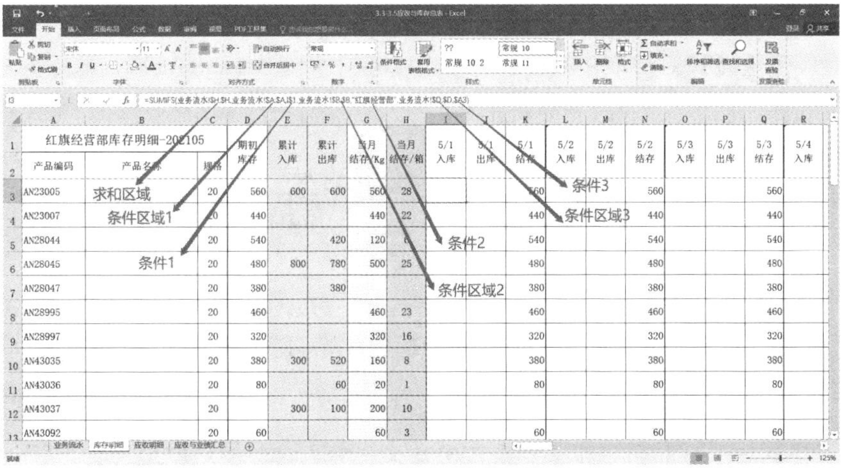

图 3-12　SUMIFS 实例与参数

（9）以上求和区域以及三个条件区域和条件输入完成回车，即可得出 AN23005 产品 5 月 1 日的入库数量。这三个条件可以按如下理解：在销售日期中找到需要计算入库的日期（比如 5 月 1 日），在客户名称中找到"红旗经营部"，在产品编码中找到需要计算入库的编码（比如 AN23005 产品），同时满足这三个条件，即得出所要求的结果。

（10）公式完成，为拖动或复制公式，对相关行列用引用符"$"进行固定，最终公式为"= SUMIFS(业务流水! $H:$H,业务流水! $A:$A,I$1,业务流水! $B:$B,"红旗经营部",业务流水! $D:$D,$A3)"。

（11）I3 单元格向下拖动公式，得出全部产品 5 月 1 日入库的公式。

（12）I3 单元格向右拖动公式至 J3，求取 AN23005 产品 5 月 1 日出库的数量；I3 拖到 J3 后，公式需要有一处改变，将""红旗经营部""改为""＜＞红旗经营部""。因为当经营部进货时客户名称填的是"红旗经营部"，所以客户名称不是"红旗经营部"即可认定为出库（"＜＞"为不等于号）。

（13）J3 单元最终公式为"= SUMIFS(业务流水! $H:$H,业务流水! $A:$A,J$1,业务流水! $B:$B,"＜＞红旗经营部",业务流水! $D:$D,$A3)"。向下拖动公式，得出全部产品 5 月 1 日出库的公式。

（14）复制或拖动 5 月 1 日的出入库公式到每一天，完成整个报表公式的设计。

3. 应收明细表

应收明细表记录着每一个客户的期初应收余额（上月月末余额）、每一天的发货金额、到款金额及应收余额，全部设公式自动生成，所使用的函数就是多条件求和 SUMIFS（期初应收余额也可以从上月末直接复制粘贴输入）。

（1）为方便公式设计，也为了避免公式过于复杂，在客户名称行与发货到货余额行之间增加一个辅助行，将合并的客户名称展开为三个，如图 3-13 表中第 2

行所示(公式设置完成后将第 2 行隐藏)。

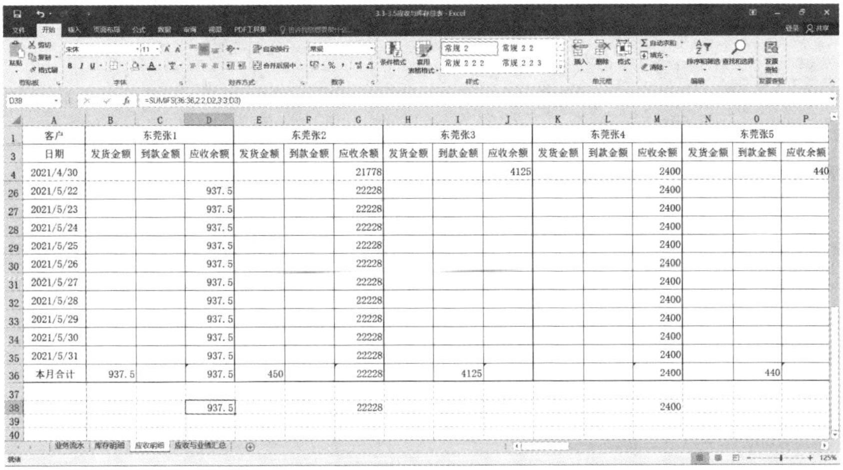

	A	B	C	D	E	F	G	H	I	J	K	L	M	N	O	P
1	客户	东莞张1			东莞张2			东莞张3			东莞张4			东莞张5		
3	日期	发货金额	到款金额	应收余额	发货金额	到款金额	应收余额	发货金额	到款金额	应收余额	发货金额	到款金额	应收余额	发货金额	到款金额	应收余额
4	2021/4/30						21778			4125			2400			440
26	2021/5/22			937.5			22228						2400			
27	2021/5/23			937.5			22228						2400			
28	2021/5/24			937.5			22228						2400			
29	2021/5/25			937.5			22228						2400			
30	2021/5/26			937.5			22228						2400			
31	2021/5/27			937.5			22228						2400			
32	2021/5/28			937.5			22228						2400			
33	2021/5/29			937.5			22228						2400			
34	2021/5/30			937.5			22228						2400			
35	2021/5/31			937.5			22228						2400			
36	本月合计	937.5		937.5	450		22228		4125				2400		440	
37																
38				937.5			22228						2400			
39																
40																

图 3-13　期初余额导入

(2)正常情况下,期初应收余额可以从上期的期末余额复制填入,但如果客户有增减或顺序有变动,直接复制可能会出错,这时可以使用 SUMIFS 函数引入。本例未列出上月报表,就以本月期末数的引用为例说明。D38 单元格计算的是东莞张 1 的月底应收余额,单元格公式为多条件求和"=SUMIFS(36:36,2:2,D2,3:3,D3)"。第一个参数求和区域(第 36 行本月合计行),第二个参数条件区域 1(第 2 行客户明细行),第三个参数条件 1(D2 单元格即客户东莞张 1),第四个参数条件区域 2(第 3 行发货、到款、应收余额行),第五个参数条件 2(D3 单元格即应收余额)。公式设置完成,选定 B38:D38,向右拖动单元格,完成全部期初数的引入。

(3)每一个客户每一天的发货金额,以 SUMIFS 函数从业务流水表中取数计算。B5 单元格为 5 月 1 日东莞张 1 的发货金额,计算公式为"=SUMIFS(业务流水!$J:$J,业务流水!$B:$B,B$2,业务流水!$A:$A,$A5)"。第一个参数求和区域(业务流水的 J 列总金额列)，第二个参数条件区域 1(业务流水的 B 列客户名称列)，第三个参数条件 1(B2 单元格客户东莞张 1)，第四个参数条件区域 2(业务流水的 A 列销售日期列)，第五个参数条件 2(A5 单元格 5 月 1 日)。公式设置完成，向下拖动单元格，完成东莞张 1 每一天发货金额的公式设计。

(4)每一个客户每一天的到款金额，同样以 SUMIFS 函数从业务流水表中取数计算。向右拖动 B5 单元格，公式变为"＝SUMIFS(业务流水!$J:$J,业务流水!$B:$B,C$2,业务流水!$A:$A,$A5)"。将第一个参数求和区域改为业务流水的 C 列(回款列)，其他不变。C5 单元格最终公式为"＝SUMIFS(业务流水!$C:$C,业务流水!$B:$B,C$2,业务流水!$A:$A,$A5)"。公式设置完成，向下拖动单元格，完成东莞张 1 每一天到款金额的公式设计。

(5)应收余额。每一个客户每一天的应收余额等于前一天的应收余额加上当天的发货金额减去当天的到款金额，直接以简单加减设置公式即可。D5 单元格公式为"＝D4+B5－C5"，向下拖动单元格，完成东莞张 1 每一天应收余额的公式设计(最后一天即为期末余额)。

(6)选定 B5:D35 区域单元格向右拖动，完成全部客户的公式设计。

4. 应收与业绩汇总表

客户的应收账款汇总与每一天的销售收入、发货重量及到款金额汇总，全部以 SUMIFS 函数设计公式自动生成。

(1)客户应收账款汇总表以 SUMIFS 函数在应收明细表中取数计算。

如图 3-14 所示，B20 单元格计算的是客户东莞张 18 的期初(4 月 30 日)应收余额，公式为"＝SUMIFS(应收明细!$4:$4,应收明细!$2:$2,$A20,应收明细!$3:$3,B$2)"。第一个参数求和区域(应收明细的第 4 行即期初余额行)，第二个参数条件区域 1(应收明细的第 2 行即客户明细行)，第三个参数条件 1(A20 单元格即客户东莞张 18)，第四个参数条件区域 2(应收明细的第 3 行即发货、到款与余额行)，第五个参数条件 2(B2 单元格即应收余额)。

B20 单元格公式设置完成，可向右拖动公式到 C20 单元格，将求和区域改为应收明细的第 36 行(即本月合计行)，完成 C20 单元格的公式设计。再向右拖动公式至 E20 单元格，不用修改，直接完成 D20 与 E20 单元格的公式设计。

向上或向下拖动 B20～E20 单元格，可完成全部客户应收账款汇总的设计。

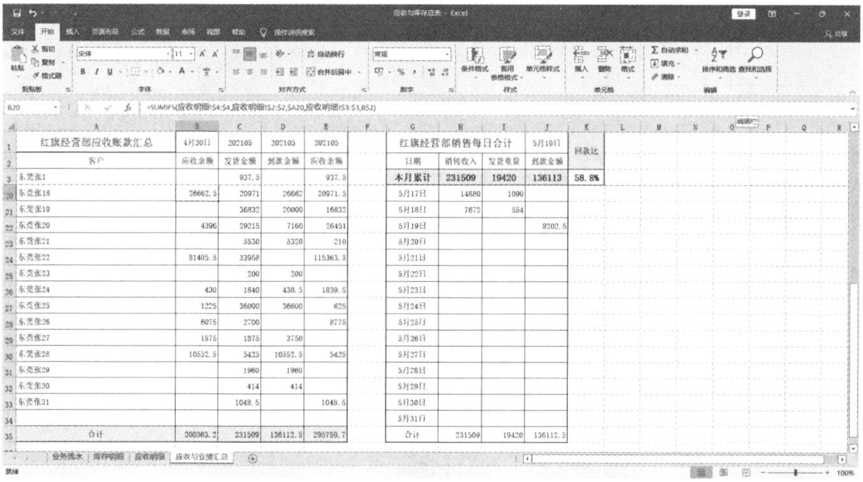

红旗经营部应收账款汇总	4月30日	202105	202105	202105
客户	应收余额	发货金额	到款金额	应收余额
东莞张1		937.5		937.5
东莞张18	26662.5	20971	26662	20971.5
东莞张19		36832	20000	16832
东莞张20	4396	29215	7160	26451
东莞张21		5530	5320	210
东莞张22	81405.5	33958		115363.5
东莞张23		200	200	
东莞张24	430	1840	430.5	1839.5
东莞张25	1225	36000	36600	625
东莞张26	6075	2700		8775
东莞张27	1875	1875	3750	
东莞张28	10552.5	5425	10552.5	5425
东莞张29		1960	1960	
东莞张30		414	414	
东莞张31		1048.5		1048.5
合计	200363.2	231509	136112.5	295759.7

红旗经营部销售每日合计			5月19日	回款比
日期	销售收入	发货重量	到款金额	
本月累计	231509	19420	136113	58.8%
5月17日	14880	1090		
5月18日	7672	554		
5月19日			8202.5	
5月20日				
5月21日				
5月22日				
5月23日				
5月24日				
5月25日				
5月26日				
5月27日				
5月28日				
5月29日				
5月30日				
5月31日				
合计	231509	19420	136112.5	

图 3-14　应收与业绩汇总表

(2)经营部每一天的销售收入、发货重量及到款金额汇总，如图 3-15 所示。5 月 17 日销售收入(H20 单元格)的计算公式为“=SUMIFS(业务流水!$J:$J,业务流水!$A:$A,$G20,业务流水!$B:$B,"<>红旗经营部")”。

第一个参数求和区域(业务流水的 J 列即总金额列)，第二个参数条件区域 1(业务流水的 A 列即销售日期列)，第三个参数条件 1(G20 单元格即 5 月 17 日)，第四个参数条件区域 2(业务流水的 B 列即客户名称列)，第五个参数条件 2(不等于“红旗经营部”，对“红旗经营部”以外的客户求和)。

H20 单元格公式设置完成，可向右拖动公式到 I20、J20 单元格（发货重量、到款金额），将求和区域分别改为业务流水的 H 列（即总重量列）、业务流水的 C 列（即回款列），其他参数不用改变，完成 I20、J20 单元格的公式设计。再向上或向下拖动 H20～J20 单元格，即可完成每一天的销售收入、发货重量及到款金额汇总的设计。

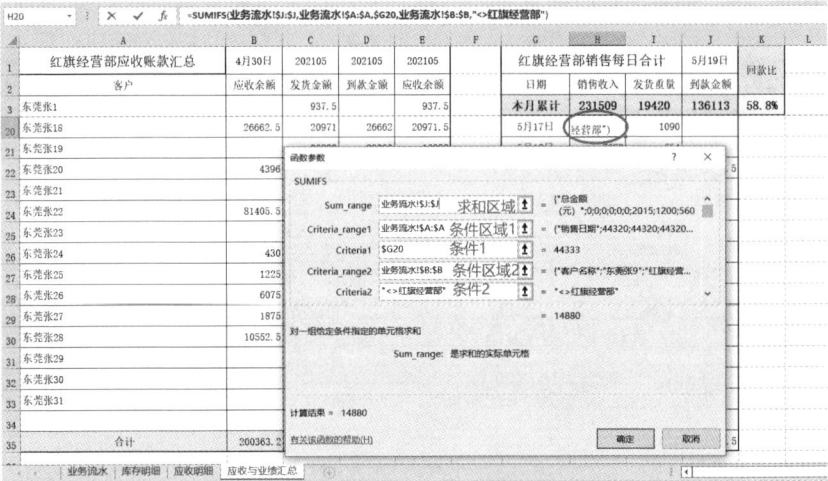

图 3-15　每日销售收入公式设计

3.6　实用多条件求和：库存预警与订货模型滚动用量的计算

VUCA 时代，最大的不变是改变，不确定性充斥着方方面面，供应链管理更是不确定性的"重灾区"。在供应链管理中，应对不确定性的有效方法之一就是保持最新的数据以便快速应对。保持最新的数据要求对数据进行及时乃至即时的更新，其中比较典型的是以滚动的方式及时更新物料的用量。

滚动用量数据是供应链管理中进行物料与需求滚动管理的基础，也是供应链各项计划的基础。比如进行滚动安全库存设置、进行滚动预测或滚动预警等都需要用到滚动用量数据。

本节将会介绍在库存预警与订货模型中滚动用量的计算，如图 3-16 所示，为某公司的原料库存预警与订货模型，其中滚动 13 周原料用量的计算所采用的函数就是多条件求和函数 SUMIFS。

因滚动数据在供应链管理中的重要性和基础性作用，滚动用量的计算可以说是多条件求和函数 SUMIFS 在供应链管理中最实用的一种应用。

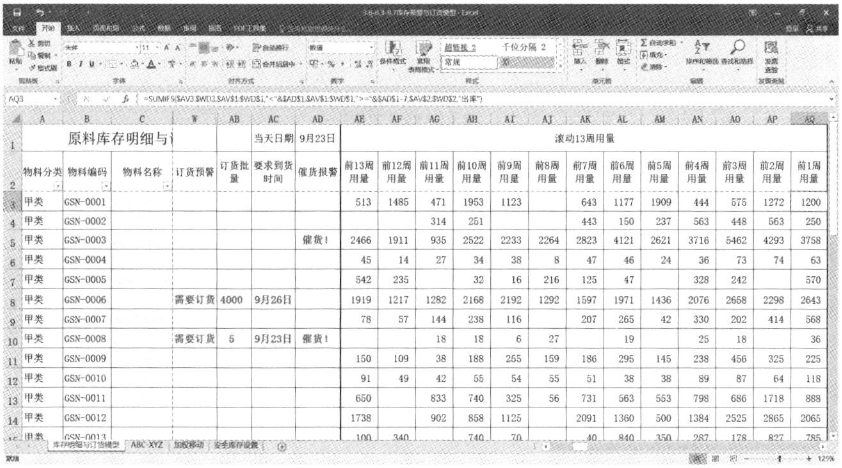

A	B	C	W	AB	AC	AD	AE	AF	AG	AH	AI	AJ	AK	AL	AM	AN	AO	AP	AQ
原料库存明细与订					当天日期	9月23日	滚动13周用量												
物料分类	物料编码	物料名称	订货预警	订货批量	要求到货时间	催货报警	前13周用量	前12周用量	前11周用量	前10周用量	前9周用量	前8周用量	前7周用量	前6周用量	前5周用量	前4周用量	前3周用量	前2周用量	前1周用量
甲类	GSN-0001						513	1485	471	1953	1123		643	1177	1909	444	575	1272	1200
甲类	GSN-0002								314	251			443	150	237	563	448	563	250
甲类	GSN-0003					催货！	2466	1911	935	2522	2233	2264	2823	4121	2621	3716	5462	4293	3758
甲类	GSN-0004						45	14	27	34	38	8	47	46	24	36	73	74	63
甲类	GSN-0005						542	235		32	16	216	125	47		328	242		570
甲类	GSN-0006		需要订货	4000	9月26日		1919	1217	1282	2168	2192	1292	1597	1971	1436	2076	2658	2298	2643
甲类	GSN-0007						78	57	144	238	116		207	265	42	330	202	414	568
甲类	GSN-0008		需要订货	5	9月23日	催货！			18	18	6	27		19		25	18		36
甲类	GSN-0009						150	109	38	188	255	159	186	295	145	238	456	325	225
甲类	GSN-0010						91	49	42	55	54	55	51	38	38	89	87	64	118
甲类	GSN-0011						650		833	740	325	56	731	563	553	798	686	1718	888
甲类	GSN-0012						1738		902	858	1125		2091	1360	500	1384	2525	2865	2065
甲类	GSN-0013						100	340		740	70		40	840	350	287	178	827	785

图 3-16　库存预警与订货模型

3.6.1　滚动 13 周用量

库存预警与订货需要依据需求预测，需求预测需要参考历史数据(对物料来说就是历史用量)。需求预测参考多长时间的历史数据，需要根据不同企业不同产品以及不同管理思路而确定。在市场快速变化的今天，对于一些常规性的物料，本书建议取预测期前的 13 周数据(13 周用量)作为未来预测或计划的基准。

13 周为 3 个月（1 个季度），这个时间不长，可以有效地应对一些不确定性；这个时间也不太短，能够从其中找到一定的规律，从而进行预测（季节性需求，需要叠加季节性因素）。

时间是不断向前进的，新的数据也就不断地产生。所谓滚动 13 周用量，即随着时间的推移，滚动地更新数据（加上新产生的数据，去掉 13 周最前面的数据），随时都保持着当日之前的 13 周用量。比如当天是 9 月 23 日，那么 13 周用量抓取的区间即是 6 月 23 日至 9 月 22 日；当时间来到 9 月 24 日时，13 周用量抓取的区间随之变为 6 月 24 日至 9 月 23 日。

3.6.2　滚动用量的计算逻辑与公式设计

图 3-16 是以"周"为单位统计原料用量。滚动 13 周用量需要计算的是当天之前 13 周每一周的合计用量。所采用的函数是多条件求和 SUMIFS。

1. 滚动 13 周用量的计算逻辑

（1）随着时间的推移，滚动地求出 13 周用量的每一周的区间，即每一周的起止时间，从哪一天到哪一天。

（2）每一周区间的确定方法：小于"当天日期"但大于或等于"当天日期减去 7 天"的为前 1 周；小于"当天日期减去 7 天"但大于或等于"当天日期减去 14 天"的为前 2 周；小于"当天日期减去 14 天"但大于或等于"当天日期减去 21 天"的为前 3 周……小于"当天日期减去 84 天"但大于或等于"当天日期减去 91 天"的为前 13 周。

（3）根据每一周的区间，对该区间内的物料出库数量进行求和。

2. 滚动 13 周用量的公式设计

（1）前 1 周用量的公式设计。如图 3-17 所示，在 AQ3 单元格中输入公式

"= SUMIFS（AV3:WD3,AV1:WD1,"<"&AD1,AV1:WD1,">="&AD1−7, AV2:WD2,"出库"）"。公式中，第一个参数"AV3:WD3"为求和区域，从 AV 列开始直到 WD 列，是本表所列出的超过 3 个月的物料出库数据（用函数从其他表导入或直接复制粘贴）；第二个参数"AV1:WD1"是第 1 个条件区域，从 AV 列开始，选取第 1 行，即日期行；第三个参数""<"AD1"是第 1 个条件，即需要小于 AD1 单元格（AD1 单元格为当天日期的单元格，即需要小于当天日期）；第四个参数"AV1:WD1"是第 2 个条件区域，这个条件区域与第 1 个条件区域相同；第五个参数"">="AD1−7"是第 2 个条件，即需要大于或等于 AD1 单元（当天日期）减去 7 天；第六个参数"AV2:WD2"是第 3 个条件区域，从 AV 列开始，选取的是第 2 行，即"出库、入库、结存"的标题行；第七个参数""出库""为第 3 个条件，在"出库、入库、结存"中找到"出库"。这七个参数中，参数二和参数四锁定了"前一周"的计算区间。

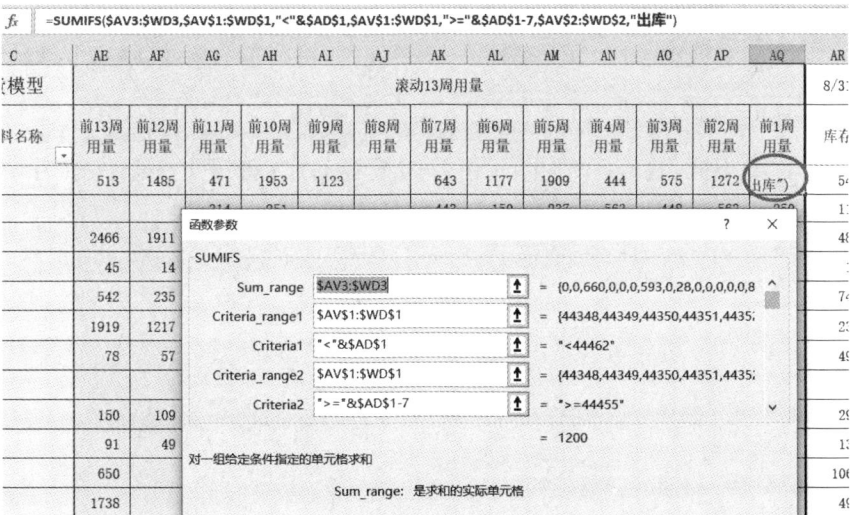

图 3-17 滚动用量公式设计

（2）将AQ3单元格中设好的公式的相关行列号前加上引用符"$"，以便更好地拖动公式进行复制。首先，从AV列到WD列是全部物料出库数据，需要固定；其次，当天日期的位置不变，其所在的AD1单元格固定。根据以上两点，除第一个参数求和区域的行不用固定外（不同原料在不同的行），AQ3单元格中公式所涉及的行列全部需要固定。加上引用符"$"后AQ3单元格的公式为"=SUMIFS（$AV3:$WD3,$AV$1:$WD$1,"<"&$AD$1,$AV$1:$WD$1,">="&$AD$1-7,$AV$2:$WD$2,"出库")"。

（3）向左拖动AQ3单元格到AP3单元格，因"$"固定了全部列，拖动过来后，AP3单元格的公式和AQ3单元格相同。但AP3单元格所需要计算的是前2周用量，按照前文计算逻辑，这时只需要将第1个条件（第三个参数）改为""<"AD1-7"，将第2个条件（第五个参数）改为"">="AD1-14"即可。公式为"=SUMIFS（$AV3:$WD3,$AV$1:$WD$1,"<"&$AD$1-7,$AV$1:$WD$1,">="&$AD$1-14,$AV$2:$WD$2,"出库")"。

（4）再向左拖动AP3单元格到AO3单元格，将第1个条件（第三个参数）改为""<"AD1-14"，将第2个条件（第五个参数）改为"">="AD1-21"。

（5）以此类推，直至AE3单元格公式设置完成（将第1个条件改为""<"AD1-84"，将第2个条件改为"">="AD1-91"），然后选定AE3至AQ3，向下拖动，完成全部公式设置。

第 04 章　高手求和

在供应链管理中,简单求和起最基础最根本的作用;筛选求和与乘积求和往往在个别的场景下起一定的作用;累计求和非常好用但往往也只起辅助作用。供应链管理中起核心作用的是条件求和(多条件求和)。

除以上各类求和以外,还有一些在特定场景(或非典型场景)下的求和,这类求和在供应链管理中应用不多,但较为复杂,在这里将之称为高手求和。

4.1　落寞的绝顶高手

时代在进步,世界在发展,随着新的工具、新的技术、新的方法不断出现,那些只有高手才能掌握的工具、方法、技术或技巧正在默默地退出历史舞台,慢慢地被人忘却。

对于我们使用这些工具、技术、方法的人来说,需要的是适应新的工具、新的技术、新的方法。对原有高超的技能,可以怀念,可以感慨也可以向其致敬,但不要过于纠结和徘徊。

在 Excel 函数中,也有一些以前功能强大的,只有高手甚至是绝顶高手才能熟练运用的函数和方法，随着一些功能更实用、更简洁的函数问世，如今正在默默地退出舞台，仅保留一些最基础的用法，或只在一些非典型场景下应用。这就是求和界落寞的绝顶高手：SUMPRODUCT 函数和 SUM＋IF 数组。

4.1.1　108 种用法的 SUMPRODUCT 函数

SUMPRODUCT 函数的基础用法是乘积求和，在基础用法的基础上，SUMPRODUCT 函数衍生出各种高超与巧妙的用法，比如多条件的各种操作（求和、求个数、查找等），SUMPRODUCT 几乎能够一网打尽，不愧为 Excel 中的绝顶高手。只可惜 SUMIFS、COUNTIFS 等函数出现后，它们更简单，更容易被人理解，也更易于操作。于是，SUMPRODUCT 函数渐渐被人遗忘。

但是，SUMPRODUCT 函数有时还是会小声地说："SUMIFS 能做的我也能做（如条件求和），SUMIFS 不能做的我也能做（如多条件求个数）。"看着无人回应，SUMPRODUCT 声音更小了："我不会告诉你，不仅仅求和，不仅仅求个数，几乎什么活我都会干，我有 108 种用法。"

上一章图 3-16 所示的表是一个库存预警与订货模型，介绍了以 SUMIFS 函数计算滚动用量的方法。除 SUMIFS 函数以外，SUMPRODUCT 函数这位绝顶高手同样能轻松地搞定滚动用量的计算问题。如图 4-1 所示，AQ32 单元格求取的是 GSN-0030 物料前一周的用量。用 SUMIFS 函数，其公式为"=SUMIFS(AV32:WD32,AV1:WD1,"<"&AD1,AV1:WD1,">="&AD1－7,AV2:WD2,"出库")"。

如果使用 SUMPRODUCT 函数，可以在 AQ32 单元格中输入公式"=SUMPRODUCT((AV1:WD1<AD1)*(AV1:WD1>=AD1－7)*(AV2:WD2="出库"),AV32:WD32)"。

=SUMPRODUCT(AV1:WD1<AD1)*(AV1:WD1>=AD1-7)*(AV2:WD2="出库"),AV32:WD32)

物料分类	物料编码	物料名称	订货预警	订货批量	要求到货时间	催货预警	前13周用量	前12周用量	前11周用量	前10周用量	前9周用量	前8周用量	前7周用量	前6周用量	前5周用量	前4周用量	前3周用量	前2周用量	前1周用量
乙类	GSN-0021							3	13	401	12	34	54	194	30	24	51	170	308
乙类	GSN-0022						148	39	47	105	37	176	65	32	191	12	292	209	14
乙类	GSN-0023		需要订货				2605	1053	1386	3131	1680	1275	1894	2020	1648	1507	2251	1820	1743
乙类	GSN-0024					催货！			1	438		2	28	155	70	20	145	245	237
乙类	GSN-0025						93	13	10	13	62	5		53		23	28	26	
乙类	GSN-0026						686	79	216	885	138	58	196	127	259	607	590	109	399
丙类	GSN-0027						276	186	39	781	300	293	482	414	465	185	359	1217	1086
丙类	GSN-0028						54		74	56	56		58	16	19		88	468	
丙类	GSN-0029						861	671	1259	1499	1039	518	1103	1107	1149	1176	1615	1897	1090
丙类	GSN-0030						812	467	837	1138	739	259	1015	834	1073	1009	1181	1324	1211
																		1324	1211
合计（简单求和）																			

图 4-1　SUMPRODUCT 函数之多条件求和

此公式中，SUMPRODUCT 函数的第一个参数由一组相乘的表达式组成，每一个表达式表示一个条件，多个表达式解决的就是多条件求和。"AV1:WD1<AD1"表示在全部日期中（AV1:WD1）找到小于当前日期（AD1）的日期；"（AV1:WD1>=AD1-7）"表示在全部日期中（AV1:WD1）找到大于或等于当前日期减去7 天（AD1-7）的日期；"AV2:WD2="出库""是在"入库、出库、结存"行中（AV2:WD2）找到"出库"。每一个表达式相乘，代表各个条件需要同时满足。

多条件求和应用下，SUMPRODUCT 函数的第二个参数是求和区域，"AV32:WD32"是 GSN-0030 物料所在的数据行，SUMPRODUCT 函数就是要在这一行数据（AV32:WD32）进中行多条件求和。

SUMPRODUCT 函数解决多条件求和，其公式用文字表示"= SUMPRODUCT（（条件区域 1<条件 1）*（条件区域 2>=条件 2）*（条件区域 3=条件 3）*……*（条件区域 n=条件 n），求和区域）"。

SUMPRODUCT 函数能够较为轻松地解决多条件求和问题，在 SUMIFS 未出现之前更是解决多条件求和的首选。但如今因为更直观更直接的 SUMIFS 函数可以满足供应链管理日常工作中的几乎绝大部分求和的需求，所以尽管 SUMPRODUCT 是高手中的高手，但人们使用更多的往往还是 SUMIFS。

SUMPRODUCT 函数有很多种高深有效的用法，不过在供应链实战中，这些用法往往用不上。本书基于供应链实战，不会讲解 SUMPRODUCT 函数的高超应用，仅在以下两节介绍，在供应链管理中选择性多条件求和与条件乘积求和两种场景中 SUMPRODUCT 函数的应用。

4.1.2 显摆的利器 SUM＋IF 数组

在 SUMIFS 未出现之前，解决多条件求和除了 SUMPRODUCT 函数以外，还有 SUM＋IF 数组。

SUM＋IF 数组解决多条件求和方面的套路与 SUMPRODUCT 函数大同小异。如图 4-2 所示，AP32 单元格求取的是 GSN-0030 物料前两周的用量。用 SUMIFS 函数，公式为"＝SUMIFS(AV32:WD32,AV1:WD1,"<"&AD1－7,AV1:WD1,"> ="&AD1－14,AV2:WD2,"出库")"。

如果使用 SUM＋IF 数组，可以在 AP32 单元格中输入数组公式"{＝SUM(IF((AV1:WD1<AD1－7)*(AV1:WD1> ＝AD1－14)*(AV2:WD2＝EK2)，AV32:WD32))}"。

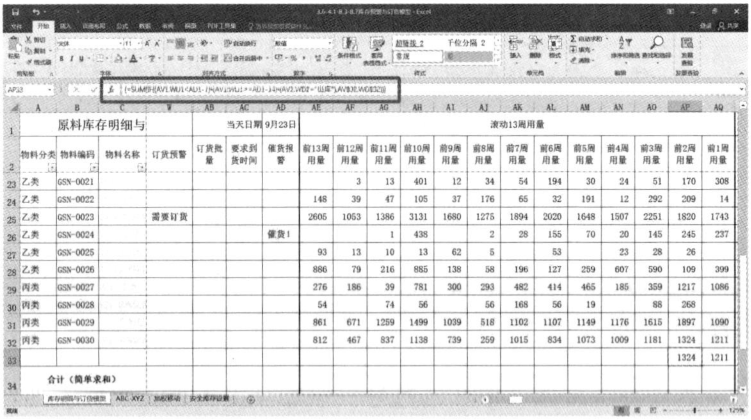

图 4-2　SUM＋IF 数组之多条件求和

此公式与用 SUMPRODUCT 函数公式的参数和用法基本一致，无非是将 SUMPRODUCT 换成 SUM＋IF。第一个参数也由一组相乘的表达式组成，每一个表达式表示一个条件，多个表达式解决的就是多条件求和。

"AV1:WD1<AD1－7"表示在全部日期中（AV1:WD1）找到小于当前日期减去 7 天（AD1－7）的日期；"（AV1:WD1＞＝AD1－14）"表示在全部日期中（AV1:WD1）找到大于或等于当前日期减去 14 天（AD1－14）的日期；"AV2:WD2="EK2""是在"入库、出库、结存"行中（AV2:WD2）找到 EK2 单元格（"出库"）。每一个表达式相乘，代表各个条件需要同时满足。

SUM＋IF 数组能够解决多条件求和，但在 SUMIFS 出现之后，由于其几乎可以解决供应链实战中，各种多条件求和的问题，SUM＋IF 数组几乎可以不用。所以，本书不介绍 SUM＋IF 数组的具体原理，大家对其有个印象即可。

另外，SUM＋IF 数组公式外面的大括号（{}）为数组公式的标识，当输入公式完成时，"Ctrl＋Shift＋Enter"三键同按自动在公式外面加上大括号（如果只按"Enter"键，Excel 则认为是普通公式，不会按数组公式的规则运算，结果可能会出错）。

在 Excel 中，数组是高手的必备，也是高手水平的体现之一。但是，在供应链管理中，如果用普通的函数能够解决问题，就没有必要"麻烦"数组了。因为，当数据较多时，数组公式涉及的区域较大时，数组的运行对电脑配置的要求较高。在实际工作场景中，供应链管理人员（尤其是制造工厂的相关供应链管理人员）的电脑往往达不到这样的要求，甚至离这样的要求很远。所以，笔者建议，如果普通函数能够解决问题，哪怕是通过添加辅助行或辅助列来解决问题，就不要使用数组。

但数组是高手的体现，当需要"显摆"的时候，当要让你看起来很有水平的时候,SUM＋IF 数组就有相当的优越感。SUM＋IF 数组是一个显摆的利器与神器。

4.2　选择性多条件求和：物流费用统计表中指定日期、地区运费计算

从上文已知,条件求和,是对满足一定条件的数据进行求和。根据需要满足条件的多少,将条件求和分为单条件求和与多条件求和。多条件求和也有两种形式。

4.2.1　选择性多条件求和

多条件求和,指满足多个条件的条件求和。在实际工作场景中,满足多个条件有两种形式：一种是多个条件同时满足的求和,即列出的多个条件中,全部符合才进行求和；另一种是多个条件中只要满足其中一个的求和,即列出的多个条件中,只要符合其中的一个条件就进行求和。第一种情况是正常或常规的多条件求和,而本书将第二种情况称为选择性多条件求和。

多个条件同时满足,是一种"和"的关系,也即相乘的关系(即多个条件相乘)；多个条件只需要满足一个,是一种"或"的关系,也即相加的关系(即多个条件相加)。

上一章讲到的经典多条件求和与实用多条件求和都是"和"的关系,各条件之间相乘。"和"这类多条件求和,用 SUMPRODUCT 函数和 SUM＋IF 数组当然能够解决,但更简单、更易操作和理解的 SUMIFS 函数能够有效地解决,所以这类问题就不用"麻烦"绝顶高手。

"或"形式的多条件求和,SUMIFS 函数尽管也能够解决,但解决起来有点

费力和麻烦，并且不直观，不好理解。而 SUMPRODUCT 函数和 SUM＋IF 数组却能够解决得更为轻松。下面以物流费用统计表讲述 SUMPRODUCT 函数和 SUM＋IF 数组在选择性多条件求和中的应用。

4.2.2　指定日期与地区的条件分析

如图 4-3 所示，是一个物流费用统计表（该表的详细介绍请见第 3 章），请见图中的注明，需要对指定日期、指定多个地区的运费进行求和，比如求取 10 月 10 日至 10 月 16 日这 7 天中江苏、浙江、上海三个地区的物流运费之和。

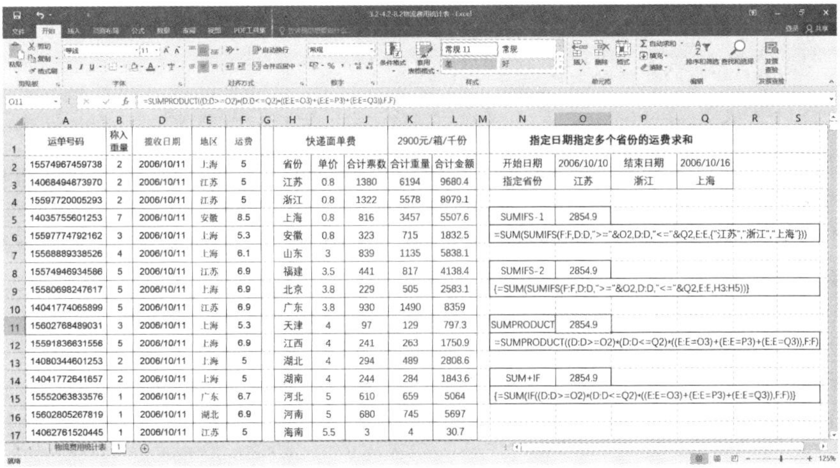

图 4-3　指定日期地区求和

按多条件函数的结构，在物流费用统计表中指定日期、指定地区的运费求和问题，可分析如下：需要对物流费用进行求和，求取的是 10 月 10 日至 10 月 16 日这段时间的物流费用之和，求取的是江苏、浙江、上海三个地区 10 月 10 日至 10 月 16 日这段时间的物流费用之和。

根据以上分析，可得出如下已知条件。

（1）求和区域：运费列，F 列（F:F）。

（2）条件区域 1：揽收时间列，C 列（C:C）。

（3）条件 1：揽收时间小于 10 月 17 日。

（4）条件区域 2：揽收时间列，C 列（C:C）。

（5）条件 2：揽收时间大于或等于 10 月 10 日。

（6）条件区域 3：地区列，E 列（E:E）。

（7）条件 3：江苏。

（8）条件区域 4：地区列，E 列（E:E）。

（9）条件 4：浙江。

（10）条件区域 5：地区列，E 列（E:E）。

（11）条件 5：上海。

（12）以上 5 个条件中，条件 1 和条件 2 需要同时满足（"和"的关系，即相乘关系）；条件 3、条件 4、条件 5 只需要满足一个（"或"的关系，即相加关系）；条件 1、条件 2 与条件 3、条件 4、条件 5 之间是相乘的关系（需要同时满足）。

（13）根据第（12）条的分析，条件之间的关系可以列式如下：（条件 1*条件 2)*(条件 3＋条件 4＋条件 5）。

4.2.3 物流费用统计表中指定日期、地区运费计算的公式设置

图 4-3 中的表列出了指定日期、地区运费计算的四种解决方案。

1. SUM＋SUMIFS 小数组解决

公式为"= SUM(SUMIFS(F:F,D:D,"> = "&O2,D:D,"< = "&Q2,E:E,{"江苏","浙江","上海"}))"。

公式中"F:F"为求和区域（运费列），第一个"D:D"为第 1 个条件区域（揽收

日期列)，"> ="&O2"为第 1 个条件(大于或等于 10 月 10 日)，第二个"D:D"为第 2 个条件区域(揽收日期列)，"< = "&Q2"为第 2 个条件(小于或等于 10 月 16 日)，"E:E"为第 3 个条件区域(地区列)，"{"江苏","浙江","上海"}"为第 3 个条件。

其中"{"江苏","浙江","上海"}"是一个数组，代表分别计算这三个地区的费用，然后再用第一个函数 SUM 对这三个计算结果进行求和。如果将此数组展开，公式可写为"=SUM(SUMIFS(F:F,D:D,"> ="&O2,D:D,"< = "&Q2,E:E,"江苏"),SUMIFS(F:F,D:D,"> ="&O2,D:D,"< ="&Q2,E:E,"浙江"),SUMIFS(F:F,D:D,"> ="&O2,D:D,"< = "&Q2,E:E,"上海"))"，即先用 SUMIFS 函数分别对江苏、浙江、上海三个地区 10 月 10 日至10 月16 日物流费用进行求和，再将它们的求和结果进行总求和。

SUM＋SUMIFS 小数组的解决方式需要直接输入不同的地区，如果所需要求取的地区较多，实际操作会比较费力，这种方法在实战中被采用的不多。

2. SUM＋SUMIFS 数组解决

上面的公式中，因为"{"江苏","浙江","上海"}"在公式内部，不用"Ctrl＋Shift＋Enter"三键同按生成公式，一般将这种情形的数组称为小数组。

本例的问题用 SUMIFS，除了用上述的小数组方式解决外，也可以用常规的数组公式解决，其公式为"{=SUM(SUMIFS(F:F,D:D,"> ="&O2,D:D,"< = "&Q2,E:E,H3:H5))}"。

这个公式为正式的数组公式(由"Ctrl＋Shift＋Enter"三键同按生成)，其思路也是用 SUMIFS 数组形式分别求出 H3 到 H5 地区的费用("H3:H5"即江苏、浙江、上海)，再用 SUM 函数进行求和。

但这个公式有个缺陷，它要求所求和的不同地区排到一起，如果地区有隔离

（比如求取江苏、上海、山东之和），其公式就不易操作。所以，这种形式只适合所求取的因素排列在一起的场景。

3. SUMPRODUCT 函数解决

用 SUMPRODUCT 函数解决此问题的公式为"= SUMPRODUCT（（（D:D> =O2)*(D:D< = Q2))*((E:E= O3)+(E:E= P3)+(E:E= Q3)),F:F)"。

（1）"D:D> =O2"为第一个条件（揽收日期大于等于 10 月 10 日），"D:D< = Q2"为第二个条件（揽收日期小于等于 10 月 16 日）。这两个条件需要同时满足方能求和，是相乘的关系。

（2）"E:E= O3"为第三个条件（地区等于江苏省），"(E:E= P3)"为第四个条件（地区等于浙江省），"E:E= Q3"为第五个条件（地区等于上海市）。这三个条件只要满足一个即可求和，是相加的关系。

（3）第（1）和第（2）两组条件之间需要同时满足，是相乘的关系。

用 SUMPRODUCT 函数解决此类问题非常直观，易于理解，且好操作。在实战中，如果碰到选择性多条件求和问题，推荐使用 SUMPRODUCT 函数解决。

4. SUM＋IF 数组解决

SUM＋IF 数组解决选择性多条件求和问题的方法和 SUMPRODUCT 函数一样，所不同的是，将"SUMPRODUCT"更换为"SUMIF"，同时"Ctrl＋Shift＋Enter"三键同按生成数组公式。

4.3 条件乘积求和：生产计件统计表中计算每日计件金额

如图 4-4 所示是生产计件统计表，本表的详细说明请看第三章第 4 节。本

68

节只介绍每日计件金额的计算。该表中，得出了每日的计算数量和计件金额，就可以计算每日的平均计件单价及全月的平均计件单价（在计件制的生产单位，平均计件单价对管理者有重要参考价值）。

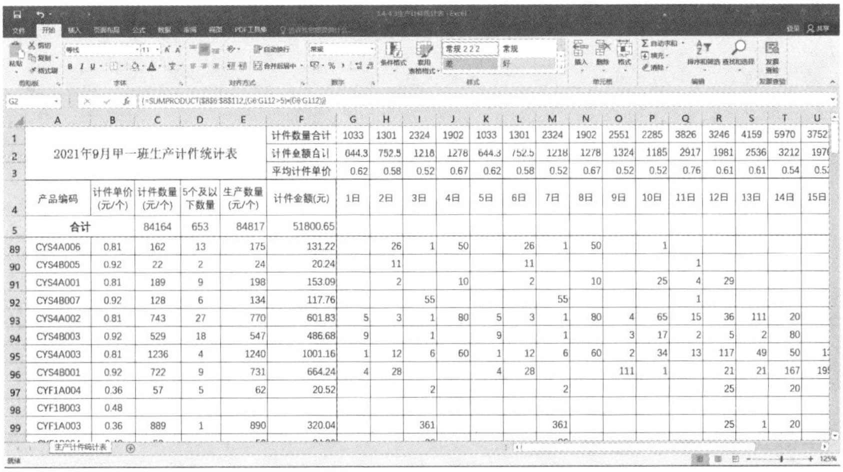

	A	B	C	D	E	F	G	H	I	J	K	L	M	N	O	P	Q	R	S	T	U
1	2021年9月甲一班生产计件统计表					计件数量合计	1033	1301	2324	1902	1033	1301	2324	1902	2551	2285	3826	3246	4159	5970	3752
2						计件金额合计	644.3	752.5	1218	1278	644.3	752.5	1218	1278	1324	1185	2917	1981	2536	3212	197
3						平均计件单价	0.62	0.58	0.52	0.67	0.62	0.58	0.52	0.67	0.52	0.52	0.76	0.61	0.61	0.54	0.5
4	产品编码	计件单价(元/个)	计件数量(元/个)	5个及以下数量	生产数量(元/个)	计件金额(元)	1日	2日	3日	4日	5日	6日	7日	8日	9日	10日	11日	12日	13日	14日	15日
5	合计		84164	653	84817	51800.65															
89	CYS4A006	0.81	162	13	175	131.22		26	1	50		26	1	50		1					
90	CYS4B005	0.92	22	2	24	20.24		11				11					1				
91	CYS4A001	0.81	189	9	198	153.09		2		10		2		10		25	4	29			
92	CYS4B007	0.92	128	6	134	117.76			55				55				1				
93	CYS4A002	0.81	743	27	770	601.83	5	3	1	80	5	3	1	80	4	65	15	36	111	20	
94	CYS4B003	0.92	529	18	547	486.68	9		1		9		1		3	17	2	5	2	80	
95	CYS4A003	0.81	1236	4	1240	1001.16	1	12	6	60	1	12	6	60	2	34	13	117	49	50	1
96	CYS4B001	0.92	722	9	731	664.24	4	28			4	28			111	1		21	21	167	19
97	CYF1A004	0.36	57	5	62	20.52			2				2					25		20	
98	CYF1B003	0.48																			
99	CYF1A003	0.36	889	1	890	320.04			361				361					25	1	20	

图 4-4　生产计件统计表：计算每日计件金额

4.3.1　每日计件金额的计算步骤

在第 3 章第 4 节提到，生产计件统计表的案例中，公司规定，任何产品只要单日的产量不超过 5 个，则该产量当天不进行计件并从计件数量中剔除。也就是说，需要计算每天的计件金额，先要剔除当天产量不超过 5 个的产品，即当天产量超过 5 个的才纳入计件。如图 4-4 所示，9 月 3 日的 CYS4A006、CYS4A002、CYS4B003、CYS11A001 产量都为 1 个，CYF1A004 产量为 2 个，这些产品当天的产量不纳入计件。

所以，计算每一天的计件金额，需要分三步进行，是一个条件乘积求和问题。

1. 条件

找出每一天中计件数量大于 5 个的产品，并记录其数量。如图 4-4 截出的部分，9 月 3 日的 CYS4B007 产品生产 55 个，CYS4A003 产品生产 6 个，CYF1A003 产品生产 361 个，CYF1B004 产品生产 26 个，这些都满足条件，记录其数量。

2. 乘积

将第 1 步找出的当日产量大于 5 个的产品数量乘以其对应的单价。如图 4-4 所示，将 9 月 3 日的 CYS4B007 产品 55 个乘以其单价 0.92 元，将 CYS4A003 产品 6 个乘以其单价 0.81 元，将 CYF1A003 产品 361 个乘以其单价 0.36 元，将 CYF1B004 产品 26 个乘以其单价 0.48 元。

3. 求和

将第 2 步所有满足条件的乘积进行求和，得出每一天的计件金额。比如将 9 月 3 日的所有当日产量大于 5 个的产品数量，乘以其对应单价之积，进行求和，得出结果 1 217.75 元。

4.3.2　条件乘积求和的公式设计

根据以上步骤，可以在"计件金额合计"行（第 2 行）设计公式。在 G2 单元格输入公式"{=SUMPRODUCT（$B$6:$B$112,（G6:G112>5）*（G6:G112））}"即可得出 9 月 1 日这一天的计件金额。此公式为数组公式，在 G2 单元格输入"=SUMPRODUCT（$B$6:$B$112,（G6:G112>5）*（G6:G112））"，再在编辑状态下"Ctrl、Shift、Enter"三键同按完成输入，Excel 会自动添加大括号生成数组公式。

SUMPRODUCT 是乘积求和函数，其基础形式是在给定的几组数组中，将数组间对应的元素相乘,并返回乘积之和。

本例 SUMPRODUCT 函数有两个参数,即两组数组,第一个参数"$B$6:$B$112",B 列是计件单价列,"B6:B112"是全部产品的计件单价。

第二个参数"(G6:G112>5)*(G6:G112)",是一个条件判断而生成的数组,又可以分为两个部分。

(1)第 1 部分是条件判断"(G6:G112>5)",即对 G 列"G6:G112"区域所有单元格(即 9 月 1 日所有产品的生产产量)进行条件比对,判断其是不是大于 5。在编辑栏选定"(G6:G112>5)"。按"F9"键,显示"(G6:G112>5)",这一段公式的计算结果,如图 4-5 所示。

```
=SUMPRODUCT($B$6:$B$112,{FALSE;TRUE;FALSE;FALSE;FALSE;FALSE;FALSE;FALSE;FALSE;FALSE;FALSE;FALSE;FALSE;FALSE;
FALSE;FALSE;FALSE;FALSE;FALSE;TRUE;FALSE;FALSE;FALSE;TRUE;FALSE;FALSE;FALSE;FALSE;TRUE;FALSE;TRUE;TRUE;TRUE;
FALSE;FALSE;FALSE;FALSE;FALSE;FALSE;TRUE;FALSE;TRUE;FALSE;FALSE;TRUE;TRUE;TRUE;FALSE;FALSE;FALSE;TRUE;
TRUE;TRUE;TRUE;FALSE;TRUE;FALSE;TRUE;FALSE;FALSE;FALSE;FALSE;TRUE;FALSE;FALSE;FALSE;FALSE;FALSE;
FALSE;FALSE;FALSE;FALSE;FALSE;FALSE;FALSE;FALSE;FALSE;FALSE;FALSE;FALSE;FALSE;FALSE;FALSE;TRUE;FALSE;
FALSE;FALSE;FALSE;FALSE;FALSE;FALSE;FALSE;FALSE;TRUE;FALSE;TRUE;FALSE;FALSE;FALSE;FALSE;FALSE}*(G6:G112))
```

图 4-5 "(G6:G112>5)"计算结果

因为 FALSE 表示条件为假,其值为 0,TRUE 表示条件为真,其值为 1,所以,"(G6:G112>5)"的计算结果可以写为:

=SUMPRODUCT($B$6:$B$112,{0;1;0;0;0;0;0;0;0;0;0;0;0;0;0;0;0;0;0;0;1;0;0;0;1;0;0;0;0;1;0;1;1;1;0;0;0;0;0;0;1;0;1;0;0;1;1;1;0;0;0;0;1;1;1;1;0;1;0;1;0;0;0;0;1;0;0;0;0;0;0;0;0;0;0;0;0;0;0;0;0;0;0;0;0;0;0;1;0;0;0;0;0;0;0;0;1;0;1;0;0;0;0;0}*(G6:G112))。

即第二个参数第 1 部分条件判断"(G6:G112>5)"计算结果为一系列 0 和 1 的数组,满足条件时为 1(即当日生产产量大于 5),不满足条件时为 0(即当时生产产量小于或等于 5)。

（2）第 2 部分"（G6:G112）"，仍是 G 列 9 月 1 日所有产品的生产产量。全部第二参数"（G6:G112>5）*（G6:G112）"是将第二个参数的两个部分对应的元素相乘。因为 0 乘以任何数都得 0，而"（G6:G112>5）"条件不满足时为 0，满足时为 1，所以，"（G6:G112>5）*（G6:G112）"就实现了将当日生产产量小于或等于 5 的产量转换为零的功能。在编辑栏按"F9"键，"（G6:G112>5）*（G6:G112）"计算结果如图 4-6 所示。

fx =SUMPRODUCT($B$6:$B$112,{0;20;0;0;0;0;0;0;0;0;0;0;0;0;0;0;0;0;0;0;0;0;0;20;0;0;0;10;0;0;0;0;14;0;112;10;36;0;0;0;0;0;0;12;0;13;0;0;72;35;16;0;0;0;0;267;30;60;30;0;6;0;126;0;0;0;0;0;75;0;0;0;0;0;0;0;0;0;0;0;0;0;0;0;0;0;0;0;0;9;0;0;0;0;0;0;0;0;0;30;0;30;0;0;0;0;0;0})

图 4-6　"（G6:G112>5）*（G6:G112）"计算结果

SUMPRODUCT 函数的第二个参数生成了一个新的数组（当日生产产量大于 5 的仍然是当日生产产量，小于或等于 5 的则归为 0），这个新的数组与 SUMPRODUCT 函数的第一参数"$B$6:$B$112"计件单价对应的元素相乘再求和，即得出这一天的生产计件金额。

将 G2 单元格向右拖动至 AJ2 单元格（固定计件单价列，即"$B$6:$B$112"），公式自动填充，完成整个月的当日生产计件金额的计算。

03

第三篇

查找

上篇详细介绍了求和类函数及其应用与实例，本篇将接着介绍查找类函数。

在供应链管理中较常用到的查找类函数有 7 个（组），分别是 VLOOKUP、HLOOKUP、LOOKUP、INDEX＋MATCH、OFFSET、FING 和 INDEX＋SMALL＋IF。这 7 个（组）函数，本书根据其功能与特性，分别给予它们对应的称谓：查找三剑客（VLOOKUP/HLOOKUP/LOOKUP）、两对好组合（INDEX＋MATCH、INDEX＋SMALL＋IF）和甘当绿叶的隐形高手（OFFSET、FING）。

第 05 章　查找三剑客

Excel 中查找三剑客的说法有很多种,有人认为"VLOOKUP、INDEX 和 MATCH"是查找三剑客,也有人认为"INDEX＋SMAll＋IF"是查找三剑客。这些说法都有一定的道理。但笔者认为,一个剑客,首先得精于剑术,其次还能独立作战,能独立解决问题。INDEX、MATCH 和 SMALL 独立作战能力都不是很强,基于此,笔者认为 Excel 查找三剑客应该是 LOOKUP 函数、VLOOKUP 函数和 HLOOKUP 函数。

大妹 VLOOKUP,Excel 中出镜率最高的函数,没有之一。

小妹 HLOOKUP,与 VLOOKUP 相比,只是查找方向不同,其他方面完全一样,但却无人问津,被称为 Excel 中最受委屈的函数,没有之一。

大哥 LOOKUP,查找世界的绝顶高手,其厉害程度比 SUMPRODUCT 函数不遑多让,是查找三剑客中当之无愧的老大。

5.1　纵向查找 VLOOKUP 函数:物料采购流水表中物料名称与规格的导入

Excel 有一个最受欢迎的函数,那就是"人见人爱、花见花开"的 VLOOKUP

函数。

5.1.1　VLOOKUP 函数参数

VLOOKUP 函数是一个纵向查找函数，解决的是从左到右在列中查找的问题。Excel 中，对 VLOOKUP 函数的描述是，"搜索表区域首列满足条件的元素，确定待检索单元格在区域中的行序号，再进一步返回选定单元格的值"。

VLOOKUP 函数有四个参数，其语法是"VLOOKUP(Lookup_value,Table_array,Col_index_num,[Range_lookup])"，翻译为中文表达"VLOOKUP(要查找的值,包含查找值的区域,区域中包含返回值的列号,[近似查找还是精确查找])"。如图 5-1 所示。

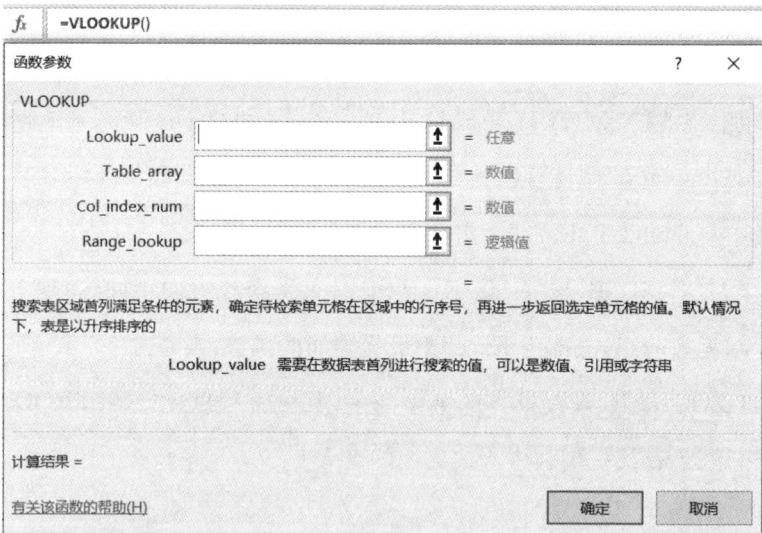

图 5-1　VLOOKUP 函数参数

（1）第一个参数"Lookup_value"，需要在数据表首列进行搜索的值，即需要查找的值，通俗点说就是需要找什么。Lookup_value 可以是数值、引用或字符串。

（2）第二个参数"Table_array"，要在其中搜索数据的文本、数字或逻辑值表，即包含第一个参数查找值的区域，通俗一点就是在哪个范围里面找那个"要查找的值"。Table_array 可以是区域或对区域名称的引用。

（3）第三个参数"Col_index_num"，应返回其中匹配值的 Table_array 中的列序号，即区域中包含返回值的列号。表中首个值列的序号为 1。VLOOKUP函数要查找的值总在数据表的首列。从这第一列开始，要查找值的返回值所在的列为第几列，第三个参数就是几，比如查找的值的返回值在第三列，第三参数就是 3；在第九列，第三个参数就是 9，以此类推。

（4）第四个参数[Range_lookup]，逻辑值，表示近似查找还是精确查找。若要在第一列中查找大致匹配，即近似查找，第四个参数请使用数字"1"或"TRUE"。若要查找精确匹配，即精确查找，第四个参数请使用数字"0"或"FALSE"。

VLOOKIP 函数的第四个参数可以省略，当省略时，系统默认为模糊查找，即默认为第四个参数为数字"1"或"TRUE"。

VLOOKIP 函数的近似查找能解决不少非典型性问题（也更可以体现操作者的水平），但是，在供应链管理实践中，近似查找的应用场景有限。VLOOKIP函数的近似查找这个功能并不实用，并且因其复杂性，很容易出错。

所以，为了更高效地应用 VLOOKUP，本书建议大家只需要记住精准查找这一种情况即可。即第四个参数请不要省略，请直接输入 0（即精准查找）。

在实战中，VLOOKUP 函数的这四个参数，可以这么记忆或理解："找什么，在哪里找，在第几列找，最后输个 0"。

5.1.2　物料采购流水

如图 5-2 所示，此表是某公司的物料库存与应付总表中的"物料采购流水"（表中将供应商、物料名称等相关数据进行了处理）。表中物料名称与单价的引用(导入)，是 VLOOKUP 函数最常见也是使用最多的一种应用。该表有如下项目。

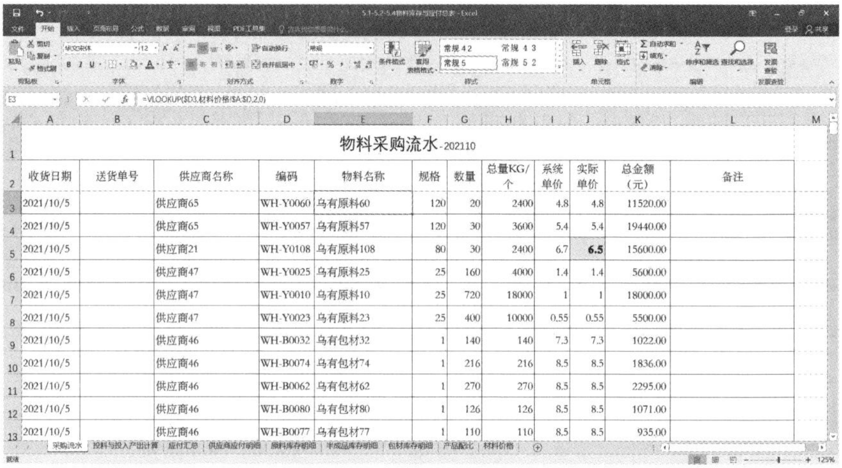

物料采购流水-202110

收货日期	送货单号	供应商名称	编码	物料名称	规格	数量	总量KG/个	系统单价	实际单价	总金额(元)	备注
2021/10/5		供应商65	WH-Y0060	乌有原料60	120	20	2400	4.8	4.8	11520.00	
2021/10/5		供应商65	WH-Y0057	乌有原料57	120	30	3600	5.4	5.4	19440.00	
2021/10/5		供应商21	WH-Y0108	乌有原料108	80	30	2400	6.7	**6.5**	15600.00	
2021/10/5		供应商47	WH-Y0025	乌有原料25	25	160	4000	1.4	1.4	5600.00	
2021/10/5		供应商47	WH-Y0010	乌有原料10	25	720	18000	1	1	18000.00	
2021/10/5		供应商47	WH-Y0023	乌有原料23	25	400	10000	0.55	0.55	5500.00	
2021/10/5		供应商46	WH-B0032	乌有包材32	1	140	140	7.3	7.3	1022.00	
2021/10/5		供应商46	WH-B0074	乌有包材74	1	216	216	8.5	8.5	1836.00	
2021/10/5		供应商46	WH-B0062	乌有包材62	1	270	270	8.5	8.5	2295.00	
2021/10/5		供应商46	WH-B0080	乌有包材80	1	126	126	8.5	8.5	1071.00	
2021/10/5		供应商46	WH-B0077	乌有包材77	1	110	110	8.5	8.5	935.00	

图 5-2　物料采购流水

(1)收货日期与送货单号。物料实际到货的日期以及供应商送货单的单号，由人工填入。

(2)供应商名称。从供应商清单中选择(复制)填入。

(3)物料编码、物料名称与物料规格。物料编码由人工填入；物料名称和物料规格，采用 VLOOKUP 函数设计公式自动生成。如果是新物料，需要由相关部门或人员给出物料编码后，再进行采购入库及入账的操作。

(4)数量与重量。实际收货数量由人工填入；收货重量等于收货数量乘以物料规格，可设简单乘法公式自动生成。

(5)系统单价、实际单价与总金额。系统单价是作业人员维护的与供应商协商约定的材料价格，采用 VLOOKUP 函数设计公式自动生成。实际单价为收货时的实际价格，由人工填入。当系统单价与实际单价不符时(设置条件格式报警），作业人员需要向采购或相关负责人确认，并更新材料价格表。总金额等于实际收货重量乘以实际单价，可设简单乘法公式自动生成。

纵向查找函数 VLOOKUP 在本表所起的作用主要是，通过作业人员输入物料编码，根据物料清单（本例为材料价格表），自动生成物料名称、物料规格和物料的系统单价。

5.1.3　物料采购流水表的公式设计

"物料采购流水表"中，物料名称、规格和系统单价由 VLOOKUP 函数从材料价格表中导入。在 E3 单元格输入公式"= VLOOKUP（D3,材料价格! A:D,2,0）"，则可根据物料编码 D3 单元格中的"WH-Y0060"在材料价格表找到"WH-Y0060"物料的价格。

本例 VLOOKUP 函数的四个参数介绍如下，如图 5-3 所示。

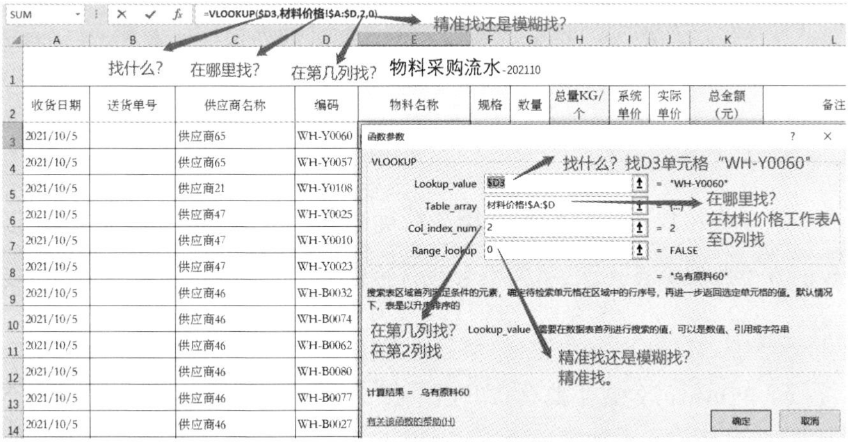

图 5-3　VLOOKUP 四个参数介绍

（1）第一个参数"D3"，找什么。本例找的是 D3 单元格中"WH-Y0060"这个编码。

（2）第二个参数"材料价格! A:D"，在哪里找。本例是在"材料价格工作表"中的"A:D"区域（A 列到 D 列）内查找。如图 5-4 所示。

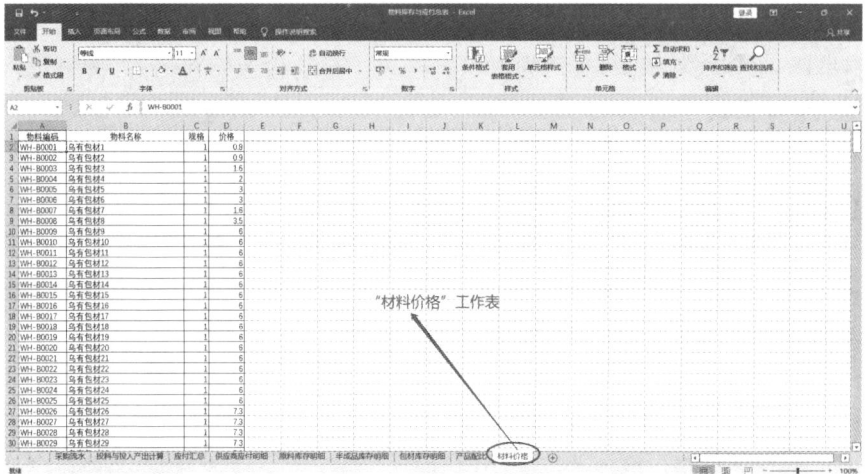

图 5-4　材料价格工作表

（3）第三个参数"2"，在第几列找。VLOOKUP 函数需要以第一个参数（"WH-Y0060"）所在的列为第 1 列，从这第 1 列往右数，物料名称为第 2 列，所以本例第三个参数输入"2"。

（4）第四个参数"0"，近似查找还是精确查找。按前文所提及建议，在实战中，我们直接选择精确查找，第四个参数直接输入"0"。

往下拖动 E3 单元格，完成"物料名称"这一列的公式设计。

将 E3 单元格的公式中要查找的值"D3"的列固定（$D3），将查找区域"材料价格! A:D"的列也固定（材料价格! $A:$D），再复制 E3 单元格分别到 F3 单元格和 I3 单元格，进行物料规格和系统价格的公式设计。

物料规格和系统价格的原始数据也是在材料价格表（如图 5-4 所示）。物料规格在材料价格表的 C 列，材料价格在 D 列。物料采购流水表中物料规格和系统价格的计算方法及公式与物料名称完全一样,所不同的是第三个参数。

将 F3 单元格中 VLOOKUP 函数的第三个参数改为"3",将 I3 单元格中 VLOOKUP 函数的第三个参数改为"4",即可完成第 3 行物料规格和系统价格的计算。再分别向下拖动 F3 和 I3 单元格,完成全部物料规格和系统价格的计算。

公式自动引出物料规格,人工输入实际到货数量,即可以根据规格和数量计算到货物料的总重量,即 H 列总重量＝F 列规格*G 列数量,在 H 列直接以简单乘法设置公式即可。

有了总重量,人工输入实际到货单价,可以计算到货金额,即 K 列到货总金额＝H 列总重量*J 列实际单价。

5.1.4　条件格式设置:实际到货单价异常提醒

本例中,物料采购流水表还有一个功能:价格异常提醒。价格异常是指实际到货价格与系统价格(即登记在材料价格表中的价格)不一致;价格异常提醒是指当实际到货价格与系统价格不一致时,实际价格所在的单元格出现明显的字体变化或单元格底纹变化等,进行报警以提醒操作者,查找价格不一致的原因并及时反馈。

从图 5-2 中,物料采购流水表截出的部分可以看出,实际价格列中 J5 单元格和 J15 单元格出现报警(在实际操作中,可以用红色加粗字体＋有色底纹表示),提醒操作者这两项材料实际到货价格与系统价格不一致(乌有原材 108 系统价格是 6.7 元,实际到货价格为 6.5 元;乌有包材 11 系统价格是 6 元,实际到货价格为 6.2 元),操作者需要查找价格不一致的原因并进行反馈,比如询问采购或向上级汇报等。

价格不一致而进行报警可以采用条件格式进行解决,条件格式设置步骤如下,如图 5-5 至图 5-10 所示。

图 5-5　条件格式设置：菜单选择

（1）如图 5-5 所示，选定 J3:J243 单元格区域，即实际单价区域，依次选择"开始"选项卡→条件格式→突出显示单元格规则→其他规则，弹出如图 5-6 所示"新建格式规则"窗口。

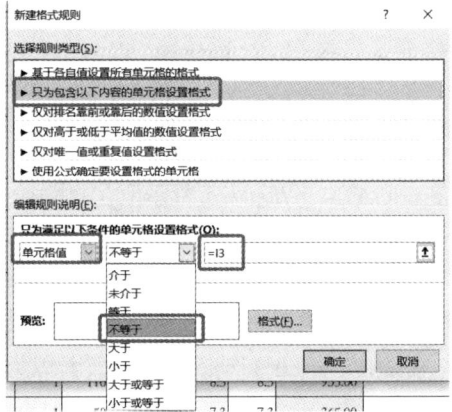

（2）在"新建格式规则"窗口"选择规则类型"中，选择"只为包含以下内容的单元格设置格式"。在"编辑规则说明"左边选项选择"单元格值"，中间选项选择"不等于"，右边输入框直接输入"=I3"，即设置的条件为 J3 单元格的值不等于 I3

图 5-6　条件格式设置：新建格式规则

单元格的值（实际到货价格不等于系统价格）。注意，I3 前面需要有等号。

（3）点击"格式"按钮，如图 5-7 所示，弹出如图 5-8 所示的"设置单元格格式"窗口，点击"字体"选项卡，设置所需要进行突出显示的字体格式。本例选择的是字形"加粗"，颜色"红色"。

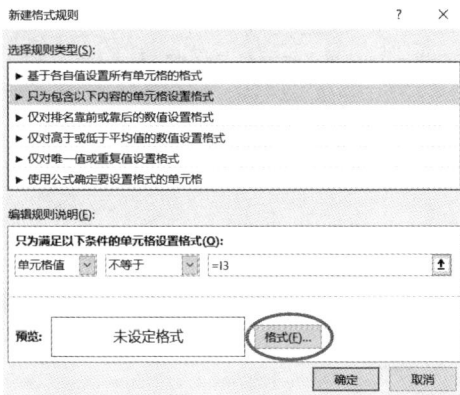

图 5-7　条件格式设置:点击"格式"按钮　　图 5-8　条件格式设置:字体设置

(4)点击"填充"选项卡,进行单元格底纹填充的设置,如图 5-9 所示。本例选择的是淡绿色底纹,再点击"确定",完成满足条件的单元格格式设置。

(5)回到"新建格式规则"窗口之后,可以看到所设置格式的预览效果,如图 5-10所示。确认无误后,点击"确定"按钮完成 J 列 J3:J243 全部单元格的条件格式设置,最终效果如图 5-1 所示。

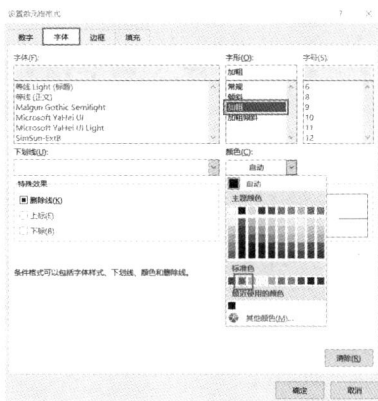

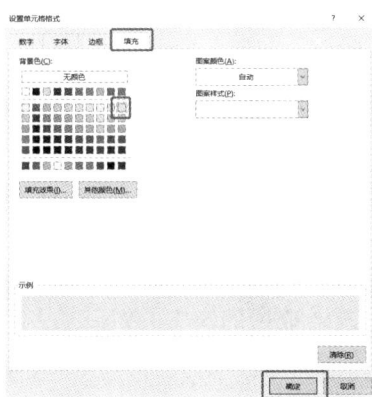

图 5-9　条件格式设置:底纹填充设置　　图 5-10　条件格式设置:格式预览

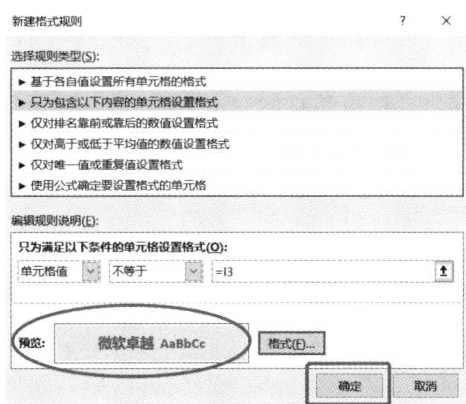

5.2 横向查找 HLOOKUP 函数：投料与投入产出计算表（全表设计）

Excel 查找三剑客中，VLOOKUP 函数最受欢迎，是 Excel 中出镜率最高的函数。他解决的是从左到右在列中查找的问题。HLOOKUP 函数是一个横向查找函数，解决的是从上到下在行中查找的问题。HLOOKUP 函数的功能与作用、使用方法与技巧几乎与 VLOOKUP 函数一模一样。

5.2.1 HLOOKUP 函数参数

HLOOKUP 函数的参数与 VLOOKUP 函数非常相似，对 HLOOKUP 函数的描述是"搜索数组区域首行满足条件的元素，确定待检索单元格在区域中的列序号，再进一步返回选定单元格的值"。

HLOOKUP 函数同样由四个参数组成，其语法是"HLOOKUP（Lookup_value, Table_array, Row_index_num,［Range_lookup］)"，用中文翻译即为"HLOOKUP(要查找的值，包含查找值的区域，区域中包含返回值的行号,［近似查找还是精确查找］)"，如图 5-11 所示。

（1）第一个参数"Lookup_value"，需要在数据表首行进行搜索的值，即需要查找的值，通俗点说就是需要找什么。Lookup_value 可以是数值、引用或字符串。

（2）第二个参数"Table_array"，要在其中搜索数据的文本、数字或逻辑值表，即包含第一个参数查找值的区域。通俗一点就是在哪个范围里面找"要查找的值"。Table_array 可以是区域或对区域名称的引用。

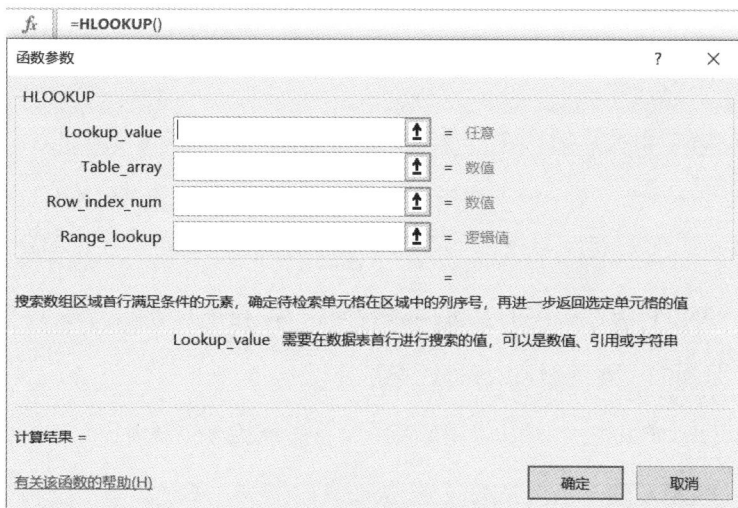

图 5-11　HLOOKUP 函数参数

（3）第三个参数"Row_index_num"，满足条件的单元格在数据区域 Table_array 中的行序号，即区域中包含返回值的行号。表中第一行序号为 1。HLOOKUP 函数要查找的值总在数据表的首行，从第一行开始，要查找的值的返回值所在的行为第几行，第三个参数就是几，比如查的值的返回值在第三行，第三个参数就是 3；在第九行，第三参数就是 9，以此类推。

（4）第四个参数［Range_lookup］，逻辑值，表示近似查找还是精确查找。若要在第一行中查找大致匹配，即近似查找，第四个参数请使用数字"1"或"TRUE"。若要查找精确匹配，即精确查找，第四个参数请使用数字"0"或"FALSE"。

HLOOKIP 函数的第四个参数也可以省略，当省略时，系统默认为模糊查找，即默认为第四个参数为数字"1"或"TRUE"。HLOOKUP 的第四个参数，本书也不建议省略，建议直接输入 0。

5.2.2　HLOOKUP 函数与 VLOOKUP 函数的异同

HLOOKUP 函数的四个参数中，除了第三个参数"区域中的行序号"与 VLOOKUP 函数"区域中的列序号"不同以外，其他参数与 VLOOKUP 函数一模一样。

VLOOKUP 函数解决的是纵向查找问题，按列进行查找。HLOOKUP 函数解决的是横向查找问题，按行进行查找。

HLOOKUP 函数之所以使用频率少，主要原因在于人们对表格使用的习惯：人们一般都习惯于纵向排列数据，从而纵向查找。不过如果出现相对应的横向查找场景，HLOOKUP 方便简单，也非常实用。

VLOOKUP 函数与 HLOOKUP 函数都不能实现逆向查找功能，即 VLOOKUP 函数只能从左往右查找，HLOOKUP 只能从上往下查找。当然，要想 VLOOKUP 与 HLOOKUP 实现逆向查找功能，也可以用一个{1,0}小数组实现转换，但笔者认为这只是一种所谓高手的游戏，在供应链管理实战中没有必要。因为，Excel 中还有很多函数能够简单实现逆向查找，比如查找三剑客中的 LOOKUP 函数，以及后面章节将介绍的 INDEX＋MATCH。

VLOOKUP 函数与 HLOOKUP 函数都是从前往后查找，如果查找到多个满足条件项，VLOOKUP 函数与 HLOOKUP 函数查找的都是第一个。

5.2.3　投料与投入产出率计算表的结构与逻辑

如图 5-12 所示，是某公司物料库存与应付总表中的投料与投入产出计算表。本表记录了生产部一个月每一个产品的生产投料数据，并分重量和金额两个维度进行每一单、每一天合计及全月累计投入产出率的计算。投入产出率是生产部门成本控制最重要的一个指标,本表是计算投入产出率的有效方法与模型。

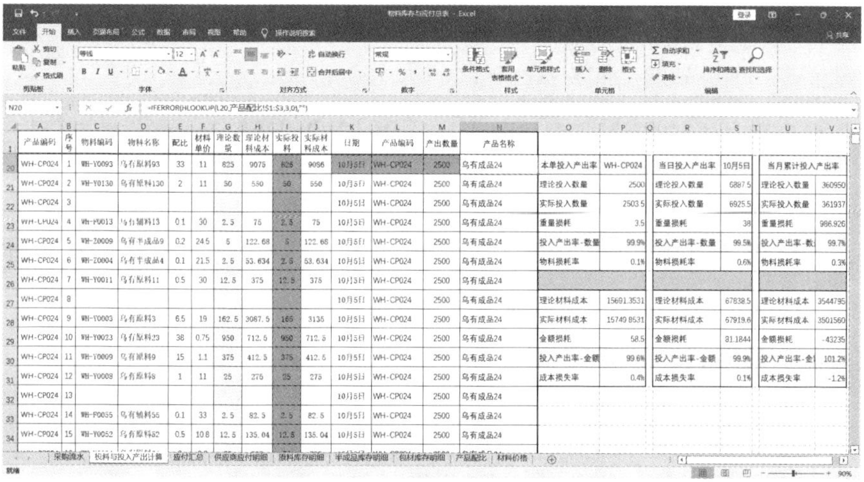

N20 =IFERROR(HLOOKUP(L20,产品配比!$1:$3,3,0),"")

产品编码	序号	物料编码	物料名称	配比	材料单价	理论数量	理论材料成本	实际投料	实际材料成本	日期	产品编码	产出数量	产品名称
WH-CP024	1	WH-Y0093	乌有原料93	33	11	825	9075	826	9086	10月5日	WH-CP024	2500	乌有成品24
WH-CP024	2	WH-Y0130	乌有原料130	2	11	50	550	50	550	10月5日	WH-CP024	2500	乌有成品24
WH-CP024	3									10月5日	WH-CP024	2500	乌有成品24
WH-CP024	4	WH-F0013	乌有辅料13	0.1	30	2.5	75	2.5	75	10月5日	WH-CP024	2500	乌有成品24
WH-CP024	5	WH-Z0009	乌有半成品9	0.2	24.5	5	122.68	5	122.68	10月5日	WH-CP024	2500	乌有成品24
WH-CP024	6	WH-Z0004	乌有半成品4	0.1	21.5	2.5	53.634	2.5	53.634	10月5日	WH-CP024	2500	乌有成品24
WH-CP024	7	WH-Y0011	乌有原料11	0.5	30	12.5	375	12.5	375	10月5日	WH-CP024	2500	乌有成品24
WH-CP024	8									10月5日	WH-CP024	2500	乌有成品24
WH-CP024	9	WH-Y0003	乌有原料3	6.5	19	162.5	3087.5	165	3135	10月5日	WH-CP024	2500	乌有成品24
WH-CP024	10	WH-Y0023	乌有原料23	38	0.75	950	712.5	950	712.5	10月5日	WH-CP024	2500	乌有成品24
WH-CP024	11	WH-Y0009	乌有原料9	15	1.1	375	412.5	375	412.5	10月5日	WH-CP024	2500	乌有成品24
WH-CP024	12	WH-Y0008	乌有原料8	1	11	25	275	25	275	10月5日	WH-CP024	2500	乌有成品24
WH-CP024	13									10月5日	WH-CP024	2500	乌有成品24
WH-CP024	14	WH-F0055	乌有辅料55	0.1	33	2.5	82.5	2.5	82.5	10月5日	WH-CP024	2500	乌有成品24
WH-CP024	15	WH-Y0052	乌有原料52	0.5	10.8	12.5	135.04	12.5	135.04	10月5日	WH-CP024	2500	乌有成品24

本单投入产出率	WH-CP024	当日投入产出率	10月5日	当月累计投入产出率	
理论投入数量	2500	理论投入数量	6887.5	理论投入数量	360950
实际投入数量	2503.5	实际投入数量	6925.5	实际投入数量	361937
重量损耗	3.5	重量损耗	38	重量损耗	986.926
投入产出率-数量	99.9%	投入产出率-数量	99.5%	投入产出率-数	99.7%
物料损耗率	0.1%	物料损耗率	0.6%	物料损耗率	0.3%
理论材料成本	15691.3531	理论材料成本	67838.5	理论材料成本	3544795
实际材料成本	15749.8531	实际材料成本	67919.6	实际材料成本	3501560
金额损耗	58.5	金额损耗	81.1844	金额损耗	-43235
投入产出率-金额	99.6%	投入产出率-金额	99.9%	投入产出率-金	101.2%
成本损失率	0.4%	成本损失率	0.1%	成本损失率	-1.2%

图 5-12　投料与投入产出计算表

本表从 A 列到 N 列是投料记录,O 列到 V 列是每单、每日和当月累计投入产出率的计算(分重量和金额两个维度),表格的具体结构和计算逻辑如下。

1. 投料记录区域结构与逻辑

(1)A 列,产品编码。生产产出的产品编码,可以是成品也可以是半成品。A 列数据自动生成,等于 L 列的产品编码。

(2)B 列,序号。指的是产品配比(BOM)中物料的序号。案例中的公司产品配比(BOM)相对简单,一个产品的配料包括工序说明(要求)在内最多不超过 18 条,所以本例单个产品的投料记录直接保留18 行,输入"1～18"18 个序号。

(3)C 列,物料编码。即对应产品配比(BOM)中物料的编码,按照 L 列输入的产品编码采用 HLOOKUP 函数在"产品配比表"中引入。

(4)D 列,物料名称。按照物料编码采用 VLOOKUP 函数在"材料价格表"

中引入。

（5）E 列，配比。即对应产品配比（BOM）中物料的配比，按照 L 列输入的产品编码采用 HLOOKUP 函数在"产品配比表"中引入。本例物料的配比采用 100 制（即一个产品的全部物料配比之和为 100）。

（6）F 列，材料单价。按照物料编码采用 VLOOKUP 函数在"材料价格表"中引入。

（7）G 列，理论数量。即按照产品配比，理论上需要投入的材料数量（重量），其数值等于 M 列输入的产出数量乘以产品配比再除以 100。

（8）H 列，理论材料成本。等于理论数量乘以材料单价。

（9）I 列，实际投料（需要人工录入）。生产时实际投入的数量（重量），由人工按照"生产投料单"（或"生产记录表"等）进行录入。

（10）J 列，实际材料成本。等于实际投料乘以材料单价。

（11）K 列，日期（需要半人工输入）。取投料当天的日期或产品产出当天的日期。这个日期需要人工输入，不过每一个产品的投料记录只需要输入一个日期即可，该投料记录的其他日期等于这个输入的日期。

（12）L 列，产品编码（需要半人工输入）。投料生产的产品编码，人工输入。和 K 列的日期一样，每一个产品的投料记录只需要输入一个产品编码，该投料记录的其他产品编码等于这个输入的编码。

（13）M 列，产出数量（需要半人工输入）。即本次投料实际产出的数量，需人工输入（一次投料只需要输入一个产出数量）。实际产出的数量按包装规格与包装数量计算得出。

（14）N 列，产品名称。本投料生产产品的名称，按照 L 列输入的产品编码采用 HLOOKUP 函数在"产品配比表"中引入。

2. 投入产出率计算区域结构与逻辑

（1）投入产出率按两个维度计算，上半部分是以数量（重量）计算的投入产出率，下半部分是以金额计算的投入产出率。

（2）投入产出率分三个范围计算，即每一单的投入产出率，每一天的合计投入产出率和当月的累计投入产出率。

（3）投入产出率采取的计算方法为理论投入除以实际投入，理论投入与实际投入的数量或金额均以函数方式从投料记录中获取。

（4）损耗（重量损耗或金额损耗）等于实际投入减去理论投入，损耗率等于1减去投入产出率（或损耗除以理论投入）。

5.2.4　投料与投入产出率计算表的公式设计

如图 5-13 为投料与投入生产率计算表，表中除产品配比序号固定为 1～18 外，需要人工输入有两项，一项是每单输入一次的日期、产品编码和产出数量；第二项是实际投料数量（I 列），其他各项均由公式生成。本表作业人员操作简单，在实战中有较强的实用性和价值。

本表投料记录区域的公式主要是 VLOOKUP 与 HLOOKUP 函数，投入产出率计算区域所用到的函数主要是求和 SUM 函数和多条件求和 SUMIFS 函数。投料与投入产出计算表公式设计如下。

1. 投料记录区域公式设计

（1）K 列、L 列、M 列的非人工输入单元格日期、产品编码、产出数量的计算。

直接在对应的单元格输入等于输入数据的单元格即可。如图 5-13 所示，在 K3 单元格输入"= K2"，然后向右拖动 K3 单元格至 M3 单元格，再选定 K3 至 M3 单元格向下拖动到 19 行，即完成本单 K 列、L 列、M 列的非人工输入单元格日期、产品编码、产出数量的计算。

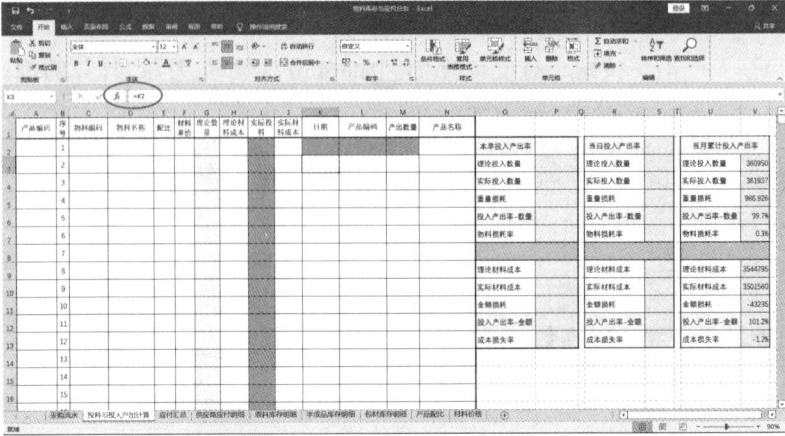

图 5-13　投料与投入产出率计算表公式设计一

（2）A 列产品编码。它等于 L 列的产品编码，在 A2 单元格直接输入公式"=L2"。

（3）C 列物料编码。根据 A 列的产品编码，采用 HLOOKUP 函数从"产品配比表"中引入，C2 单元格的公式设置为"= IFERROR(HLOOKUP(A2,产品配比!1:21,ROW(A1)+3,0),"")"，如图 5-14 所示。本公式中出现了 IFERROR 函数，其作用是去除错误值，此函数将在本书第四篇详细介绍。

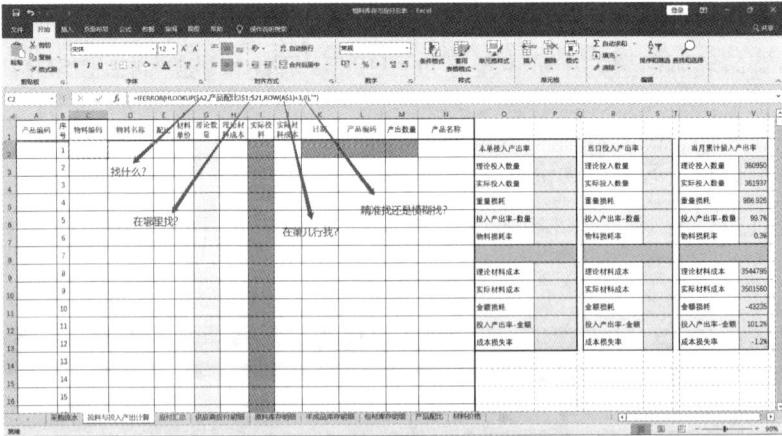

图 5-14　投料与投入产出计算表公式设计二

①HLOOKUP 函数第一个参数“A2”，找什么？找的是产品编码。

②第二个参数“产品配比!1:21”，在哪里找？在“产品配比表”的第 1 行到第 21 行找，如图 5-15 所示。表中第 1 行是产品编码，第 2 行是插入的辅助行(在计算物料配比时使用)，第 3 行是产品名称，第 4～21 行是配比内容(包括物料编码及其配比数量)。

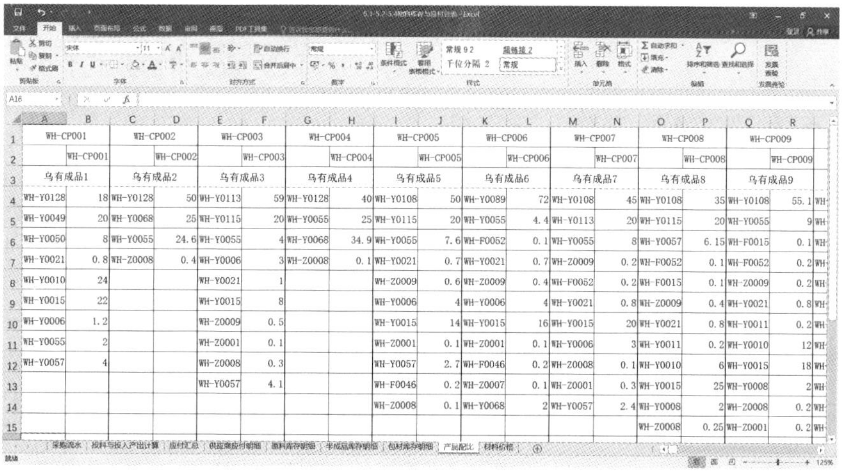

	A	B	C	D	E	F	G	H	I	J	K	L	M	N	O	P	Q	R
1	WH-CP001		WH-CP002		WH-CP003		WH-CP004		WH-CP005		WH-CP006		WH-CP007		WH-CP008		WH-CP009	
2		WH-CP001		WH-CP002		WH-CP003		WH-CP004		WH-CP005		WH-CP006		WH-CP007		WH-CP008		WH-CP009
3	乌有成品1		乌有成品2		乌有成品3		乌有成品4		乌有成品5		乌有成品6		乌有成品7		乌有成品8		乌有成品9	
4	WH-Y0128	18	WH-Y0128	50	WH-Y0113	59	WH-Y0128	40	WH-Y0108	50	WH-Y0089	72	WH-Y0108	45	WH-Y0108	35	WH-Y0108	55.1
5	WH-Y0049	20	WH-Y0068	25	WH-Y0115	20	WH-Y0055	25	WH-Y0115	20	WH-Y0055	4.4	WH-Y0113	20	WH-Y0115	20	WH-Y0055	9
6	WH-Y0050	8	WH-Y0055	24.6	WH-Y0055	4	WH-Y0068	34.9	WH-Y0055	7.6	WH-F0052	0.1	WH-Y0055	8	WH-Y0057	6.15	WH-F0015	0.1
7	WH-Y0021	0.8	WH-Z0008	0.4	WH-Y0006	3	WH-Z0008	0.1	WH-Y0021	0.7	WH-Y0021	0.7	WH-Z0009	0.2	WH-F0052	0.1	WH-F0052	0.2
8	WH-Y0010	24			WH-Y0021	1			WH-Z0009	0.6	WH-Z0009	0.4	WH-F0052	0.2	WH-F0015	0.1	WH-Z0009	0.2
9	WH-Y0015	22			WH-Y0015	8			WH-Y0006	4	WH-Y0006	4	WH-Y0021	0.8	WH-Z0009	0.4	WH-Y0021	0.8
10	WH-Y0006	1.2			WH-Z0009	0.5			WH-Y0015	14	WH-Y0015	16	WH-Y0015	20	WH-Y0021	0.8	WH-Y0011	0.2
11	WH-Y0055	2			WH-Z0001	0.1			WH-Z0001	0.1	WH-Z0001	0.1	WH-Y0006	3	WH-Y0011	0.2	WH-Y0010	12
12	WH-Y0057	4			WH-Z0008	0.3			WH-Y0057	2.7	WH-F0046	0.2	WH-Z0008	0.1	WH-Y0010	6	WH-Y0015	18
13					WH-Y0057	4.1			WH-F0046	0.2	WH-Z0007	0.1	WH-Z0001	0.3	WH-Y0015	25	WH-Y0008	2
14									WH-Z0008	0.1	WH-Y0068	2	WH-Y0057	2.4	WH-Y0008	2	WH-Z0008	0.2
15															WH-Z0008	0.25	WH-Z0001	0.2

图 5-15　产品配比表

③第三个参数“ROW(A1)+3”，在第几行查找？ROW 函数的作用是“返回一个引用的行号”，即所引用的单元格在第几行，ROW 函数就返回数字几。A1 单元格在第 1 行，所以 ROW(A1)＝1，ROW(A1)＋3＝4。图 5-13 所示表的 C2 单元格是产品配比的第 1 个物料，这个物料在“产品配比表”第 1 行到第 21 行中的第 4 行(即配比内容的第 1 行)。当公式设置完成后向下拖动单元格，“ROW(A1)＋3”就依次变为“ROW(A2)＋3”、“ROW(A3)＋3”、…、“ROW(A18)＋3”，即 HLOOKUP 函数的第三个参数依次变为 5、6、7、…、21，这样就得到全部产品配比的物料编码。

④第四个参数"0"，即精准查找。

(4)D 列物料名称。根据 C 列的物料编码，采用 VLOOKUP 函数从"材料价格表"中引入。D2 单元格的公式为"= IFERROR(VLOOKUP(C2,材料价格! A:D,2,0),"")"。

(5)E 列配比。根据 A 列的产品编码，采用 HLOOKUP 函数从"产品配比表"中引入，E2 单元格的公式设置为"= IFERROR(HLOOKUP(A2,产品配比! 2:21,ROW(A1)＋2,0),0)"。E2 单元格的公式与 C2 单元格的公式非常相似，主要有以下两个不同点。

①第二个参数查找区域(在哪里查找)有所不同，C2 单元格是在第 1 行到第 21 行查找，E2 单元格则是在第 2 行到第 21 行查找(此处用到插入辅助的第 2 行)。配比的查找区域从第 2 行开始的原因在于，每一个产品配比的数据对应编码在第 2 行(第 1 行的编码对应着物料编码)。

②第三个参数行序号也不相同，C2 单元格是在"ROW(A1)＋3"查找，E2 单元格则是"ROW(A1)＋2"查找。E2 单元格在第几行查找比 C2 单元格少 1 行，原因很简单，因为 E 列配比数据从第 2 行开始查找(即第 2 行为查找区域的第 1 行)。

(6)F 列材料单价。根据 C 列的物料编码，采用 VLOOKUP 函数从"材料价格表"中引入。F2 单元格的公式为"= IFERROR(VLOOKUP(C2,材料价格! A:D,4,0),0)"。

(7)G 列理论数量。等于产出数量除以 100 再乘以配比数量，在 G 列直接输入运算公式即可，G2 单元格的公式为"= M2÷100×E2"。

(8)H 列理论成本，J 列实际成本。它们分别等于理论数量乘以材料单价，实际投料数量乘以材料单价，直接输入乘法公式即可，H2 单元格的公式为"= F2 * G2"，J2 单元格公式为"= F2 * I2"。

（9）N 列产品名称。根据 L 列的产品编码，采用 HLOOKUP 函数从"产品配比表"中引入。N2 单元格的公式设置为"＝IFERROR（HLOOKUP（L2，产品配比!$1:$3,3,0），""）"。查找区域为"产品配比表"的第 1 行至第 3 行，因为产品名称在第 3 行，所以第三参数输入 3。

（10）设置好了 A2、C2、D2、E2、F2、G2、H2、J2、N2 单元格的公式，分别拖动这些单元格到第 19 行，即完成全部投料记录区域的公式设计。

2. 投入产出率计算区域公式设计

（1）P2 单元格显示本单的产品编码，公式为"＝L2"。S2 单元格显示本单的日期，公式为"＝K2"。

（2）P3 单元格计算本单的理论投入数量，对本单的理论投入数 G 列进行求和，输入公式"＝SUM（G2:G19）"。P4 单元格计算本单的实际投入数量，对本单的实际投入数 I 列进行求和，输入公式"＝SUM（I2:I19）"。

（3）P5 单元格计算重量损耗，它等于实际投入数量减去理论投入数量，输入公式"＝P4-P3"。

（4）P6 单元格计算数量（重量）投入产出率，它等于理论投入数量除以实际投入数量，输入公式"＝IFERROR（P3/P4,0）"，并将此单元格格式调整为百分比。

（5）P7 单元格计算物料损耗率，这是与投入产出率相对的指标，其数值等于1 减去投入产出率，输入公式"＝1－P6"，并将此单元格格式调整为百分比。

（6）P9 单元格计算本单的理论材料成本，对本单的理论材料成本 H 列进行求和，输入公式"＝SUM（H2:H19）"。P10 单元格计算本单的实际材料成本，对本单的实际材料成本 J 列进行求和，输入公式"＝SUM（J2:J19）"。

（7）P11 单元格计算金额损耗，它等于实际材料成本减去理论材料成本，输入公式"＝P10－P9"。

（8）P12 单元格计算金额投入产出率，它等于理论材料成本除以实际材料成本，输入公式"＝IFERROR(P9/P10,0)"，并将此单元格格式调整为百分比。

（9）P13 单元格计算成本损失率，这也是与投入产出率相对的指标，其数值等于 1 减去投入产出率，输入公式"＝1－P12"，并将此单元格格式调整为百分比。

（10）当日投入产出率中，计算中理论投入数量，是采用多条件求和函数 SUMIFS 解决。在 S3 单元格输入公式"＝SUMIFS(P:P,O:O,R3,K:K,S2)"。在这个公式中，SUMIFS 函数的第一个参数"P:P"为求和区域 P 列，即第 2 步计算的每一单理论投入数量这一列；第二个参数"O:O"为第一个条件区域 O 列，即对列示"理论投入数量""实际投入数量""理论材料成本""实际材料成本"的这一列；第三个参数"R3"为第一个条件，即判断 O 列数据是否等于 R3 单元格（理论投入数量）；第四个参数"K:K"第二个条件区域 K 列，即日期这一列；第五个参数"S2"为第二个条件，即判断 K 列日期是否等于 S2 单元格（当天的日期）。

（11）当日投入产出率中，计算实际投入数量、理论材料成本、实际材料成本的公式设置和理论投入数量相当，S4、S9、S10 单元格的公式分别为"＝SUMIFS(P:P,O:O,R4,K:K,S2)""＝SUMIFS(P:P,O:O,R9,K:K,S2)""＝SUMIFS(P:P,O:O,R10,K:K,S2)"。

（12）当日投入产出率中，计算重量损耗、投入产出率－数量、物料损耗率、金额损耗、投入产出率－金额、成本损失率的计算方法与公式设置和本单投入产出率一样，当月累计投入产出率计算中的这几项也一样，在此不再赘述。

（13）当月累计投入产出率中，计算理论投入数量、实际投入数量、理论材料成本、实际材料成本，都采用条件求和函数 SUMIF 解决。V3、V4、V9、V10 单元格的公式分别为"＝SUMIF(O:O,U3,P:P)""＝SUMIF(O:O,U4,P:P)""＝SUMIF(O:O,U9,P:P)""＝SUMIF(O:O,U10,P:P)"。

3. 投料与投产出率计算表实际应用与效果

以上公式设置完成后,对相关公式内可能变化的行列用"$"符号进行固定,再选定 A2:V19 区域,拖动填充柄进行填充,根据实际需求复制成若干单的投料与投入产出率计算。

日常工作中,根据生产投料单(或生产记录表等)在本表输入日期、产品编码、产出数量和每一个物料的实际投入数量,即可自动计算本单的投入产出率及损耗数量损耗率。当日的生产投料单全部录入完成后,即自动生成当日合计的投入产出率。每天的录入,会自动生成当月累计的投入产出率。

投料与投产出率计算表实际效果如图 5-16 所示,每一单都显示本单投入产出率、当日投入产出率和当月累计投入产出率三项。

图 5-16 投料与投产出率计算表实际效果

5.3 区域查找 LOOKUP 函数:ABC-XYZ 矩阵(全表设计)

LOOKUP 函数是查找三剑客中的老大,也是 Excel 函数中的绝顶高手。

VLOOKUP 和 HLOOKUP 能解决的问题它能够解决，VLOOKUP 和 HLOOKUP 不能解决的问题它也能够解决。

与绝对高手 SUMPRODUCT 有 108 种用法一样，LOOKUP 函数也有很多种用法，但对于供应链管理来说，有些用法挺复杂并且帮助不大，所以本书对这些方法不做介绍。本书只介绍供应链管理实战中经常用到的、也能起相当作用的四种典型用法：区域查找、查找最后一个数、多条件查找和逆向查找。

其中区域查找所采用的是 LOOKUP 的基础用法，多条件查找与逆向查找采用的是 LOOKUP 的实用用法，查找最后一个数是 LOOKUP 的功能用法。

5.3.1　LOOKUP 函数参数（基础形式）

LOOKUP 函数参数有两种基础形式，Excel 中，对它的描述是从单行或单列或从数组中查找一个值，条件是向后兼容性。

LOOKUP 函数的第 1 种函数形式是从数组中查找一个值，如图 5-17 所示，其函数参数为"= LOOKUP（Lookup _ value, Array）"，用中文翻译即为，"=LOOKUP(要查找的值,查找区域)"。当查找区域只有一行或一列时，其作用就是在单行或单列中查找。

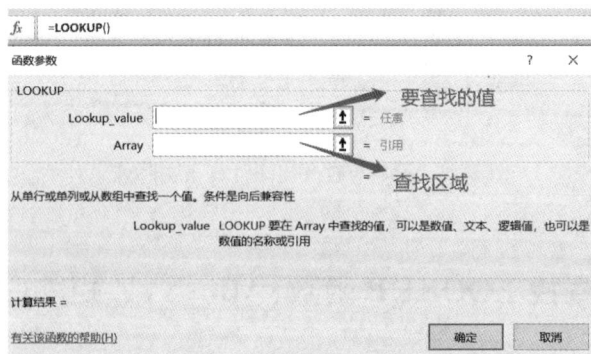

图 5-17　LOOKUP 函数基础形式一

LOOKUP 函数的第 2 种函数形式是，从单行或单列中查找一个值，此时其作用相当于 HLOOKUP 函数或 VLOOKUP 函数。如图 5-18 所示，其函数参数为：=LOOKUP(Lookup_value,Lookup_vector,[Result_vector])，用中文翻译即为：=LOOKUP(要查找的值，查找区域，[返回值的区域])。

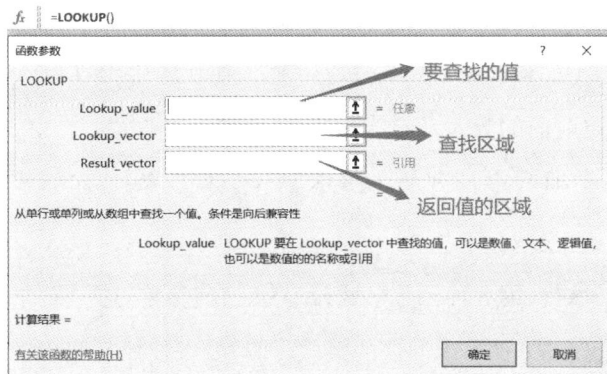

图 5-18　LOOKUP 函数基础形式二

LOOKUP 函数的这两种函数形式的参数及功能介绍如下。

(1)第一个参数，Lookup_value，要查找的值，即需要找什么。这个要查找的值可以是数值、文本、逻辑值，也可以是数值的名称和引用。两种函数形式的第一个参数是一样的。

(2)第二个参数，Array 或 Lookup_vector，查找区域，即在哪里找。

①第 1 种函数形式的第二个参数是 Array，这种形式的查找区域是一个包含多行多列的数组，这个数组中单元格的值可以是数值、文本、逻辑值。这种函数形式要求这个区域的第一行(或第一列)必须以升序排列。

这种形式的第二个参数是一个多行多列的数组，LOOKUP 函数的查找规则是：如果数组是一个宽度比高度大的区域(即列数多于行数)，LOOKUP 函数会在第一行中查找 Lookup_value 的值；如果数组是正方的或者高度大于宽度

（行列数相等或行数多于列数），LOOKUP 函数会在第一列中进行查找。

②第 2 种函数形式的第二个参数是 Lookup_vector，这种形式的查找区域是只包括单行或单列的单元格区域，即要么是一行，要么是一列。这个单行或单列的单元格区域要求必须以升序排列。单元格的值可以是数值、文本、逻辑值。

LOOKUP 函数两种函数形式的查找区域都要求必须以升序排列，否则，LOOKUP 函数不能返回正确的结果（如果没有升序排列，LOOKUP 函数也会默认后面的数比前面的数大）。

查找区域必须升序排列是 LOOKUP 函数描述中"向后兼容性"的表现形式。

（3）第三个参数（第一种函数形式没有第三个参数，这里只介绍第二种函数形式的），[Result_vector]，返回值的区域，即与要查找的区域相对应的求取结果的区域。返回值的区域与查找区域的大小形状必须相同。

第三个参数是返回值的区域，但第 1 种函数形式没有第三个参数，那么其返回值的区域的设定是：它的返回值的区域是查找区域的最后一行或最后一列。

在第二种函数形式中，返回值的区域可以省略。如果省略，则默认为返回值的区域与查找区域相同。

（4）LOOKUP 函数的基础形式总是找到小于或等于查找值的最大值。也就是说，如果要查找的值找到了，就显示这个查找值对应的结果值；如果要查找的值找不到，那么就找到小于查找值的最大值。

比如要查找的值是 15，查找区域是{5,10,15}，返回区域是{"北京","上海","广州"}，在查找区域中找到了 15，LOOKUP 函数的结果是 15 对应的"广州"。如果要想找的值是 13，在这个区域中找不到 13，这时 LOOKUP 函数会在这个查找区域中找到比 13 要小的一个最大的值，即 10。所以，这个例子中，LOOKUP 函数找到的是 10，返回 10 对应的城市"上海"。

5.3.2　物料分类九宫格:ABC-XYZ 矩阵

在物料(含产成品、半成品和原辅材料)管理的分类方法中,ABC 分类法和 XYZ 分类法应用较多。ABC 分类法和 XYZ 分类法组合的 ABC-XYZ 矩阵分类则更为有效。

ABC 分类法已在第 2 章中做过介绍。以下只对 XYZ 分类进行讲解。

1. XYZ 分类法

它是以一定时间内物料消耗的稳定性进行分类的方法。消耗的稳定性,是指在连续的期间物料消耗的数量较为平衡,波动不大。如果一个物料每周消耗的数量大致相当,比如每周消耗都在 500 个左右,则代表消耗稳定;如果每周消耗的数量起伏很大,比如这一周用了 1 000 个,下一周只用了 10 个,就代表消耗不稳定。

XYZ 分类法一般分为三类:X 类为消耗波动较为平稳的,Y 类次之,Z 类的消耗波动最为剧烈。

一般情况下,使用变异系数 C. V 判定物料消耗的稳定性,变异系数是标准差与平均值的比值,即变异系数=标准差/平均值。

一般情况下,本书建议:变异系数 0.4 以下的,表示物料消耗相对稳定,可以归于 X 类;变异系数在 0.4 到 0.8 之间的,表示物料消耗的变化波动适中,归于 Y 类;而变异系数在 0.8 以上的,表示物料消耗剧烈波动,应归于 Z 类。(具体的分类标准需要根据企业的实际情况而定。)

2. ABC-XYZ 矩阵

ABC 分类法是以物料消耗的数量(金额)来分类的方法,XYZ 分类法是以物料消耗的稳定性来分类的方法。在供应链物料管理中,ABC 分类法和 XYZ 分类法可以同时组合应用。

将这两种分类方法相结合，以物料消耗的数量多少和物料消耗的稳定性强弱两个维度，建立一个九宫格，这就是 ABC-XYZ 矩阵，如图 5-19 所示。

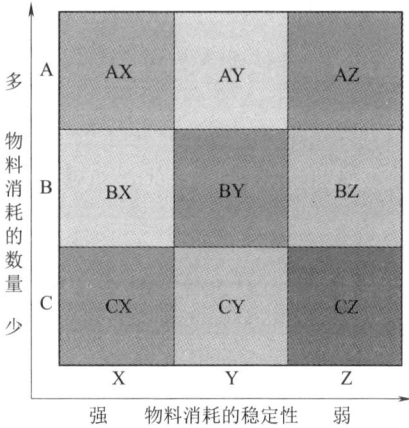

图 5-19　ABC-XYZ 矩阵

ABC-XYZ 矩阵中，横坐标是物料消耗的稳定性，反映的是物料消耗的稳定情况，越往右稳定性越弱。纵坐标是物料消耗数量的多少，反映的是物料的重要程度，越往上重要程度越高。

根据物料消耗的稳定性和重要程度，将物料分为 AX、AY、AZ、BX、BY、BZ、CX、CY、CZ 九个类别，这就是 ABC-XYZ 矩阵分类。

将全部物料分出九个类别后，可以根据不同的类型给予不同的资源，采取不同的管理办法。

5.3.3　ABC-XYZ 矩阵分类模型的结构与逻辑关系

如图 5-20 所示，是一个 ABC-XYZ 矩阵分类的实例。为某公司原料的 ABC-XYZ 矩阵分类模型。模型中滚动地列出了公司原料过去 13 周（3 个月）的出库数据（实际用量），以这些历史出库数据对公司全部物料进行 ABC-XYZ 矩阵分类。ABC-XYZ 矩阵分类模型的结构与逻辑关系如下。

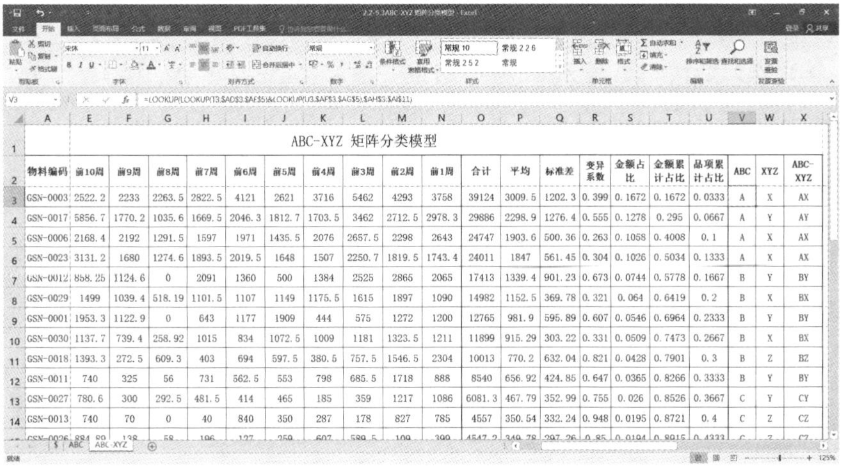

	ABC-XYZ 矩阵分类模型																		
物料编码	前10周	前9周	前8周	前7周	前6周	前5周	前4周	前3周	前2周	前1周	合计	平均	标准差	变异系数	金额占比	金额累计占比	品项累计占比	ABC	XYZ	ABC-XYZ
GSN-0003	2522.2	2233	2263.5	2822.5	4121	2621	3716	5462	4293	3758	39124	3009.5	1202.3	0.399	0.1672	0.1672	0.0333	A	X	AX
GSN-0017	5856.7	1770.2	1035.6	1669.5	2046.3	1812.7	1703.5	3462	2712.5	2978.3	29886	2298.9	1276.4	0.555	0.1278	0.295	0.0667	A	Y	AY
GSN-0006	2168.4	2192	1291.5	1597	1971	1435.5	2076	2657.5	2298	2643	24747	1903.6	500.36	0.263	0.1058	0.4008	0.1	A	X	AX
GSN-0023	3131.2	1680	1274.6	1893.5	2019.5	1648	1507	2250.7	1819.5	1743.4	24011	1847	561.45	0.304	0.1026	0.5034	0.1333	A	X	AX
GSN-0012	858.25	1124.6	0	2091	1360	500	1384	2525	2865	2065	17413	1339.4	901.23	0.673	0.0744	0.5778	0.1667	B	Y	BY
GSN-0029	1499	1039.4	518.19	1101.5	1107	1149	1175.5	1615	1897	1090	14982	1152.5	369.78	0.321	0.064	0.6419	0.2	B	X	BX
GSN-0001	1953.3	1122.9	0	643	1177	1909	444	575	1272	1200	12765	981.9	595.89	0.607	0.0546	0.6964	0.2333	B	Y	BY
GSN-0030	1137.7	739.4	258.92	1015	834	1072.5	1009	1181	1323.5	1211	11899	915.29	303.22	0.331	0.0509	0.7473	0.2667	B	X	BX
GSN-0018	1393.3	272.5	609.3	403	694	597.5	380.5	757.5	1546.5	2304	10013	770.2	632.04	0.821	0.0428	0.7901	0.3	B	Z	BZ
GSN-0011	740	325	56	731	562.5	553	798	685.5	1718	888	8540	656.92	424.85	0.647	0.0365	0.8266	0.3333	B	Y	BY
GSN-0027	780.6	300	292.5	481.5	414	465	185	359	1217	1086	6081.3	467.79	352.99	0.755	0.026	0.8526	0.3667	C	Y	CY
GSN-0013	740	70	0	40	840	350	287	178	827	785	4557	350.54	332.24	0.948	0.0195	0.8721	0.4	C	Z	CZ

图 5-20　ABC-XYZ 矩阵分类模型

（1）物料编码，为该公司原料的编码（本例隐去了物料名称）。该公司原料总SKU 近 3 000 个，本例为便于讲述，进行了处理，选取了 30 个物料进行分类。

（2）历史数据，每日更新，以周为单位滚动统计。本表抓取了过去 13 周原料的实际出库数量。这里表格中的“前 13 周”指统计当日之前的第 85 至第 91 天，……，前 1 周指统计当日之前的第 1 天至第 7 天。注意：本处的 13 周用量的“周”并不是自然周，而是以 7 个工作日为一周。

（3）合计、平均、标准差，是指单个物料过去 13 周的总出库量和以周为单位的平均出库量以及 13 周出库量的标准差。

（4）变异系数，用来判断需求的稳定性，是 XYZ 分类的重要参数，其数值是标准差与平均值的比值，即变异系数＝标准差/平均值。

（5）金额占比，指单个物料 13 周的合计出库量与全部物料 13 周的总出库量的比值，用单个物料的合计数除以全部产品的总合计数。（注：本例缺乏材料价格数据，这里为便于讲述，简单地认为出库数量就是出库金额，其计算思路和步骤一致）。

（6）金额累计占比，是 ABC 分类的重要参数，是在以每个物料的合计数为依据进行从高到低排序的基础上，从上而下金额占比的累计数。比如排序后第 2 个产品的金额累计占比是第 1 个产品的金额占比加第 2 个产品的金额占比，即前两个产品的金额占比求和；第 3 个产品的金额累计占比为前三个产品的金额占比求和，以此类推。为避免设置过于高深的 EXCEL 公式，在进行 ABC 分类前，需要对全部数据进行降序排序。ABC 分类是阶段性任务（比如一个月一次），在一个阶段中做一次排序，工作量很少，可以忽略不计。

（7）品项累计占比。也是 ABC 分类的一个重要参数。一个产品的品项占比是 1 除以总的产品个数；两个产品的品项累计占比，就是 2 除以总的产品个数，以此类推。

（8）ABC 分类。本例以金额占比超过 70% 并且品项累计占比小于 15% 的为 A 类；金额占比在 10%～30% 并且品项累计占比在 15%～35% 的为 B 类；金额累计占比小于 10% 并且品项累计占比在 65% 及以上的为 C 类。

（9）XYZ 分类。本例中，变异系数小于 0.4 的为 X 类，在 0.4～0.8 之间的为 Y 类，0.8 以上的为 Z 类。

（10）ABC-XYZ 分类。ABC 分类的结果与 XYZ 分类的结果进行组合，得出 ABC-XYZ 的结果。比如某产品 ABC 分类为 A 类，XYZ 分类为 Y 类，那么该产品 ABC-XYZ 分类为 AY 类。

5.3.4　ABC-XYZ 矩阵分类模型的公式设计

ABC-XYZ 矩阵分类模型的结构与逻辑关系理清后，可以对图 5-20 中物料用量数据按合计数（O 列）进行降序排序。排序后对图 5-20 的公式进行如下设计。

1. 数据区域（O 列至 U 列）公式设计

（1）前 13 周数据。用 VLOOKUP 函数从“库存明细与订货模型”的“滚动 13 周用量”（如图 5-21 所示）中引入。因为引入的是滚动数据，代表每次 ABC-XYZ 矩阵分类模型的更新都是采用最新的数据。在 B3 单元格输入公式“= VLOOKUP（$A3,库存明细与订货模型! $B:$AQ,COLUMN（A2）＋29,0）”，即可引入 GSN-0003 物料前 13 周（当前日期之前的第 13 周，即从当天开始过去的第 85～91 天。下同）的用量。

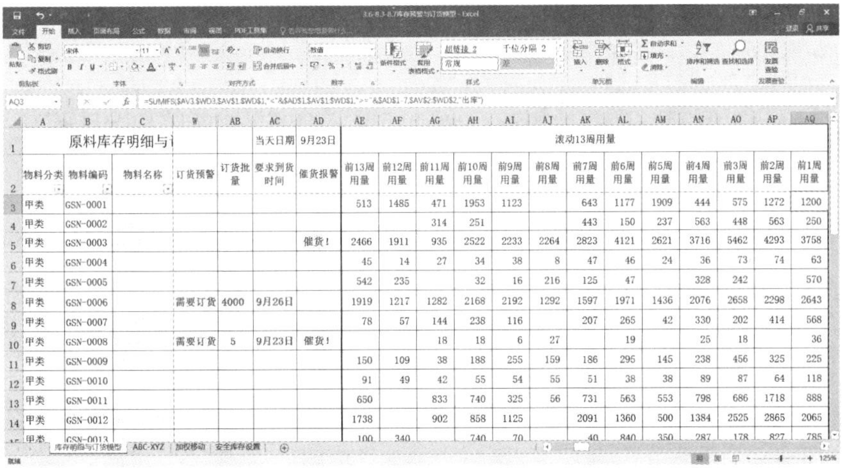

	A	B	C	W	AB	AC	AD	AE	AF	AG	AH	AI	AJ	AK	AL	AM	AN	AO	AP	AQ
1	原料库存明细与i					当天日期	9月23日	滚动13周用量												
2	物料分类	物料编码	物料名称	订货预警	订货批量	要求到货时间	催货报警	前13周用量	前12周用量	前11周用量	前10周用量	前9周用量	前8周用量	前7周用量	前6周用量	前5周用量	前4周用量	前3周用量	前2周用量	前1周用量
3	甲类	GSN-0001						513	1485	471	1953	1123		643	1177	1909	444	575	1272	1200
4	甲类	GSN-0002								314	251			443	150	237	563	448	563	250
5	甲类	GSN-0003					催货！	2466	1911	935	2522	2233	2264	2823	4121	2621	3716	5462	4293	3758
6	甲类	GSN-0004						45	14	27	34	38	8	47	46	24	36	73	74	63
7	甲类	GSN-0005						542	235		32	16	216	125	47		328	242		570
8	甲类	GSN-0006		需要订货	4000	9月26日		1919	1217	1282	2168	2192	1292	1597	1971	1436	2076	2658	2298	2643
9	甲类	GSN-0007						78	57	144	238	116		207	265	42	330	202	414	568
10	甲类	GSN-0008		需要订货	5	9月23日	催货！			18	18	6	27		19		25	18		36
11	甲类	GSN-0009						150	109	38	188	255	159	186	295	145	238	456	325	225
12	甲类	GSN-0010						91	49	42	55	54	55	51	38	38	89	87	64	118
13	甲类	GSN-0011						650		833	740	325	56	731	563	553	798	686	1718	888
14	甲类	GSN-0012						1738		902	858	1125		2091	1360	500	1384	2525	2865	2065
15	甲类	GSN-0013						100	340		740	70		40	840	350	287	178	827	785

图 5-21　库存明细与订货模型之“滚动 13 周用量”

公式中 COLUMN 函数为列号函数，其作用是“返回一个引用的列号”，即所引用的单元格在第几列，COLUMN 函数就返回数字几。比如 A2 单元格在第 1 列（A 列），所以 COLUMN（A2）＝1，COLUMN（A2）＋29＝30。图 5-21 中 B 列是物料编码，AE 列是第前 13 周的用量，从 B 列到 AE 列的列数是 30，COL-

UMN(A2)＋29＝30,公式就引入了第前 13 周的用量。

当公式设置完成后,向右拖动单元格至 N3 列,"COLUMN(A2)＋29"就依次变为"COLUMN(B2)＋29"、"COLUMN(C2)＋29"、……、"COLUMN(M2)＋29",即 VLOOKUP 函数的第三个参数依次变为 31、32、33、……、42,这样就得到全部物料的前 13 周数据。

然后再选定 B3:N3 单元格区域,向下拖动公式,完成前 13 周数据公式的设计。

(2)合计、平均、标准差。用 SUM、AVERAGE 和 STDEVA 函数分别计算前 13 周物料用量的合计数、以周为单位的平均数和以周为单位的标准差。O3 单元格的公式为"＝SUM(B3:N3)",P3 单元格的公式为"＝AVERAGE(B3:N3)",Q3 单元格的公式为"＝STDEVA(B3:N3)"。

Excel 中,计算标准差常用的有两个函数,STDEVA 函数和 STDEVPA 函数。按 Excel 的描述,STDEVA 函数是估算基于给定样本(包括逻辑值和字符串)的标准偏差。STDEVPA 函数是计算样本(包括逻辑值和字符串)总体的标准偏差。简单来说,STDEVA 函数计算的是样本标准差,STDEVPA 函数计算的是总体标准差。如果用来计算标准差的数据是全部数据的一部分,比如本例中"滚动 13 周用量"是全部用量的一部分,那么使用 STDEVA 函数;如果用来计算标准差的数据是全部数据,那么使用 STDEVPA 函数。

在供应链管理实战中,我们所采用的数据往往是全部数据的一部分,可以直接使用 STDEVA 函数。

(3)变异系数。变异系数＝标准差/平均值,在 R3 单元格输入公式"＝Q3/P3"(即 Q 列的标准差除以 P 列的平均值),再向下拖动公式。

(4)金额占比。前文已提到,因缺乏材料价格的数据,本例简单地认为出库数量就是出库金额。某一物料的金额占比等于该物料前 13 周的出库金额除以全部物料前 13 周的总出库金额。在 S3 单元格输入公式"= O3/SUM($O$3:$O$33)"，"SUM($O$3:$O$33)"是 O 列全部物料出库合计数的求和（本例只采用了少量物料数据，实际工作中是对全部物料出库合计数求和）。

（5）金额累计占比。对数据降序排列后，在 T3 单元格输入公式"= SUM(S$3:S3)"并向下拖动，得出全部物料的累计金额占比。

（6）品项累计占比。品项累计占比前面原本还有一列"品项占比"，但因为每个产品的品项数都是 1，品项占比都是 1 除以总的物料个数，所以这一列可以省略。品项累计占比的公式与金额累计占比公式的设计思路一样，也是采用"$"符号进行累计计算，将求和函数 SUM 换为求个数函数 COUNTA。在 U3 单元格输入公式"COUNTA(A$3:A3)/COUNTA($A$3:$A$33)"。公式中"COUNTA($A$3:$A$33)"是总物料个数，用"$"符号固定不变，COUNTA(A$3:A3)求取的是累计个数。

2. 分类区域（V 列至 X 列）**公式设计**

（1）ABC 分类

本例以金额累计占比超过 70% 并且品项累计占比小于 15% 的为 A 类，金额累计占比在 10%~30% 并且品项累计占比在 15%~35% 的为 B 类，金额累计占比小于 10% 并且品项累计占比在 65% 及以上的为 C 类。根据这个规则，分四步来设计公式。

① 金额 abc 分类。因数据已按降序排序，金额累计占比超过 70% 可以理解为累计金额占比不大于 70%（因为累计金额占比在 70% 之前的物料就是金额占比超过 70% 的物料）。将每一物料的累计金额占比小于 0.7（超过 70%）的设定为"a 类"，金额累计占比大于或等于 0.7 并小于 0.9 的（在 10%~30%）设定为"b 类"，金额累计占比大于或等于 0.9 的（小于 10%）设定为"c 类"。这样可以用 LOOKUP 函数的基础用法来进行计算，如图 5-22 所示，Z3 单元格公式为"=

LOOKUP(T3,$AD$3:$AE$5)"。

Z3 单元格公式中，LOOKUP 函数的第一参数"T3"是要查找的值，查找的是 T3 单元格(GSN-0003 物料的金额累计占比)；第二个参数"$AD$3:$AE$5"是查找区域，描写金额 abc 分类规则的区域(如图 5-22 中的 AD3:AE5 区域，区域需要固定)，此区域中的第一列已升序排列。

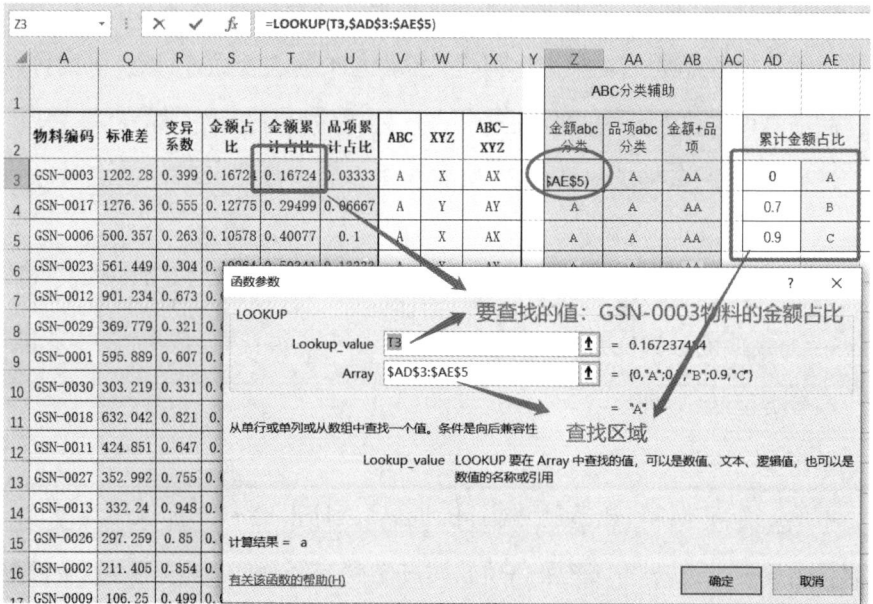

图 5-22 LOOKUP 函数基础用法实例一

因为 LOOKUP 函数的基础形式，总是找到小于或等于查找值的最大值，本例中，当找不到查找值 0.7 时，找到的是比 0.7 小的最大值 0；当找不到查找值 0.9 时，找到的是比 0.9 小的最大值 0.7。即累计金额占比不大于 0.7(70%)的，找到的都是 0，返回"a"；累计金额占比大于或等于 0.7(70%)并小于 0.9(90%)的，找到的都是 0.7，返回"b"；累计金额占比大于或等于 0.9(90%)的，找到的都是 0.9，返回"c"。

向下拖动 Z3 单元格,即可得出全部物料金额 abc 的分类。

②品项 abc 分类。数据降序排序后,本例以累计品项占比小于 15%(累计品项占比小于 0.15)的为 a 类,以累计品项占比在 15%~35% 的为 b 类(累计品项占比大于或等于 0.15 并小于 0.35),以累计品项占比 65% 及以上的为 c 类。根据这些也可以用 LOOKUP 函数的基础用法来进行计算。在 AA 单元格中输入公式"=LOOKUP(U3,$AF$3:$AG$5)",如图 5-23 所示。

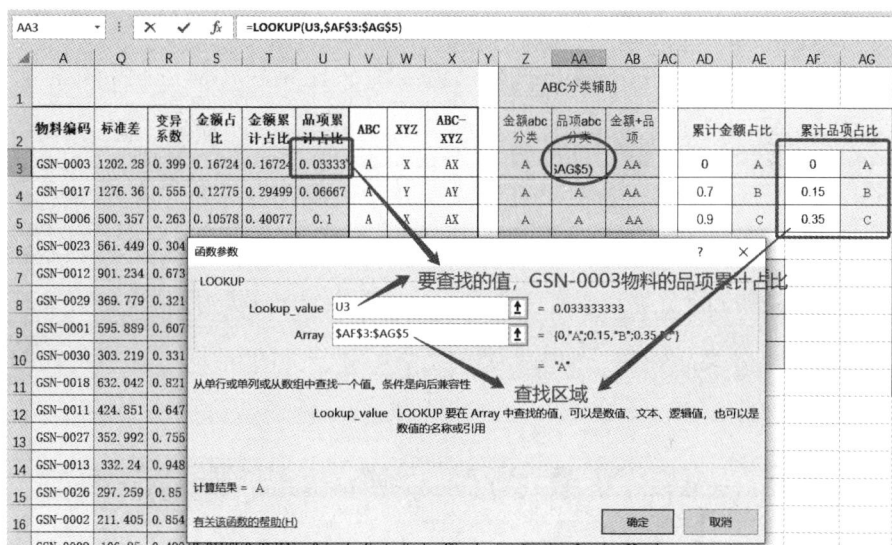

图 5-23　LOOKUP 函数基础用法实例二

AA3 单元格公式中,LOOKUP 函数的第一个参数"U3"是要查找的值,查找的是 U3 单元格(GSN-0003 物料的品项累计占比);第二个参数"$AF$3:$AG$5"是查找区域,描写品项 abc 分类规则的区域(图中 5-23 的 AF3:AG5 区域,区域需要固定),此区域中的第一列也已升序排列。

LOOKUP 函数的基础形式总是找到小于或等于查找值的最大值,当 LOOKUP 找不到查找值 0.15 时,找到的是比 0.15 小的最大值 0;当找不到查找值 0.35 时，找到的是比 0.35 小的最大值 0.15。即品项累计占比不大于 0.15 的，找到的都是 0，返回"a"；品项累计占比大于或等于 0.15 并小于 0.35 的，找到的都是 0.15，返回"b"；累计品项占比大于或等于 0.35 的，找到的都是 0.35，返回"c"。

向下拖动 AA3 单元格，即可得出全部物料品项 abc 的分类。

③金额＋品项。将金额 abc 分类与品项 abc 分类相结合（在 AB3 单元格输入公式"＝Z3&AA3"，如图 5-24 所示），可以得出 aa、ab、ac、ba、bb、bc、ca、cb、cc 九种组合。根据本例 abc 分类的规则（金额累计占比超过 70％并且品项累计占比小于 15％的为 a 类，金额累计占比在 10％～30％并且品项累计占比 15％～35％的为 b 类，金额累计占比小于 10％并且品项累计占比 65％及以上的为 c 类）：金额 abc 分类与品项 abc 分类同时为 a 类，才是最终 abc 分类的 a 类；金额 abc 分类与品项 abc 分类只要有一个为 b 类的最终 abc 分类为 b 类；金额 abc 分类与品项 abc 分类只要有一个为 c 类的最终 abc 分类的 c 类。如图 5-24 中的 AH3:AI11 区域。

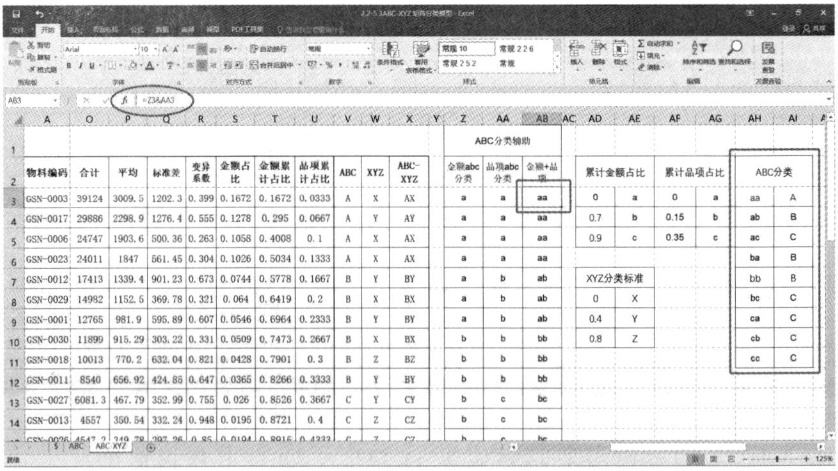

图 5-24　金额 abc 分类与品项 abc 分类相结合的分类

④最终 ABC 分类。V 列为最终的 ABC 分类列,在 V3 单元格输入如图 5-25 所示的公式"=LOOKUP(AB3,$AH$3:$AI$11)"并向下拖动,即可得出全部物料最终的 ABC 分类。公式中,LOOKUP 函数的第一个参数"AB3"是要查找的值,查找的是 AB3 单元格(GSN-0003 物料的金额 abc 分类与品项 abc 分类结合);第二个参数"$AH$3:$AI$11"是查找区域,ABC 最终分类规则的区域(图中 5-25 的 AH3:AI11 区域,区域需要固定)。需要注意的是,LOOKUP 函数基础用法要查找区域中的第一列(或第一行)必须升序排列,"aa、ab、ca"等文本也需要升序排列。

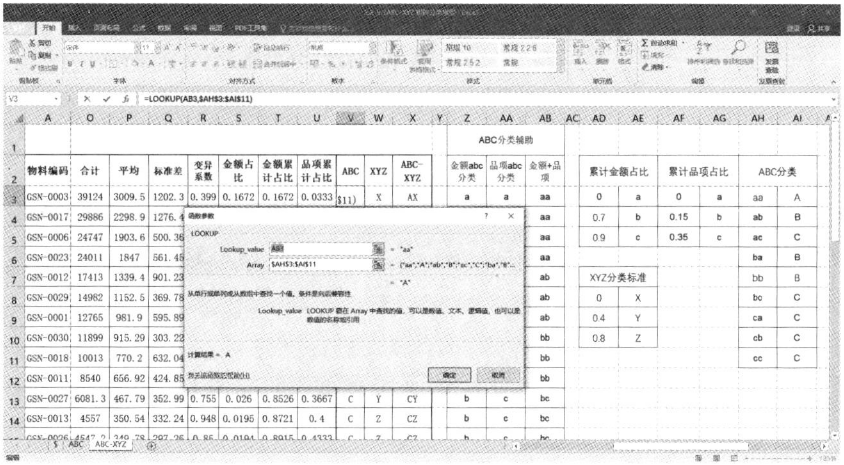

图 5-25　ABC 的最终分类

以上四步是以增加辅助列的方式来进行公式设计。增加辅助列,步骤清晰,容易理解,并且每一步的公式都不复杂;但增加辅助列会使页面变得复杂。本例也可以不使用辅助列,在 V3 单元格直接输入公式"=LOOKUP(LOOK-UP(T3,$AD$3:$AE$5)&LOOKUP(U3,$AF$3:$AG$5),$AH$3:$AI$11)"可以得到和增加辅助列同样的结果,如图 5-26 所示。

图 5-26　无辅助列的 ABC 分类

公式中，"LOOKUP(T3,$AD$3:$AE$5)&LOOKUP(U3,$AF$3:$AG$5)"一起作为第一个 LOOKUP 函数的第一个参数。其中，"LOOKUP(T3,$AD$3:$AE$5)"就是金额 abc 分类（有辅助列公式中的 Z3 单元格），"LOOKUP(U3,$AF$3:$AG$5)"就是品项 abc 分类（有辅助列公式中的 AA3 单元格），用"&"将这两者连接就是金额 abc 分类与品项 abc 分类的结合（有辅助列公式中的 AB3 单元格）。

（2）XYZ 分类

本例中，XYZ 分类时以变异系数小于 0.4 的为 X 类，在 0.4（含）～0.8 的为 Y 类，0.8（含）以上的为 Z 类。根据此规则，可以用 LOOKUP 函数进行 XYZ 分类，如图 5-27 所示。

W3 单元格公式为"=LOOKUP(R3,$AD$8:$AE$10)"。其中 LOOKUP 函数的第一个参数"R3"是要查找的值，查找的是 R3 单元格（GSN-0003 物料的变异系数）；第二个参数"$AD$8:$AE$10"是查找区域，描写 XYZ 分类规则的区域,此区域中的第一列已升序排列。

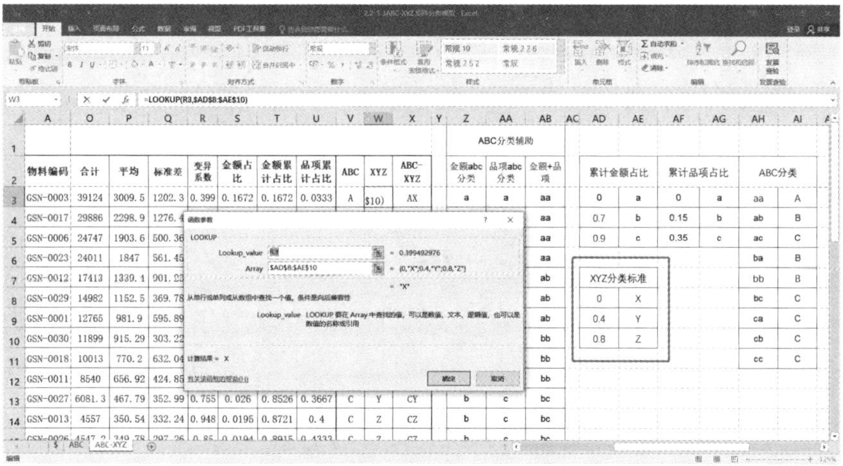

图 5-27　LOOKUP 函数基础用法 XYZ 分类

　　LOOKUP 函数的基础形式总是找到小于或等于查找值的最大值,当找不到查找值 0.4 时,找到的是比 0.4 小的最大值 0;当找不到查找值 0.8 时,找到的是比 0.8 小的最大值 0.4。即变异系数不大于 0.4 的,找到的都是 0,返回"X";变异系数大于或等于 0.4 并小于 0.8 的,找到的都是 0.4,返回"Y";变异系数大于或等于 0.8 的,找到的都是 0.8,返回"Z"。

　　向下拖动 W3 单元格,即可得出全部物料的 XYZ 分类。

　　(3)ABC-XYZ

　　在得出 ABC 分类和 XYZ 分类之后,可以简单地使用连接符"&"连接 ABC 分类结果和 XYZ 分类结果,得出 ABC-XYZ 矩阵的最终分类,如图 5-28 所示。本例的 ABC-XYZ 矩阵的最终分类在 X 列。至此,完成了 ABC-XYZ 矩阵模型的全部公式设计。

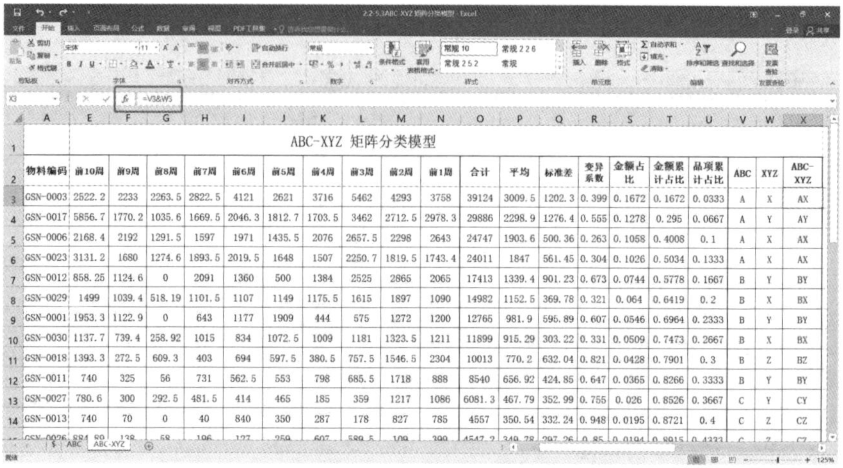

物料编码	前10周	前9周	前8周	前7周	前6周	前5周	前4周	前3周	前2周	前1周	合计	平均	标准差	变异系数	金额占比	金额累计占比	品项累计占比	ABC	XYZ	ABC-XYZ
GSN-0003	2522.2	2233	2263.5	2822.5	4121	2621	3716	5462	4293	3758	39124	3009.5	1202.3	0.399	0.1672	0.1672	0.0333	A	X	AX
GSN-0017	5856.7	1770.2	1035.6	1669.5	2046.3	1812.7	1703.5	3462	2712.5	2978.3	29886	2298.9	1276.4	0.555	0.1278	0.295	0.0667	A	Y	AY
GSN-0006	2168.4	2192	1291.5	1597	1971	1435.5	2076	2657.5	2298	2643	24747	1903.6	500.36	0.263	0.1058	0.4008	0.1	A	X	AX
GSN-0023	3131.2	1680	1274.6	1893.5	2019.5	1648	1507	2250.7	1819.5	1743.4	24011	1847	561.45	0.304	0.1026	0.5034	0.1333	A	X	AX
GSN-0012	858.25	1124.6	0	2091	1360	500	1384	2525	2865	2065	17413	1339.4	901.23	0.673	0.0744	0.5778	0.1667	B	Y	BY
GSN-0029	1499	1039.4	518.19	1101.5	1107	1149	1175.5	1615	1897	1090	14982	1152.5	369.78	0.321	0.064	0.6419	0.2	B	X	BX
GSN-0001	1953.3	1122.9	0	643	1177	1909	444	575	1272	1200	12765	981.9	595.89	0.607	0.0546	0.6964	0.2333	B	Y	BY
GSN-0030	1137.7	739.4	258.92	1015	834	1072.5	1009	1181	1323.5	1211	11899	915.29	303.22	0.331	0.0509	0.7473	0.2667	B	X	BX
GSN-0018	1393.3	272.5	609.3	403	694	597.5	380.5	757.5	1546.5	2304	10013	770.2	632.04	0.821	0.0428	0.7901	0.3	B	Z	BZ
GSN-0011	740	325	56	731	562.5	553	798	685.5	1718	888	8540	656.92	424.85	0.647	0.0365	0.8266	0.3333	B	Y	BY
GSN-0027	780.6	300	292.5	481.5	414	465	185	359	1217	1086	6081.3	467.79	352.99	0.755	0.026	0.8526	0.3667	C	Y	CY
GSN-0013	740	70	0	40	840	350	287	178	827	785	4557	350.54	332.24	0.948	0.0195	0.8721	0.4	C	Z	CZ

图 5-28　ABC-XYZ 矩阵

5.4　多条件查找 LOOKUP 函数：应付账款汇总表(全表设计)

查找三剑客中，VLOOKUP 函数与 HLOOKUP 函数解决的都是单条件查找，即根据一个条件查找一个结果。当需要以多个条件查找一个结果时，VLOOKUP 函数与 HLOOKUP 函数一般是无能为力的，这时就需要请出他们的大哥 LOOKUP 函数。

5.4.1　LOOKUP 函数多条件查找的参数

LOOKUP 函数在进行多条件查找时，其语法是"=LOOKUP(1,0/((条件区域 1=条件 1)*(条件区域 2=条件 2)*…)，返回值的区域)"。"条件区域=条件"可以有若干个，即多条件，LOOKUP 函数最多可以支持 127 个条件，完全满足供应链管理实战的需要。

LOOKUP 函数在多条件查找时的语法形式是由 LOOKUP 函数的基础形式推导而来的,其推导过程有点复杂,对于供应链管理应用来说没有必要深究,故本书不进行这方面的讲述,只要记住,在多条件查找时按上面的语法设置公式即可。

(1)"1,0/"可以理解为 LOOKUP 函数多条件查找时的固定语法形式。

(2)"((条件区域 1=条件 1)*(条件区域 2=条件 2)*…)"为条件描述。一个等式代表一个条件,中间以乘号相连,LOOKUP 函数最多可支持 127 个条件。条件语句中的"=",在实战中可以是相等"=",也可以是比较(如大于">"、小于"<"、不等于"< >"、大于或等于"> ="、小于或等于"< ="等)。

(3)"返回值的区域"为结果所在的区域。

LOOKUP 函数的多条件查找形式不要求对查找区域进行排序,这点和基础形式不一样,使用起来更加便捷。

5.4.2　应付账款汇总表的结构与逻辑

应付账款汇总表如图 5-29 所示。本表是笔者为某公司所做物料库存与应付汇总表中的一张表,列出了该公司全部供应商(供应商名称在图 5-29 中做了处理,以供应商 1 到供应商 n 代替),其结构、数据来源及逻辑关系如下。

(1)本表 A 至 E 列列出了每一个供应商的上期应付余额、本期到货金额、本期付款金额和本期付款余额。上期应付余额、本期到货金额和本期付款金额以 LOOKUP 函数在"供应商应付明细表"中引入;本期付款余额等于上期应付余额加上本期到货金额减去本期付款金额。如图 5-30 所示,为"供应商应付明细表",其数据来源于"采购入库流水表"和"现金收支明细表",用 SUMIFS 函数获取,详细请参考第 3 章第 5 节的"应收与库存总表"。

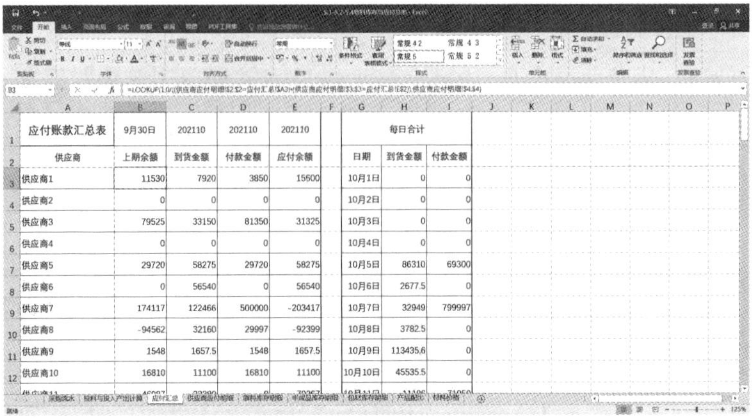

应付账款汇总表	9月30日	202110	202110	202110		每日合计		
供应商	上期余额	到货金额	付款金额	应付余额		日期	到货金额	付款金额
供应商1	11530	7920	3850	15600		10月1日	0	0
供应商2	0	0	0	0		10月2日	0	0
供应商3	79525	33150	81350	31325		10月3日	0	0
供应商4	0	0	0	0		10月4日	0	0
供应商5	29720	58275	29720	58275		10月5日	86310	69300
供应商6	0	56540	0	56540		10月6日	2677.5	0
供应商7	174117	122466	500000	-203417		10月7日	32949	799997
供应商8	-94562	32160	29997	-92399		10月8日	3782.5	0
供应商9	1548	1657.5	1548	1657.5		10月9日	113435.6	0
供应商10	16810	11100	16810	11100		10月10日	45535.5	0

图 5-29　应付账款汇总表

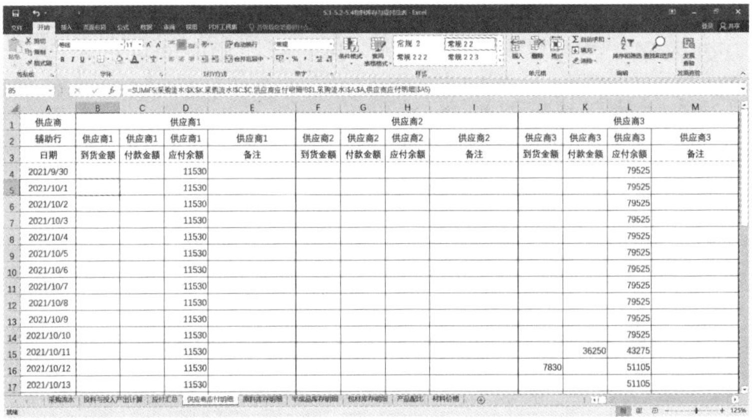

供应商	供应商1				供应商2				供应商3			
辅助行	供应商1	供应商1	供应商1	供应商1	供应商2	供应商2	供应商2	供应商2	供应商3	供应商3	供应商3	供应商3
日期	到货金额	付款金额	应付余额	备注	到货金额	付款金额	应付余额	备注	到货金额	付款金额	应付余额	备注
2021/9/30			11530								79525	
2021/10/1			11530								79525	
2021/10/2			11530								79525	
2021/10/3			11530								79525	
2021/10/4			11530								79525	
2021/10/5			11530								79525	
2021/10/6			11530								79525	
2021/10/7			11530								79525	
2021/10/8			11530								79525	
2021/10/9			11530								79525	
2021/10/10			11530								79525	
2021/10/11			11530							36250	43275	
2021/10/12			11530						7830		51105	
2021/10/13			11530								51105	

图 5-30　供应商应付明细表

上期应付余额为“供应商应付明细表”的期初余额(第 3 行)，本期到货金额及本期付款金额分别分到货金额及付款金额的合计数(第 36 行)。

(2)应付账款汇总表的 G 列至 I 列为每日到货金额及付款金额明细及月度合计数。采用 SUMIFS 函数从“供应商应付明细表”中获取。SUMIFS函数的具体操作及公式设置请参考第 3 章第 5 节，此处不再赘述。

5.4.3 应付账款汇总表的公式设计

如图 5-30 所示,供应商应付明细表列出了每一家供应商每一天的到货金额、付款金额、应付余额以及备注共四列,出于查看的直观性和人工工作的习惯,往往将第 1 行的供应商合并居中。

不过照顾了习惯却照顾不了公式,如图 5-30 这种情况的公式就不太好设置(当然也能设置,但会非常复杂并容易出错)。出现这种情况,可以采取插入辅助行或辅助列的方式进行解决。

在表中的第 1 行("供应商"行)下插入一个辅助行(如表格中的第 2 行),此行数据不合并,将其直接等于第 1 行的供应。插入辅助行后,就可以进行应付账款汇总表的公式设计。

1. 期初余额的公式设置

如图 5-31 所示,先进行上期余额(期初余额)公式的设置。B3 单元格的公式为"=LOOKUP(1,0/((供应商应付明细!2:2=A3)*(供应商应付明细!3:3=E2)),供应商应付明细!4:4)"。

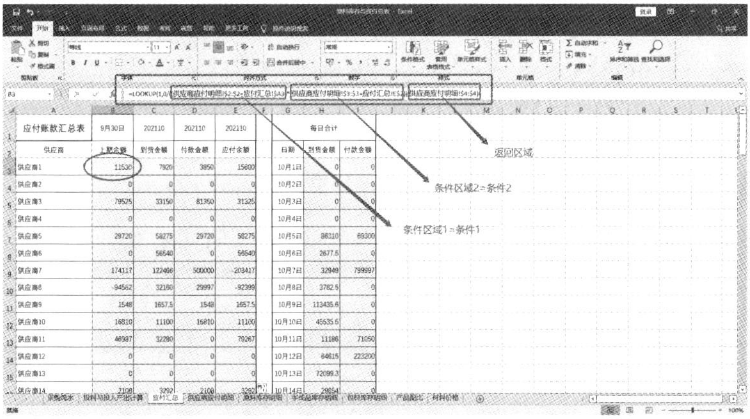

图 5-31 多条件查找公式设置

LOOKUP 函数进行多条件查找的语法形式是"＝LOOKUP(1,0/((条件区域 1＝条件 1)*（条件区域 2＝条件 2)* …),返回值的区域)"，其中"1,0/"是固定格式。其他参数在本例中表达的含义如下：

(1)第 1 个条件区域是"供应商应付明细! 2:2"(供应商应付明细表的第 2 行，即辅助行供应商名称)。

(2)第 1 个条件是"A3"(应付账款汇总表的 A3 单元格，即供应商名称<供应商 1>)。

(3)第 2 个条件区域是"供应商应付明细! 3:3"(供应商应付明细表的第 3 行，即列示到货金额、付款金额、应付余额以及备注的那一行)。

(4)第 2 个条件是"E2"(应付账款汇总表的 E2 单元格，即应付余额，B3 单元格期初余额要查找的也是"应付余额")。

(5)返回值的区域是"供应商应付明细! 4:4"(供应商应付明细表的第 4 行，即期初应付余额的那一行)。

以上可理解为：应付账款汇总表中"供应商 1"的期初余额，需要在供应商应付明细表的第 4 行上期应付余额这一行查找。查找条件有两个：第一个是供应商应付明细表供应商的名称等于"供应商 1"；第二个查找的是"应付余额"。两个条件相结合，即得出查找结果。

设置好 B3 单元格公式，为了便于拖动或复制公式，将公式中的相关行列固定，B3 单元格最终公式为"＝LOOKUP(1,0/((供应商应付明细! $2:$2＝应付汇总! $A3)*（供应商应付明细! $3:$3＝应付汇总! E$2)),供应商应付明细! $4:$4)"。向下拖动 B3 单元格，即可得出全部供应商的期初余额。

2. 到款金额与付款金额公式设置

向右拖动 B3 单元格到 C3 单元格，C3 单元格的公式在 B3 单元格公式的基础上修改，公式为"＝LOOKUP(1,0/((供应商应付明细! $2:$2＝应付汇总! $A3)*（供应商应付明细! $3:$3＝应付汇总! C$2)),供应商应付明细! $36:$36)"。

C3 单元格的公式和 B3 单元格的公式设计思路完全一致。这两个公式第 1 个条件区域、第 1 个条件、第 2 个条件区域完全相同。不同的有两处：一是第 2 个条件不同，B3 单元格的第 2 个条件是"E2"（即"应付余额"），C3 单元格的第 2 个条件是 C2（即"到货金额"），代表 C3 单元格要查找的是"到货金额"；二是返回值的区域不同，B3 单元格返回值的区域是"供应商应付明细表"的第 4 行（即期初余额行），C3 单元格返回值的区域是"供应商应付明细表"的第 36 行（即期末合计行），代表 C3 单元格返回的是本月的合计到货金额。

D3 单元格的公式和 C3 单元格的公式几乎完全一样，可拖动或复制 C3 单元格的公式进行修改，其公式为"= LOOKUP(1,0/((供应商应付明细! $2:$2= 应付汇总! $A3)* (供应商应付明细! $3:$3= 应付汇总! D$2))，供应商应付明细! $36:$36)"。

D3 单元格与 C3 单元格的公式唯一不同的是第 2 个条件不同，C3 单元格的第 2 个条件是 C2（即"到货金额"），D3 单元格的第 2 个条件是 D2（即"付款金额"），代表 D3 单元格要查找的是"付款金额"。将 C3、D3 单元格向下拖动，即可得出全部供应商本月的到货金额和付款金额。

3. 应付余额（本期余额）**公式设计**

应付余额等于上期应付余额加上本期到货金额减去本期付款金额。E3 单元格公式可以简单地以加减乘除进行设置，公式为"= B3+C3- D3"。同样向下拖动公式，完成全部供应商应付余额的计算。

5.5　LOOKUP 函数逆向查找和查找最后一个数

5.5.1　逆向查找

LOOKUP 函数实现多条件查找时，主要以"((条件区域 1= 条件 1)* (条件区域 2=条件 2)* …)"的形式来处理多个条件。LOOKUP 函数的条件可以有若干多个(最多可支持 127 个条件)，也可以只有一个，即单条件查找，其语法形式是"= LOOKUP(1,0/((条件区域 1=条件 1)，返回值的区域)"。

当 LOOKUP 函数只有一个条件时，起到的就是单条件查找 VLOOKUP 函数与 HLOOKUP 函数的作用。但 LOOKUP 函数比它们更进一步，不仅能够如它们般纵向与横向查找，而且能够实现它们所不具备的逆向查找功能。LOOKUP 函数是一个可以正向逆向、上下左右、单条件、多条件全方位查找的高手。

如图 5-32 所示是一个 LOOKUP 函数逆向查找的例子。一个在以加权移动平均进行预测的预测模型中，需要根据物料编码查找物料大类。物料大类与物料编码的原始表如图 5-33 所示。

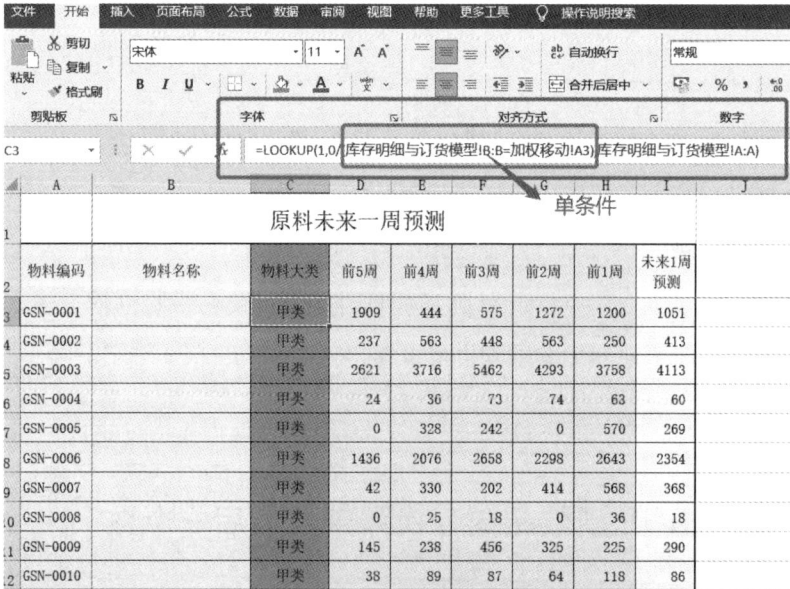

图 5-32　LOOKUP 函数逆向查找

	A	B	C	D	E	F	G	H	I
1	原料库存明细与订货模型								
2	物料分类	物料编码	物料名称	订货提前期	急订提前期	包装规格	最小订货批量	ABC-XYZ	日均需求
3	甲类	GSN-0001		5	4	100	1000	BY	200
4	甲类	GSN-0002		5	4	25	200	CZ	41.6667
5	甲类	GSN-0003		5	4	500	5000	AX	626.333
6	甲类	GSN-0004		5	4	20	20	CY	10.5667
7	甲类	GSN-0005		5	4	50	100	CZ	95
8	甲类	GSN-0006		5	4	100	500	AX	440.5
9	甲类	GSN-0007		5	4	50	500	CY	94.6667
10	甲类	GSN-0008		5	3	20	20	CZ	6
11	甲类	GSN-0009		5	3	25	50	CY	37.5
12	甲类	GSN-0010		5	3	20	100	CX	19.6833
13	甲类	GSN-0011		5	3	50	500	BY	148

图 5-33　物料分类与物料编码原始表

物料分类与物料编码原始表中,物料分类(物料大类)在物料编码的左边,这种情况下用 VLOOKUP 函数时,可以用{1,0}数组的形式解决,但比较复杂,在实战中没必要,而 LOOKUP 函数的多(单)条件查找功能可轻松解决。

在预测表 C3 单元格输入公式“= LOOKUP(1,0/(库存明细与订货模型! B:B= 加权移动! A3),库存明细与订货模型! A:A)”,公式中只有一个条件,库存明细与订货模型的 B 列(物料编码列)等于预测表中的 A3 单元格(物料编码 GSN-0001),返回值的区域是库存明细与订货模型的 A 列(物料分类列),这样就可以查到物料 GSN-0001 所属的大类。

在单条件查找中,LOOKUP 一个函数能起到 VLOOKUP 和 HLOOKUP 两个函数的作用并且还能逆向查找,但它们的查找顺序不同。LOOKUP 函数查找的顺序是从后往前找,如有多个满足条件,查找到的为最后一个;而 VLOOKUP 函数和 HLOOKUP 函数是从前往后找,如有多个满足条件的,查找到的为第一个。比如图 5-32 的例子中,如果在原始表中出现两个“GSN-0001”,

VLOOKUP 和 HLOOKUP 两个函数找到的是第一个出现的，而 LOOKUP 函数找到的是最后一个出现的。

5.5.2　查找最后一个数

在供应链管理日常工作中，记录相关表格会碰到一种场景，需要找到最后一个数或最后一条记录，LOOKUP 函数能够有效地解决这个问题。查找最后一个数是 LOOKUP 函数的功能应用。

如图 5-34 所示，是一个物流费用统计表，发货是持续的，当月在不停地发货，新的物流记录也在不断地向下新增产生。当需要查找最后一笔发货记录时，比如查找最后一笔发货重量或最后一个发货的地区，LOOKUP 函数可以巧妙地解决问题。

图 5-34　LOOKUP 查找最后一个数

当查找最后一笔发货重量时,输入公式"=LOOKUP(9.9E+307,B:B)";当要查找最后一个发货地区时,输入公式"=LOOKUP("々",E:E)"。

查找最后一个数用的是 LOOKUP 函数的基础形式,以上两个公式都是两个参数,要查找的值和查找区域。

"9.9E+307"是 Excel 软件中所有数值中最大的数(9.9E+307 是科学记数法,指 9.9 后面有 307 个 0);"々"是 Excel 软件中所有文本的最大值。

为什么"=LOOKUP(9.9E+307,B:B)"和"=LOOKUP("々",E:E)"这种公式形式可以解决查找最后一个数呢?

(1)LOOKUP 函数总是找到小于或等于查找值的最大值,如果我们用一个非常大的值(正常情况下表格中不可能出现的值,比如"9.9E+307"和"々")作为要查找的值,那么,正常情况下在查找区域中一定不会找到这个非常大的值,这时,LOOKUP 函数所找到的,就是比这个不可能出现大的值要小的一个最大值,也就是查找区域的最大值。

以上所说的就是用一个正常表格中不可能出现非常大的值作为要查找的值,其结果总是找到查找区域的最大值。

(2)LOOKUP 函数基础形式的查找区域要求升序排列,其含义是使用 LOOKUP 函数时,Excel 默认查找区域是升序排序,如果没有进行升序排列,LOOKUP 函数也会默认为查找区域是升序排列。这样,在查找区域整个数列的最右一列(或最下一行),或者单行单列的最右边的一个数(或最下面的一个数),就是 LOOKUP 函数认为的查找区域的最大值。

综合以上两点,就实现了找到最后一个数的功能。

第 06 章　两对好组合

Excel 中查找三剑客指的是 VLOOKUP 函数、HLOOKUP 函数和 LOOKUP 函数,而两对好组合指的是无间组合 INDEX 与 MATCH,以及万能组合 INDEX、SMALL 与 IF。

6.1　无间组合 INDEX 与 MATCH:生产缺料记录表 （全表设计）

Excel 软件查找三剑客中,VLOOKUP 函数解决的是纵向查找问题,HLOOKUP 函数解决的是横向查找问题,而 LOOKUP 函数则可以实现纵向横向、正向逆向、上下左右、单条件、多条件全方位查找,是查找界的绝顶高手。

除了 LOOKUP 函数,在 Excel 中还有一对无间组合 INDEX 函数与 MATCH 函数,也能实现这种查找。

除此之外,它们和 LOOKUP 函数从后往前查找不一样,而是从前往后查找。即 INDEX 函数 + MATCH 函数的查找顺序与 VLOOKUP 函数和 HLOOKUP 函数一样,当有多个满足条件时,查找的是第一个。

在 Excel 中,对 INDEX 函数的描述是"在给定的单元格区域中,返回特定行列交叉处单元格的值或引用",对 MATCH 函数的描述是"返回符合特定值、特定顺序的项在数组中的相对位置"。用通俗的语言表达就是:INDEX 函数的作用是找到指定位置的内容,MATCH 函数的作用是找到指定区域中的位置。

它们两个函数,一个是想要根据指定位置查找内容,另一个就会帮忙找到指定位置,这正是一个要补锅,一个要锅补,成就了一对焦不离孟、孟不离焦的无间组合。

6.1.1 INDEX 函数参数

如图 6-1 所示,INDEX 函数有两种参数组合方式:数组方式和引用方式。在供应链管理实战中,引用方式很少使用或几乎不使用,因此,本书只介绍 INDEX 函数的数组方式。

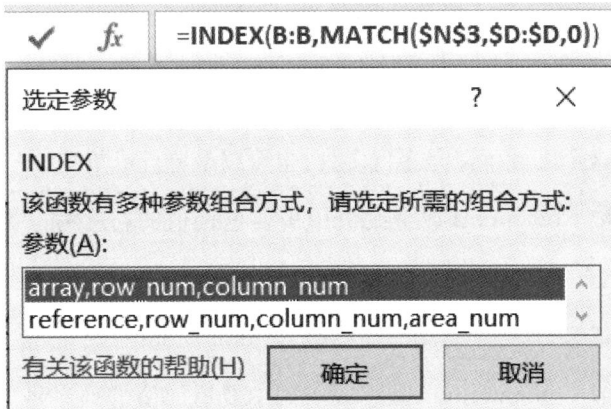

图 6-1 INDEX 函数参数的两种组合方式

如图 6-2 所示,对 INDEX 函数数组方式的描述是"在给定的单元格区域中，返回特定行列交叉处单元格的值或引用"，其语法为"INDEX（Array，Row_num，Column_num）"。用中文翻译即为"INDEX（查找区域，查找第几行，查找第几列）"。

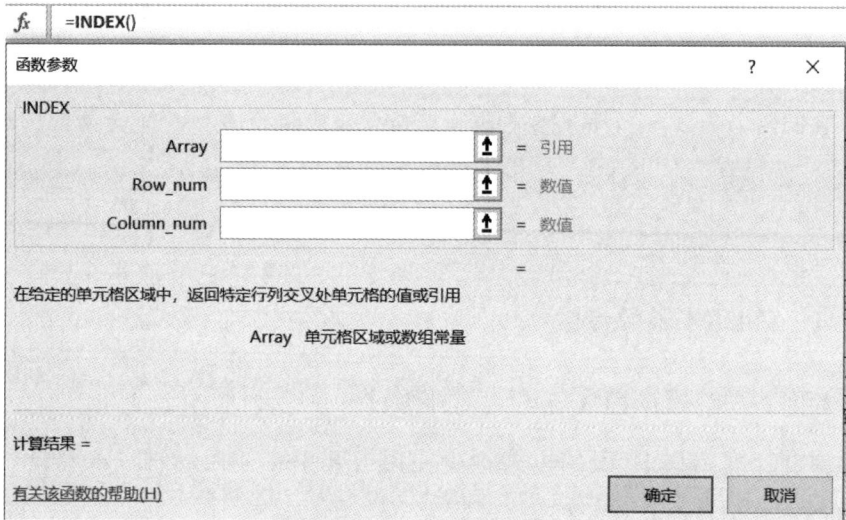

图 6-2　INDEX 函数数组方式

第一个参数 Array，单元格区域或数组常量。它指的是查找区域（查找结果所在的区域），这个区域可以是多行多列，也可以是单行或单列。

第二个参数 Row_num，数组或引用中要返回值的行序号。它指的是在第几行查找，即在查找区域中 INDEX 函数需要查找的是第几行。第二个参数可以忽略。如果忽略，则必须有第三个参数 Column_num。

第三个参数 Column_num，数组或引用中要返回值的列序号。它指的是在第几列查找，即在查找区域中，INDEX 函数需要查找的是第几列。第三个参数也可以忽略。如果忽略，则必须有第二参数 Row_num（即第二个参数、第三个参数至少要有一个）。

第二个参数与第三个参数的结合，就是一个行列交叉点，这个行列交叉点所在的单元格就是 INDEX 函数最终要找到的单元格。

如果第一个参数查找区域为单行，那么第二个参数可以写“1”，也可以省略。如果第一个参数查找区域为单列，那么第三个参数可以写“1”，也可以省略。

6.1.2　INDEX 函数模拟实例：配方明细表中成品编码与配方成本的查找

如图 6-3 所示，是模拟某公司的“配方明细表”，如果需要查找表中第 9 列的成品编码及配方成本，就可以使用 INDEX 函数简单实现。

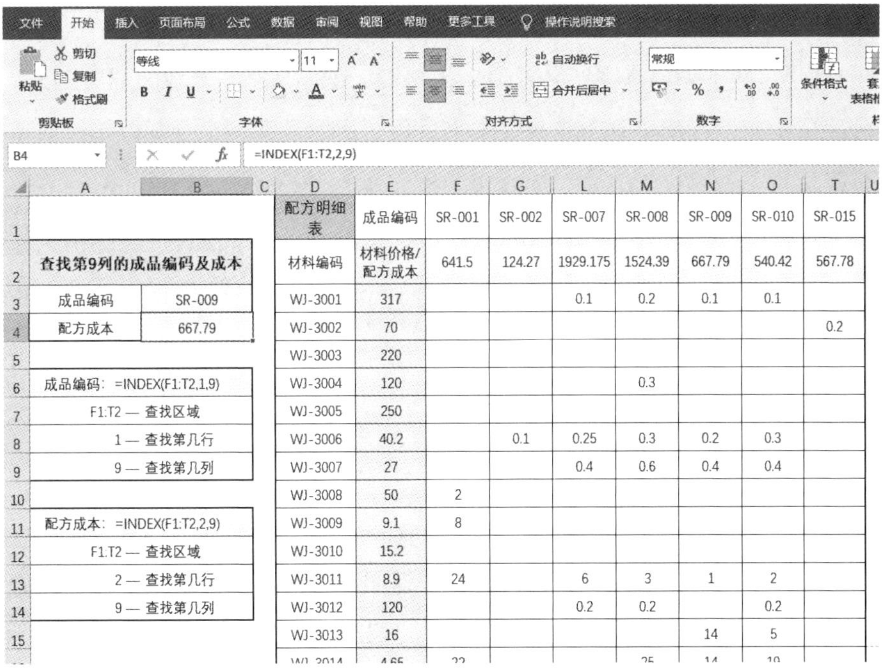

	A	B
2	查找第9列的成品编码及成本	
3	成品编码	SR-009
4	配方成本	667.79
6	成品编码：=INDEX(F1:T2,1,9)	
7	F1:T2 — 查找区域	
8	1 — 查找第几行	
9	9 — 查找第几列	
11	配方成本：=INDEX(F1:T2,2,9)	
12	F1:T2 — 查找区域	
13	2 — 查找第几行	
14	9 — 查找第几列	

配方明细表	成品编码	SR-001	SR-002	SR-007	SR-008	SR-009	SR-010	SR-015
材料编码	材料价格/配方成本	641.5	124.27	1929.175	1524.39	667.79	540.42	567.78
WJ-3001	317			0.1	0.2	0.1	0.1	
WJ-3002	70							0.2
WJ-3003	220							
WJ-3004	120				0.3			
WJ-3005	250							
WJ-3006	40.2		0.1	0.25	0.3	0.2	0.3	
WJ-3007	27			0.4	0.6	0.4	0.4	
WJ-3008	50	2						
WJ-3009	9.1	8						
WJ-3010	15.2							
WJ-3011	8.9	24		6	3	1	2	
WJ-3012	120			0.2	0.2		0.2	
WJ-3013	16					14	5	

图 6-3　配方明细表

在 B3 和 B4 单元格分别输入公式：B3 单元格成品编码“= INDEX(F1:T2,1,

9)；B4 单元格配方成本＝INDEX(F1:T2,2,9)。

公式中，INDEX 函数的第一参数是"F1：T2"，指的是查找区域，需要在"F1：T2"这个区域进行查找；第二参数是"1"，指的是在第几行查找（成品编码在第 1 行查找，配方成本在第 2 行查找）；第三个参数都是"9"，指的是在第 9 列查找。第二个参数与第三个参数结合的交叉处，就是 INDEX 函数最终要找到的单元格。

B3 单元格成品编码＝INDEX(F1:T2,1,9)，"F1:T2"区域的第 1 行第 9 列即是"SR-009"。B4 单元格配方成本＝INDEX(F1:T2,2,9)，"F1:T2"区域的第 2 行第 9 列即是"667.79"

上述这个案例是一个模拟的用 INDEX 函数在多行多列区域查找的案例。不过，在供应链管理实战中，很少用 INDEX 函数处理多行多列的数据，其绝大部分应用是在单行或单列中查找。本书后面的讲解及案例也全部以单行或单列进行讲解。

另外，即使是在单行或单列中查找，一般情况下也不会出现已经知道第几行或第几列的情况下。比如上例中已经知道第 1 行第 9 列。在实战中，这第几行（或第几列）往往是不知道的，这就需要 INDEX 函数的无间组合 MATCH 函数来帮忙。

6.1.3　MATCH 函数参数

Excel 中，对 MATCH 函数的描述是"返回符合特定值特定顺序的项在数组中的相对位置"。其语法为，"MATCH(Lookup_value,Lookup_array,[Match_type])"，用中文翻译即是"MATCH(要查找的值,查找区域,[查找方式])"，如图 6-4 所示。

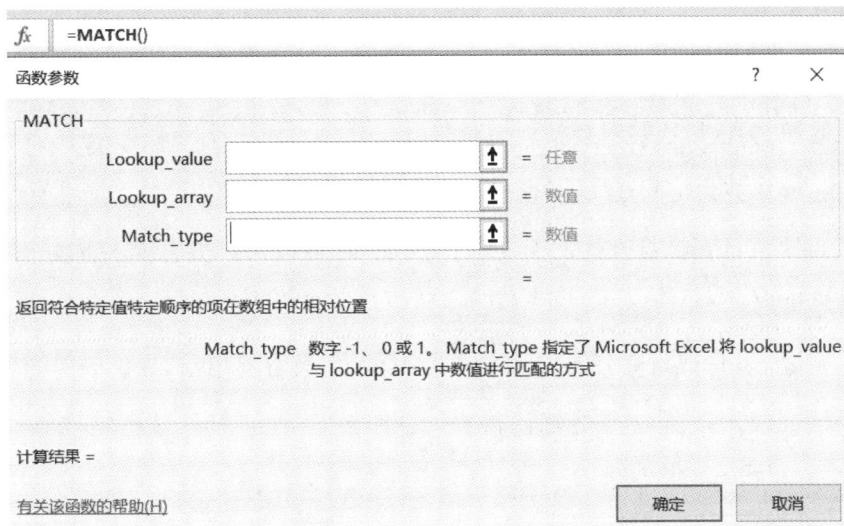

图 6-4　MATCH 函数参数

MATCH 函数的作用是找出要查找的值在查找区域中的位置，这和 LOOKUP 函数的作用不同，LOOKUP 函数查找的是内容。

第一个参数 Lookup_value，在数组中所要查找匹配的值，可以是数值、文本或逻辑值，或者对上述类型的引用。第一个参数可以直观地形容为"找什么"。

第二个参数 Lookup_array，含有要查找的值的连续单元格区域，一个数组，或是对某数组的引用。它指的是查找区域，这个查找区域是连续的单元格区域（在实战中可以简单地理解为 MATCH 函数的查找区域必须是单行或单列）。"含有要查找的值"是指第一个参数必须要在第二个参数（查找区域）中存在，即要能够找到，如果找不到（不存在），函数就会出错。

第三个参数 Match_type，数字-1、0 或 1。它指定了 Excel 将第一个参数与第二个参数中数值进行匹配的方式。第三个参数指的是查找方式，参数可以选择输入-1、0 或 1。用中括号[]括起，代表第三个参数可以省略，如果省略，则函数默认为 1。

第三个参数如果选 1 或省略，表示 MATCH 函数会查找小于或等于要查找的值的最大值，并且要求查找区域必须升序排列。第三个参数如果是 0，表示 MATCH 函数会精准查找，对查找区域排序没有要求。第三个参数如果选 −1，表示 MATCH 函数会查找大于或等于查找的值的最小值，并且要求查找区域必须降序排列。

显然，选 1（或省略）和 −1 都会非常麻烦，并且容易出错，在供应链管理实战中很少使用。所以本书建议摒弃，直接输 0 即可，即只采用精准查找的方式。

6.1.4　MATCH 函数模拟实例：库存明细表中物料位置的查找

如图 6-5 所示，是一个模拟的例子，以此来介绍 MATCH 函数的使用。本例需要解决的问题是：已知 A4 单元格的物料编码（WBC-10535），需要查找此编码在 F 列全部物料编码中的位置，即从 WBC-10103 开始，从上到下排多少位。

用 MATCH 函数可以轻松地解决这个问题，输入公式"= MATCH(A4,F3:F22,0)"即可得出结果"17"，即"WBC-10535"物料是全部物料的第 17 个（从上往下数）。

公式中，MATCH 函数的第一个参数"A4"是要查找的值（找什么），查找的是 A4 单元格的内容，即物料编码"WBC-10535"；第二个参数"F3:F22"是查找区域（在哪里找），在 F3:F22 这个区域，即全部物料编码中内找；第三个参数"0"是查找方式，即精准查找。

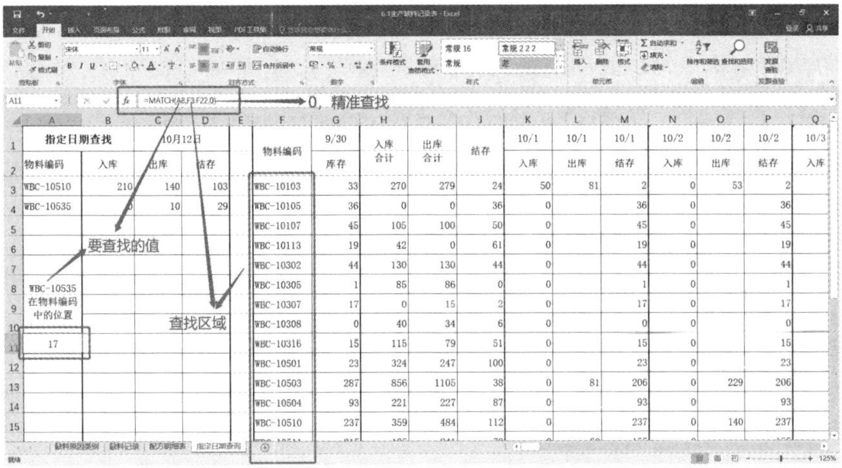

图 6-5　库存明细表物料位置查找

6.1.5　INDEX＋MATCH

以上分别介绍了 INDEX 函数和 MATCH 函数的参数，以及他们所要解决
的问题。INDEX 函数是通过指定位置找到该位置中的内容，MATCH 函数是
通过要查找的值找到其在区域中的位置。

在实际工作中，INDEX 函数中的位置往往是事前不知道的，而 MATCH 函
数恰好能够通过要查找的值找到指定位置，即以 MATCH 函数通过要查找的
值，找到这个值在指定区域中的位置，再用 INDEX 函数找到我们需要查询的
数。INDEX 函数和 MATCH 函数在实战中是一对亲密无间的组合。

INDEX 函数和 MATCH 函数组合形式的公式是"= INDEX(结果值的区
域,MATCH(要查找的值,查找区域,0))"。这里，"MATCH(要查找的值,查找
区域,0)"担当 INDEX 函数的第二个参数,INDEX 函数的第三个参数省略。在
供应链管理实战中,用 INDEX 函数在跨行列区域内查找的并不多,所以可以记

住省略第三个参数的形式。

因为 INDEX 函数两个参数涉及的两个区域是独立的，所以 INDEX 函数与 LOOKUP 函数一样，也可以实现纵向横向、正向逆向、上下左右全方位的查找功能。同时需要注意，和 LOOKUP 函数不同的是，INDEX＋MATCH 查找顺序是从前往后查找，如果有多个满足条件，查找到的为第一个。

6.1.6 生产缺料记录表的结构与逻辑关系

A 公司是一家电商公司，生产工艺简单，生产提前期短，绝大部分产品从生产计划接入到包装完成入库只需要 4 个小时，但发货的时效要求较高，超过 90％的订单是当天接单当天发货或最迟次日发货。

为了解决发货时效问题，A 公司备了一部分产品的成品库存，但他们公司的产品大多数是有一定程度的定制的（客户个性化需求），成品库存只能解决一部分问题（约 35％左右）。大部分需求仍然采取的是 MTO 方式，即接单后才组织生产。

影响 A 公司及时交付的，主要有两个方面的问题：一是产能不足；二是物料供应出现问题，生产缺料同时也会影响生产计划，从而影响产能。产能不足的原因及解决方法，以及物料供应问题的具体解决方法本书不讨论，在此只谈一谈解决物料供应问题时，记录生产缺料的一个表格"生产缺料记录表"，如图 6-6 所示。

此"生产缺料记录表"的作用主要有三个：一是分析缺料原因，以便针对性地进行解决；二是明确各方责任，减少问题发生时的相互推拖责任现象；三是对相关部门和责任人进行考核。正因为有这三个方面的作用，所以生产缺料的记录就非常重要。

为了避免记录时各部门对缺料原因有分歧和争议，A 公司分析了生产缺料的可能原因，足足列出了 49 种之多，涉及 10 个大大小小的部门，如图 6-7 所示，并将不同的原因划归各相关部门。在实际发生缺料时，生产缺料记录人员在这 49 种原因中选择一个即可，这样就避免了主观误判和相互推拖的现象。

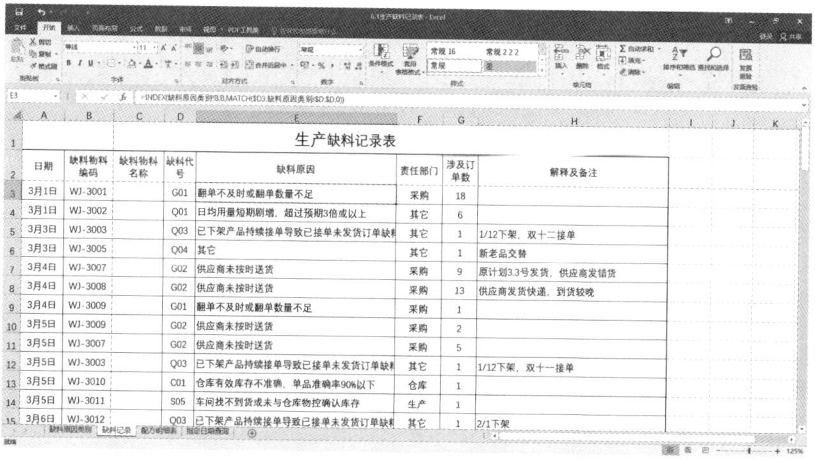

生产缺料记录表

日期	缺料物料编码	缺料物料名称	缺料代号	缺料原因	责任部门	涉及订单数	解释及备注
3月1日	WJ-3001		G01	翻单不及时或翻单数量不足	采购	18	
3月1日	WJ-3002		Q01	日均用量短期剧增，超过预期3倍或以上	其它	6	
3月3日	WJ-3003		Q03	已下架产品持续接单导致已接单未发货订单缺料	其它	1	1/12下架，双十二接单
3月3日	WJ-3005		Q04	其它	其它	1	新老品交替
3月4日	WJ-3007		G02	供应商未按时送货	采购	9	原计划3.3号发货，供应商发错货
3月4日	WJ-3008		G02	供应商未按时送货	采购	13	供应商发货快递，到货较晚
3月4日	WJ-3009		G01	翻单不及时或翻单数量不足	采购	1	
3月5日	WJ-3009		G02	供应商未按时送货	采购	2	
3月5日	WJ-3007		G02	供应商未按时送货	采购	5	
3月5日	WJ-3003		Q03	已下架产品持续接单导致已接单未发货订单缺料	其它	1	1/12下架，双十一接单
3月5日	WJ-3010		C01	仓库有效库存不准确，单品准确率90%以下	仓库	1	
3月5日	WJ-3011		S05	车间找不到货或未与仓库物控确认库存	生产	1	
3月6日	WJ-3012		Q03	已下架产品持续接单导致已接单未发货订单缺料	其它	1	2/1下架

图 6-6　生产缺料记录表

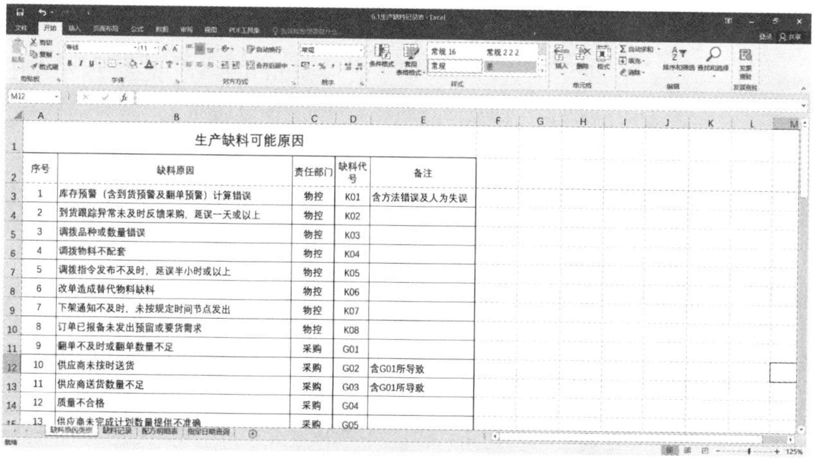

生产缺料可能原因

序号	缺料原因	责任部门	缺料代号	备注
1	库存预警（含到货预警及翻单预警）计算错误	物控	K01	含方法错误及人为失误
2	到货跟踪异常未及时反馈采购，延误一天或以上	物控	K02	
3	调拨品种或数量错误	物控	K03	
4	调拨物料不配套	物控	K04	
5	调拨指令发布不及时，延误半小时或以上	物控	K05	
6	改单造成替代物料缺料	物控	K06	
7	下架通知不及时，未按规定时间节点发出	物控	K07	
8	订单已报备未发出预留或要货需求	物控	K08	
9	翻单不及时或翻单数量不足	采购	G01	
10	供应商未按时送货	采购	G02	含G01所导致
11	供应商送货数量不足	采购	G03	含G01所导致
12	质量不合格	采购	G04	
13	供应商未完成计划数量提供不准确	采购	G05	

图 6-7　生产缺料可能原因

图 6-6 中，“生产缺料记录表”主要记录日期、缺料物料编码、缺料物料名称、

缺料代号、缺料原因、责任部门、涉及订单数、解释及备注等几项。

（1）日期、缺料物料编码、缺料物料名称。日期与缺料物料编码由记录人员人工输入，缺料物料名称使用 VLOOKUP 函数从上文"物料编码表"或"库存明细表"中导入。

（2）缺料代号、缺料原因、责任部门。缺料代号由记录人员依据图 6-7 所示的"生产缺料可能原因表"中的缺料代号人工输入。缺料原因和责任部门使用无间组合 INDEX 函数＋MATCH 函数从此表中导入。

（3）涉及订单数与备注。指因缺料而影响的不能及时交付的订单笔数，以及对一些情况的说明，由记录人员人工输入。

6.1.7 生产缺料记录表的公式设计

"生产缺料记录表"的公式较少，就 3 列有公式。这 3 列中，C 列缺料物料名称用 VLOOKUP 函数从上文的"库存明细表"中导入，E 列和 F 列可以用 IN-DEX 函数＋MATCH 函数组合来解决。

如图 6-8 所示，在 E3 单元格输入公式"＝INDEX（缺料原因类别! B:B, MATCH（$D3,缺料原因类别! $D:$D,0））"。公式中："缺料原因类别! B:B"（即"缺料原因类别"工作表的 B 列）是 INDEX 函数的第一个参数（查找区域，在哪里找）；"MATCH（$D3,缺料原因类别! $D:$D,0）"是 INDEX 函数的第二个参数（行序号，在第几行找），本例 INDEX 函数省略第三参数。（此时要注意"$"的使用）

在"MATCH（$D3,缺料原因类别! $D:$D,0）"公式中，"$D3"是 MATCH 函数的第一个参数（找什么，找 D3 单元格，即"G01"），"缺料原因类别! $D:$D"是 MATCH 函数的第二个参数（在哪里找，在"缺料原因类别"工作表的 D 列中找），第三个参数直接输入 0（精准查找）。

向下拖动 E3 单元格即可得出 E 列"缺料原因"列的公式设计。向右拖动 E3 单元格到 F3 单元格,得到 F3 单元格的公式"= INDEX(缺料原因类别! C:C, MATCH($D3,缺料原因类别! $D:$D,0))",再向下拖动 F3 单元格,即得出 F 列"责任部门"列的公式设计。

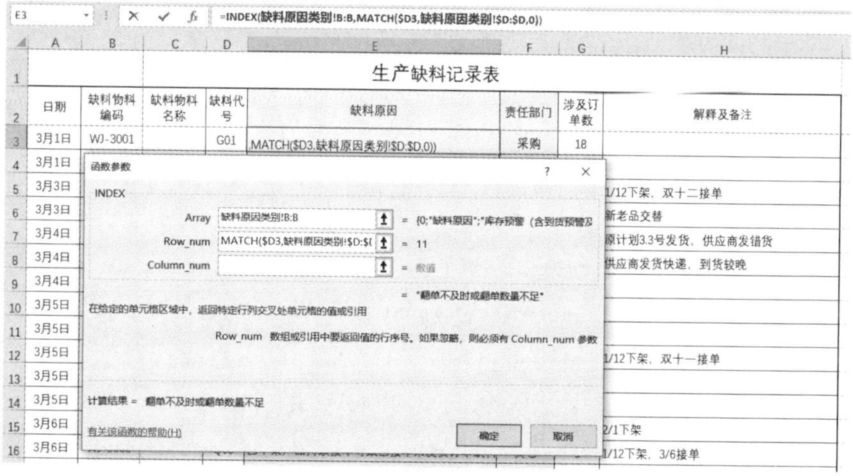

图 6-8　INDEX＋MATCH 函数组合

6.2　万能组合 INDEX＋SMALL＋IF:车间物料需求计算表中单品需求的计算

上文介绍的查找函数,不管是查找三剑客 VLOOKUP 函数、HLOOKUP 函数和 LOOKUP 函数,还是无间组合 INDEX＋MATCH 函数;不管是横向纵向、正向逆向,还是单条件、多条件查找,所需要找的都是一个值,即一对一查找或多对一查找(多条件查找)。

一对一查找或多对一查找是供应链管理工作中需要经常解决的问题,但除此之外,还可能会出现一对多查找或多对多查找的场景。

6.2.1　一对多查找、多对多查找与万能组合

如图 6-9 所示，表的左半部分是 A 仓库 2020 年 9 月份的“物料出库流水记录”。在实际工作中，对物料出库流水记录的使用，可能会遇到以下两种情况。

(1)一对多查找。查找某一物料当月的全部出库情况，即根据“物料编码”一个条件查找该物料当月的全部出库记录(多条出库记录)，如图 6-9 的中间部分。

(2)多对多查找。查找某一物料某一天的全部出库情况，即根据物料编码和出库日期两个条件，查找该物料该日期的全部出库记录(多条出库记录)，如图 6-9 的右边部分。

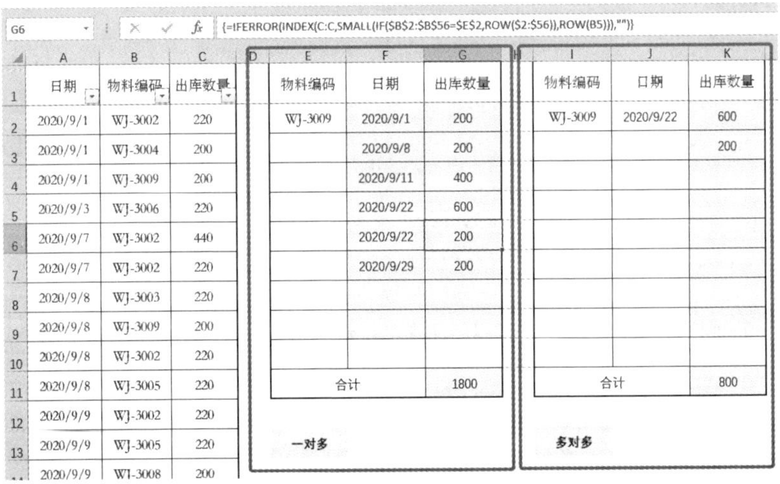

G6　{=IFERROR(INDEX(C:C,SMALL(IF($B$2:$B$56=$E$2,ROW($2:$56)),ROW(B5))),"")}

	A 日期	B 物料编码	C 出库数量
2	2020/9/1	WJ-3002	220
3	2020/9/1	WJ-3004	200
4	2020/9/1	WJ-3009	200
5	2020/9/3	WJ-3006	220
6	2020/9/7	WJ-3002	440
7	2020/9/7	WJ-3002	220
8	2020/9/8	WJ-3003	220
9	2020/9/8	WJ-3009	200
10	2020/9/8	WJ-3002	220
11	2020/9/8	WJ-3005	220
12	2020/9/9	WJ-3002	220
13	2020/9/9	WJ-3005	220
	2020/9/9	WJ-3008	200

一对多

物料编码	日期	出库数量
WJ-3009	2020/9/1	200
	2020/9/8	200
	2020/9/11	400
	2020/9/22	600
	2020/9/22	200
	2020/9/29	200
合计		1800

多对多

物料编码	日期	出库数量
WJ-3009	2020/9/22	600
		200
合计		800

图 6-9　一对多查找与多对多查找

这种一对多查找或多对多查找，用查找三剑客 VLOOKUP 函数、HLOOKUP 函数和 LOOKUP 函数或无间组合 INDEX＋MATCH 函数都不能有效解决。能够有效解决这一问题的，是 Excel 中的万能组合 INDEX＋SMALL＋IF 函数。

为什么 INDEX＋SMALL＋IF 函数被称为 Excel 中的万能组合呢？有两个原因：一是 INDEX＋SMALL＋IF 函数能够实现一对多或多对多查找，即不管有多少条记录都能够找到（查找多个），所以称为"万能"；二是因为这个组合除了解决一对多查找、多对多查找问题以外，还能解决很多复杂的问题，比如提取不重复值、提取重复值等，在功能和作用上表现为"万能"。

6.2.2　SMALL 函数和 ROW、COLUMN 函数简介

万能组合 INDEX＋SMALL＋IF 的具体公式形式是"{＝IFERROR(IN-DEX(查找值所在的区域,SMALL(IF((条件区域 1＝条件 1)*（条件区域 2＝条件 2)* …*（条件区域 n＝条件 n),ROW(区域的行区间)),ROW(A1))),"")}"。

公式中，多条件之间的乘号也可以是加号，分别代表同时满足条件或只需满足一个；ROW 函数也可以是 COLUMN 函数，前者是以行排列多个结果，后者是以列排列多个结果。

万能组合的公式将在下一节具体说明。这个公式中，除出现万能组合的三个成员 INDEX、SMALL 和 IF 函数以外，还出现了 IFERROR 和 ROW（或COLUMN)函数。其中，INDEX 函数上一节已详细介绍，IF 及 IFERROR 函数将在第四篇中详细说明，本节只简单介绍 SMALL、ROW 和 COLUMN 三个函数。

1. SMALL 函数

Excel 中，对 SMALL 函数的描述是，"返回数据组中的第 K 个最小值"，其语法形式是"SMALL(Array,K)"，用中文翻译即为，SMALL(数值区域,第几个最小值)，如图 6-10 所示。

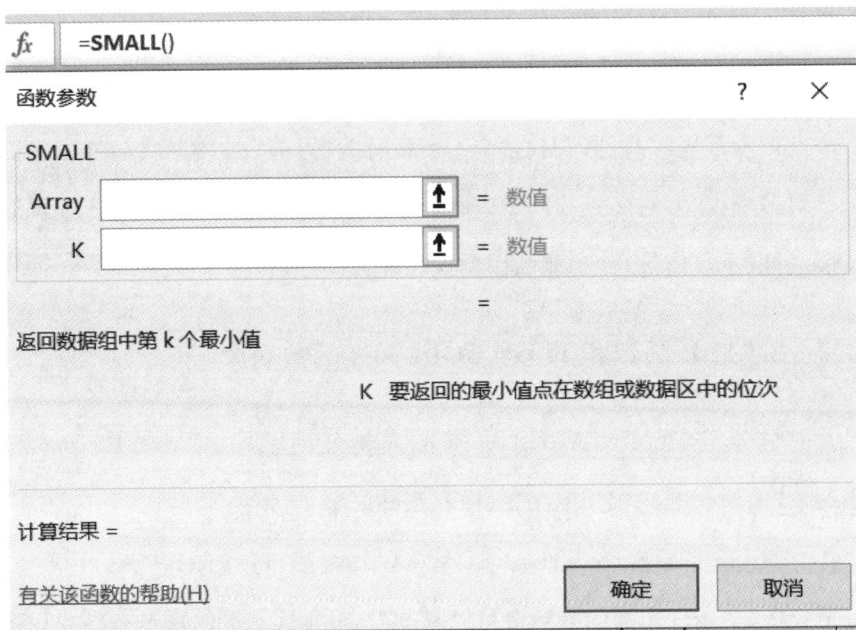

图 6-10　SMALL 函数参数

　　第一个参数"Array"，要求第 K 个最小值点的数值数组或数值区域，即在哪个区域内找第 K 个最小值。

　　第二个参数"K"，要返回的最小值点在数组或数据区中的位次，即要找的是第几个最小值。

　　SMALL 函数计算时忽略文本、逻辑值 TRUE 和 FALSE 以及空单元格，只对数值起作用。

　　如图 6-11 所示，数据组中有 11、33、55、77、99、111 六个数据，现需要求第 1 个最小值。在 N2 单元格中输入公式"= SMALL(N1:S1,1)"，即可求出这一组数据中第 1 个最小值是 11。公式中，SMALL 函数第一个参数"N1:S1"是数值区域，即含有 11、33、55、77、99、111 六个数据的区域；第二个参数"1"是要查找第"1"个最小值。若要查找第 3 个最小值，在 N3 单元格输入公式"= SMALL(N1:

S1,3)"，若查第 4 个最小值则是"= SMALL(N1:S1,4)"。

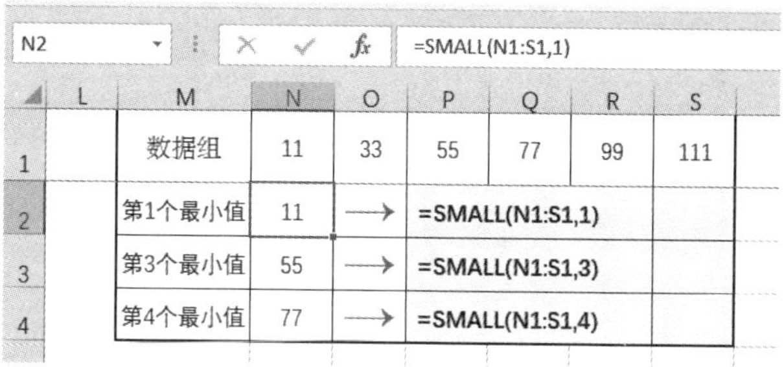

图 6-11　SMALL 函数简例

2. ROW、COLUMN 函数

Excel 中，对 ROW 函数的描述是，"返回一个引用的行号"；对 COLUMN 函数的描述是，"返回一个引用的列号"。两个函数的作用及用法一样，无非一个是行一个是列。

ROW 函数和 COLUMN 函数都只有一个参数"Reference"，准备求取其行（或列）号的单元格或单元格区域；如果忽略，则返回包含 ROW 函数（或 COLUMN 函数）的单元格，如图 6-12、图 6-13 所示。即 ROW 函数和 COLUMN 函数所返回的，就是参数"Reference"所在的行号或列号，如果"Reference"是单元格区域，则返回区域左上角第一个单元格的行号或列号。参数"Reference"可以省略；如果省略，则返回包含 ROW 函数或 COLUMN 函数所在单元格的行号或列号，即函数在哪个单元格就返回哪个单元格的行号或列号。

"ROW(A1)"和"COLUMN(A1)"都返回 1，因为 A1 单元格所在行是第 1 行，所在的列也是第 1 列。"ROW(E15)"返回的是 15，因为 E15 单元格所在的行是第 15 行；"COLUMN(E15)"返回 5，因为 E15 单元格所在的列是第 5 列。

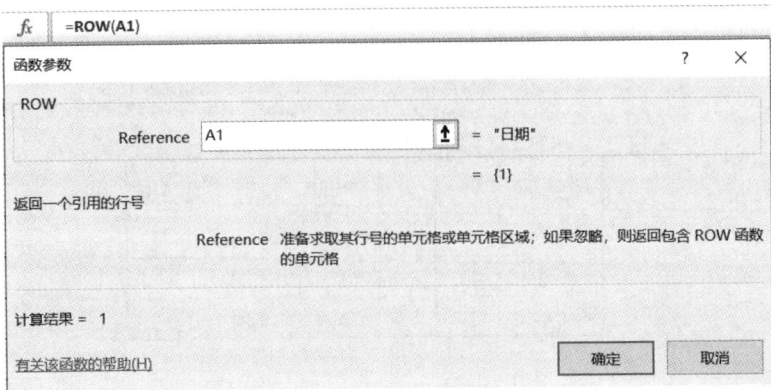

图 6-12 ROW 函数

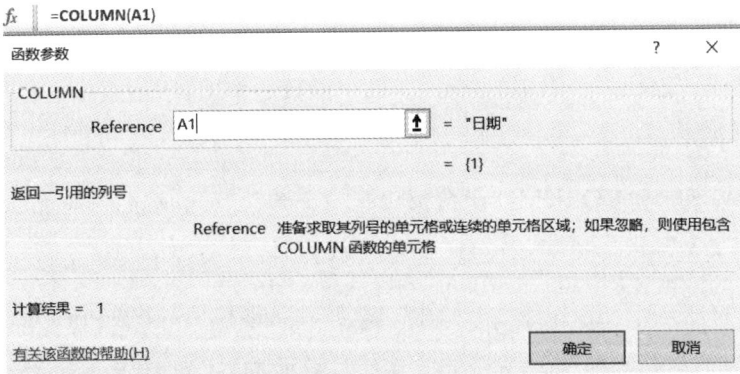

图 6-13 COLUMN 函数

6.2.3 INDEX＋SMALL＋IF 函数组合说明与模拟实例

仍以如图 6-9 所示中的表格为例，如果需要查找 WJ-3009 物料当月的全部出库情况或 WJ-3009 物料在 9 月 22 日这一天的出库情况（一对多查找和多对多查找），都可以使用万能组合 INDEX＋SMALL＋IF 函数进行解决。

（1）一对多查找。根据物料编码这一个条件（WJ-3009 物料）查找该物料当月全部出库记录,F2 单元格(出库日期)及 G2 单元格(出库数量)的公式分别为"{= IFERROR(INDEX(A:A,SMALL(IF($B$2:$B$56=$E$2,ROW($2:$56)),ROW(A1))),"")}"和"{= IFERROR(INDEX(C:C,SMALL(IF($B$2:$B$56=$E$2,ROW($2:$56)),ROW(B1))),"")}"。选定 F2 和 G2 单元格由下拖动公式,即可查找到该物料当月全部出库记录。

(2)多对多查找。根据物料编码(WJ-3009 物料)和日期(2020/9/22)这两个条件查找 9 月 22 日当天出库的全部记录。K2 单元格公式为"{= IFERROR(INDEX(C:C,SMALL(IF(($B$2:$B$56=$I$2)*($A$2:$A$56=$J$2),ROW($2:$56)),ROW(E1))),"")}"。

一对多查找和多对多查找这两个公式均有大括号"{}",表示这两个公式都是数组公式(即公式编写完成后,同时按 Ctrl+Shift+Enter 三个键完成输入)。这两个公式基本一致,整体思路完全一样,区别在条件项。一个是单条件"$B$2:$B$56=$E$2",一个是多条件"($B$2:$B$56=$I$2)*($A$2:$A$56=$J$2)",这正是一对多查找与多对多查找的区别。

公式中,B2:B56、A2:A56 是条件区域,E2、I2、J2 是条件,这个万能组合可以同时支撑 127 个的条件,足够日常工作中使用。多条件之间可以是相乘,也可以是相加。相乘代表同时满足条件("和"的关系),相加代表只需满足其中一个条件("或"的关系)。

以下以单条件(一对多查找)为例来具体解释这个万能公式。出库日期 F2 单元格的公式为"{= IFERROR(INDEX(A:A,SMALL(IF($B$2:$B$56=$E$2,ROW($2:$56)),ROW(A1))),"")}"。

(1)"IF($B$2:$B$56=$E$2,ROW($2:$56))"。

公式的这个部分是一个数组,万能组合最终的公式是数组公式,其数组就体现在这一部分。将"IF(B2:B56=E2,ROW(2:56))"这个数组展开,将得到"IF

（B2＝E2，ROW（2:2））"、"IF（B3＝E2，ROW（3:3））"、"IF（B4＝E2，ROW（4:4））"、
…、"IF（B56＝E2，ROW（56:56））"等 55 个 IF 函数。

IF 函数将在本书第四篇中详细介绍，这里一系列的 IF 函数所表达的意思是：

①如果 B2 单元格等于 E2 单元格，则返回"ROW（2:2）"，此时 ROW（2:2）＝2，如果 B2 单元格不等于 E2 单元格，则返回"FALSE"。

②如果 B3 单元格等于 E2 单元格，则返回"ROW（3:3）"，此时 ROW（3:3）＝3，如果 B3 单元格等于 E2 单元格，则返回"FALSE"。

③以此类推，一直到如果 B56 单元格等于 E2 单元格，则返回"ROW（56:56）"，此时 ROW（56:56）＝56，如果 B56 单元格不等于 E2 单元格，则返回"FALSE"。

以上的步骤，是逐一将 B 列的物料编码和 E2 单元格（WJ-3009）对比，如果相等，即找到了 WJ-3009 这个编码，则返回其所在的行号；如果不相等，则返回"FALSE"。将这些 IF 函数的结果逐一列出，或选定"IF（B2:B56＝E2，ROW（2:56））"，点击 F9 键，可以得到数组"IF（B2:B56＝E2，ROW（2:56））"的运算结果，如图 6-14 所示。

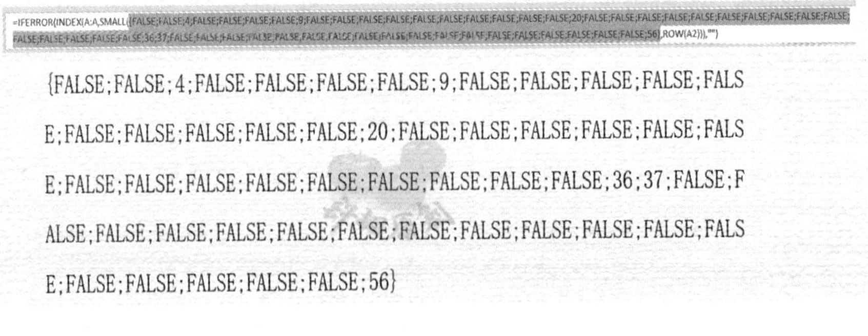

=IFERROR(INDEX(A:A,SMALL((FALSE;FALSE;4;FALSE;FALSE;FALSE;FALSE;9;FALSE;FALSE;FALSE;FALSE;FALSE;FALSE;FALSE;FALSE;FALSE;20;FALSE;FALSE;FALSE;FALSE;FALSE;FALSE;FALSE;
FALSE;FALSE;FALSE;FALSE;FALSE;FALSE;36;37;FALSE;56},ROW(A2)),""))

{FALSE;FALSE;4;FALSE;FALSE;FALSE;FALSE;9;FALSE;FALSE;FALSE;FALS
E;FALSE;FALSE;FALSE;FALSE;FALSE;20;FALSE;FALSE;FALSE;FALSE;FALS
E;FALSE;FALSE;FALSE;FALSE;FALSE;FALSE;FALSE;FALSE;36;37;FALSE;F
ALSE;FALSE;FALSE;FALSE;FALSE;FALSE;FALSE;FALSE;FALSE;FALSE;FALS
E;FALSE;FALSE;FALSE;FALSE;FALSE;56}

图 6-14　IF（B2:B56=E2，ROW（2:56））的运算结果

（2）"SMALL(IF($B$2:$B$56=$E$2,ROW($2:$56)),ROW(A1))"。

"IF(B2:B56=E2,ROW(2:56))"的运算结果如图 6-14 所示。因为 SMALL 函数计算时忽略 FALSE，所以根据图 6-14 运算结果，可以将"SMALL(IF($B$2:$B$56=$E$2,ROW($2:$56)),ROW(A1))"写为"SMALL({4,9,20,36,37,56},ROW(A1))"。

因为 ROW(A1)=1，所以"SMALL({4,9,20,36,37,56},ROW(A1))就是求 {4,9,20,36,37,56}几个数中第 1 个最小值，计算结果为 4（即第 1 个最小值——第 1 个 WJ-3009——出现在第 4 行）。

选定 F2 单元当往下拖动公式，因 ROW(A1)的"A1"没有固定，所以 ROW(A1)将依次变为 ROW(A2)、ROW(A3)……，这样，F3 单元格就是计算第 2 个最小值（第 2 个 WJ-3009），G3 单元格计算第 3 个最小值（第 3 个 WJ-3009），以此类推，直至找出全部 WJ-3009。

（3）"INDEX(A:A,SMALL(IF(B2:B56=E2,ROW(2:56)),ROW(A1)))"。

因为 SMALL 函数已经求出了结果，比如 F2 单元格 SMALL 函数的计算结果为 4，F3 单元格 SMALL 函数计算的结果为 9，所以 F2 单元格"INDEX(A:A,SMALL(IF(B2:B56=E2,ROW(2:56)),ROW(A1)))"就等于"INDEX(A:A,4)"，即在 A 列中查找第 4 行，找到"2020/9/1"，如上文中的图 6-9 所示。

（4）用 IFERROR 函数去除错误值。

当 INDEX＋SMALL＋IF 函数找不到所需要查找的数或查找完所需要查找的数时，公式会出错。这时可以用 IFERROR 函数去除错误。

最后，因万能组合最终的公式是数组公式，完成公式录入时，需要 Ctrl＋

Shift＋Enter 三键同按结束。

在 IFERROR 函数没有出现前，很多人喜欢用 INDEX（区域，SMALL（IF（条件区域＝条件，ROW（条件区域），4~8），ROW（A1）））&""来进行多条件查找，其中用"&"""表示去除错误值。

6.2.4　车间单品物料需求计算的逻辑

生产车间按生产计划进行生产之前，需要领料或备料。那么需要领什么料，领多少料呢？这就需要根据生产计划及车间物料库存（线边库存）进行计算，此时会用到"车间物料需求计算表"。

此表的作用主要有两种：一是据此开具生产领料单，进行生产领料；二是当车间生产一定数量的某款产品时，能够快速地给现场管理人员提供生产该批产品所需的物料及其数量。

此表的第一种作用是根据产品配比（BOM）、生产计划和车间线边库存进行车间物料需求的计算来实现。计算车间物料需求所用到的函数主要是 VLOOKUP 函数和 SUMIF 函数。这两个函数在前面章节中均有详细讲述，这里不再赘述。本节主要介绍如何实现第二种作用，即当车间生产一定数量的某款产品时，如何快速地计算出这款产品计划数量的物料需求。

如图 6-15 所示为"车间单品物料需求计算表"，它是某公司"车间物料需求计算表"中的一个工作表。它是指车间按生产计划生产某款成品时，计算该款成品需要用到哪些物料，用到多少物料。图 6-15 中，计划生产 WY00DS046K01 产品 300 只，经过计算，需要用到 10 种原料，表中列出了这 10 种原料以及这 10 种原料的具体数量。

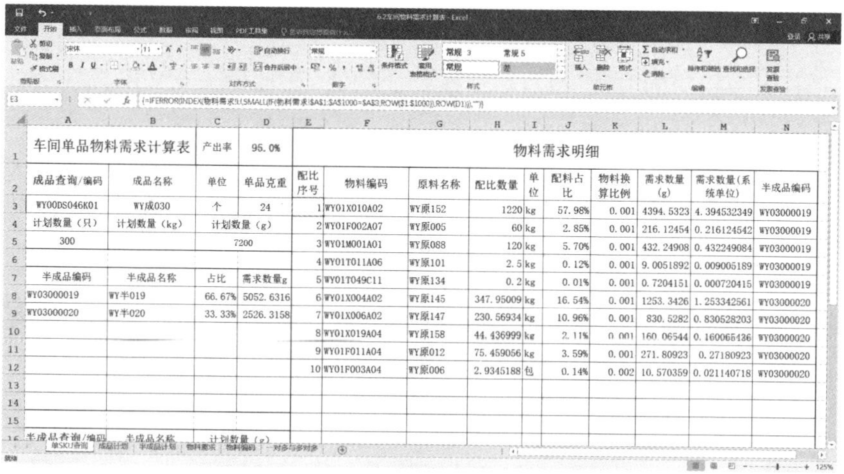

车间单品物料需求计算表		产出率	95.0%
成品查询/编码	成品名称	单位	单品克重
WY00DS046K01	WY成030	个	24
计划数量（只）	计划数量（kg）	计划数量（g）	
300		7200	
半成品编码	半成品名称	占比	需求数量g
WY03000019	WY半019	66.67%	5052.6316
WY03000020	WY半020	33.33%	2526.3158
半成品查询/编码	半成品名称	计划数量（g）	

物料需求明细									
配比序号	物料编码	原料名称	配比数量	单位	配料占比	物料换算比例	需求数量(g)	需求数量(系统单位)	半成品编码
1	WY01X010A02	WY原152	1220	kg	57.98%	0.001	4394.5323	4.394532349	WY03000019
2	WY01F002A07	WY原005	60	kg	2.85%	0.001	216.12454	0.216124542	WY03000019
3	WY01M001A01	WY原088	120	kg	5.70%	0.001	432.24908	0.432249084	WY03000019
4	WY01T011A06	WY原101	2.5	kg	0.12%	0.001	9.0051892	0.009005189	WY03000019
5	WY01T049C11	WY原134	0.2	kg	0.01%	0.001	0.7204151	0.000720415	WY03000019
6	WY01X004A02	WY原145	347.95009	kg	16.54%	0.001	1253.3426	1.253342561	WY03000020
7	WY01X006A02	WY原147	230.56934	kg	10.96%	0.001	830.5282	0.830528203	WY03000020
8	WY01X019A04	WY原158	44.436999	kg	2.11%	0.001	160.06544	0.160065436	WY03000020
9	WY01F011A04	WY原012	75.459056	kg	3.59%	0.001	271.80923	0.27180923	WY03000020
10	WY01F003A04	WY原006	2.9345188	包	0.14%	0.002	10.570359	0.021140718	WY03000020

图 6-15　车间单品物料需求计算表

车间单品物料需求计算表中，首先需要在 A3 单元格输入成品编码，B3、C3 和 D3 单元格以 VLOOKUP 函数根据成品编码自动生成成品名称、单位和单品克重。

输入成品编码后，再在 A5 单元格输入以“只”为单位的计划数量，或在 B5 单元格输入以“kg”为单位的计划数量（本表中，两者只需要输入一个即可），表格会自动根据单品克重等关系自动换算为统一计算数量 g。

有了成品编码，就可以在如图 6-16 所示的“物料需求表”（包含 BOM）中进行一对多查找，找出该成品中所有物料的配比；有了成品的计划数量，也有了该成品所有物料的配比（BOM），就可以计算出每一种物料的需求量，如图 6-15 中车间单品物料需求计算表中的 L 列和 M 列。

车间的物料需求（图 6-15 中车间单品物料需求计算表中的 E 列到 M 列）中，配比序号、物料编码、原料名称、配比数量和单位均采用 Excel 中的万能组合公式 INDEX＋SMALL＋IF 函数从“物料需求表”中引入。

配料占比＝该物料的配比数量除以总配比数量(本案例中，该公司总配比数量等于投入一锅料的总重量)。物料换算比例使用 VLOOKUP 函数从“物料编码”表中引入。物料需求数量(g)等于成品计划数量(g)除以总配比数量乘以该物料的配料占比。物料需求数量(系统单位)等于物料需求数量(g)乘以物料换算比例。

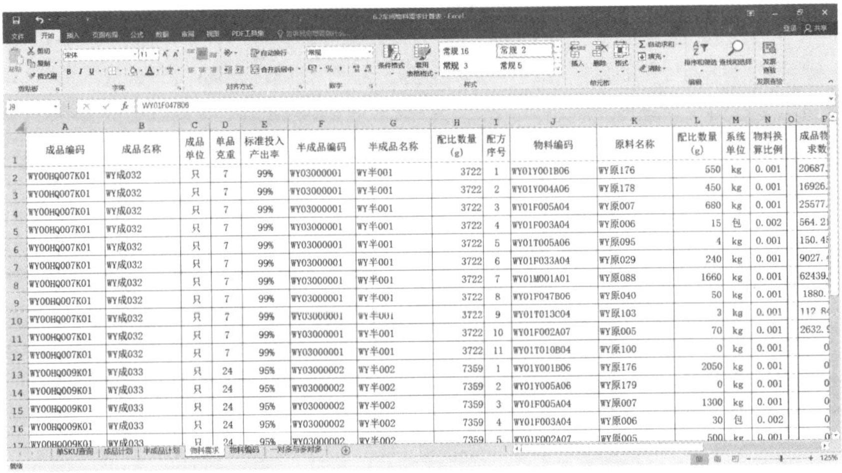

成品编码	成品名称	成品单位	单品克重	标准投入产出率	半成品编码	半成品名称	配比数量(g)	配方序号	物料编码	原料名称	配比数量(g)	系统单位	物料换算比例	成品物求数
WY00HQ007K01	WY成032	只	7	99%	WY03000001	WY半001	3722	1	WY01Y001B06	WY原176	550	kg	0.001	20687.
WY00HQ007K01	WY成032	只	7	99%	WY03000001	WY半001	3722	2	WY01Y004A06	WY原178	450	kg	0.001	16926.
WY00HQ007K01	WY成032	只	7	99%	WY03000001	WY半001	3722	3	WY01F005A04	WY原007	680	kg	0.001	25577.
WY00HQ007K01	WY成032	只	7	99%	WY03000001	WY半001	3722	4	WY01F003A04	WY原006	15	包	0.002	564.2
WY00HQ007K01	WY成032	只	7	99%	WY03000001	WY半001	3722	5	WY01T005A06	WY原095	4	kg	0.001	150.4
WY00HQ007K01	WY成032	只	7	99%	WY03000001	WY半001	3722	6	WY01F033A04	WY原029	240	kg	0.001	9027.
WY00HQ007K01	WY成032	只	7	99%	WY03000001	WY半001	3722	7	WY01M001A01	WY原088	1660	kg	0.001	62439.
WY00HQ007K01	WY成032	只	7	99%	WY03000001	WY半001	3722	8	WY01F047B06	WY原040	50	kg	0.001	1880.
WY00HQ007K01	WY成032	只	7	99%	WY03000001	WY半001	3722	9	WY01T013C04	WY原103	3	kg	0.001	112.8
WY00HQ007K01	WY成032	只	7	99%	WY03000001	WY半001	3722	10	WY01F002A07	WY原005	70	kg	0.001	2632.
WY00HQ007K01	WY成032	只	7	99%	WY03000001	WY半001	3722	11	WY01T010B04	WY原100	0	kg	0.001	0
WY00HQ009K01	WY成033	只	24	95%	WY03000002	WY半002	7359	1	WY01Y001B06	WY原176	2050	kg	0.001	0
WY00HQ009K01	WY成033	只	24	95%	WY03000002	WY半002	7359	2	WY01Y005A06	WY原179	0	kg	0.001	0
WY00HQ009K01	WY成033	只	24	95%	WY03000002	WY半002	7359	3	WY01F005A04	WY原007	1300	kg	0.001	0
WY00HQ009K01	WY成033	只	24	95%	WY03000002	WY半002	7359	4	WY01F003A04	WY原006	30	包	0.002	0
WY00HQ009K01	WY成033	只	24	95%	WY03000002	WY半002	7359	5	WY01F002A07	WY原005	500	kg	0.001	0

图 6-16　物料需求表

6.2.5　车间单品物料需求计算表的公式设计

如图 6-16 所示的“物料需求表”的中 I 列至 L 为产品配比(BOM)，可以根据 A 列成品编码，采用万能组合 INDEX＋SMALL＋IF 函数进行一对多查找，即可以引出该成品的产品配比。在图 6-15 所示的“车间单品物料需求计算表”中的 E3 单元格中输入公式“{=IFERROR(INDEX(物料需求!I:I,SMALL(IF(物料需求!$A$1:$A$1000=$A$3,ROW($1:$1000)),ROW(D1))),"")}”。本公式为数组公式，需要 Ctrl＋Shift＋Enter 三键同按完成输入。

公式中"物料需求表! I:I"为 INDEX 函数的第一个参数查找区域,即在"物料需求表"的 I 列(序号列)进行查找。"物料需求表! $A$1:$A$1000=$A$3"为条件,从"物料需求表"的 A 列(A1:A1000,成品编码列)中找到等于 A3 单元格("WY00DS046K01")的成品。本例中"物料需求表"总行数不到 1 000 行,所以公式中的行数设定为 1:1 000,"IF(物料需求表! $A$1:$A$1000=$A$3,ROW($1:$1000))"中,两个行区域需要一致。

本例中,成品物料配比最多的有 35 项,即一个成品由 35 种物料生产而成,所以"物料需求表"保留了 36 行。向下拖动 E3 单元格至 E38 单元格,就完成了全部配比序号的公式输入。

再向右拖动 E3 单元格至 I3 单元格,然后依次将 F3 单元格公式的 INDEX 函数的第一个参数"物料需求表! I:I"改为"物料需求表! J:J",即从"物料需求表"的 J 列(物料编码列)进行查找;将 G3 单元格公式 INDEX 函数的第一个参数"物料需求表! I:I"改为"物料需求表! K:K"(物料名称列);将 H3 单元格改为"物料需求表! L:L"(配比数量列);将 I3 单元格改为"物料需求表! M:M"(系统单位列)。

J3 单元格配料占比等于配比数量除以配比总数,J3 单元格公式为"=H3/$H$39",H39 是全部配比数量的合计数。

K3 单元格物料换算比例采用 VLOOKUP 函数从"物料编码表"中导入,E3 单元格公式为"=VLOOKUP(F3,物料编码! A:E,5,0)"。

L3 单元格需求数量(g)等于,成品的计划数量(g)除以该成品的产出率再乘以物料的配料占比。L3 单元格公式为"=$C$5/$D$1* J3",其中 C5 单元格为成品的计划数量(g),D1 单元格为该成品的产出率(本例中为 95%,根据成品编码从物料需求表中导入)。

M3 单元格需求数量(系统单位)等于,需求数量(g)乘以换算比例,M3 单元格的公式为"=L3* K3"。

第 07 章　甘当绿叶的隐形高手

现实世界中,人们大多时候都比较崇拜英雄,也往往向往成为英雄,但是,俗话说得好,红花再好也要绿叶扶。在这个世界上除了英雄之外,还有那些甘当绿叶的幕后之人,默默地成为无名英雄。

在 Excel 函数中,也有这样一些甘当绿叶的幕后函数。有一些函数几乎"生下来"就是为其他函数服务的,它们运算的结果往往是其他函数的参数或输入。比如上一章讲到的 MATCH 函数,它的运算结果往往当作 INDEX 函数、VLOOKUP 函数或其他前台函数的一个参数。

除了 MATCH 函数以外,这样的函数还有 OFFSET 函数和 FIND 函数(或 SEARCH 函数)。

OFFSET 函数几乎可以作为进行区域计算的所有函数的参数,FIND 函数一般作为文本查找或文本截取函数的参数。SEARCH 函数的用法、功能和作用与 FIND 函数几乎一模一样,所不同的是,查找英文字符时,FIND 函数区分大小写,SEARCH 函数不区分大小写;FIND 不支持通配符,SEARCH 函数支持通配符。对于 FIND 函数与 SEARCH 函数,本书只介绍 FIND 函数,对于

SEARCH 函数的应用可参照 FIND 函数操作即可。

这些称为后台函数的 MATCH 函数、OFFSET 函数和 FIND 函数,几乎完美地诠释了什么叫幕后英雄。同时,这三个函数功能强大,能够解决很多实际问题,本书将它们称为甘当绿叶的隐形高手。

7.1　OFFSET 函数参数

Excel 中,对 OFFSET 函数的描述是,"以指定的引用为参照系,通过给定偏移量返回新的引用"。其中的含义如下。

(1)"以指定的引用为参考系"。这个指定的引用,可以理解为一个指定的单元格,或者一个指定的单元格区域(单元格相当于最小的单元格区域)。以这个指定的单元格或单元格区域为参考,为基点。

(2)"通过给定偏移量返回新的引用"。是指以指定的单元格或单元格区域为基点,通过上下左右偏移,来得到一个新的单元格或单元格区域(OFFSET 函数可以指定新单元格区域的行列数)。上下左右偏移是指向上、向下、向左、向右移动单元格或单元格区域,比如向上移动多少行,向右移动多少列等。

经过移动得到的新的单元格或单元格区域,是 OFFSET 函数计算的结果。这个结果主要是作为一个半成品被其他函数引用,这是 OFFSET 函数所起的作用,也正是 OFFSET 函数幕后英雄、甘当绿叶的体现。

OFFSET 函数的语法是,"OFFSET(Reference, Rows, Cols, [Height], [Width])",共有 5 个参数,用中文翻译即为"OFFSET(参照区域,偏移多少行,偏移多少列,[新区域有多少行],[新区域有多少列])",如图 7-1 所示。

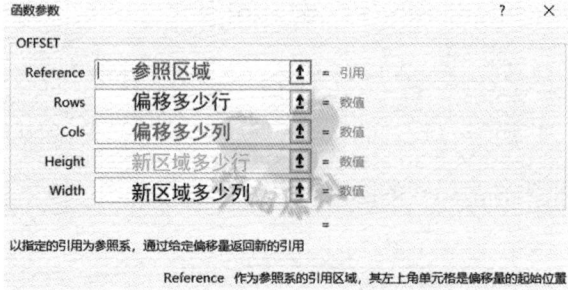

图 7-1 OFFSET 函数的参数

下面用两个简单的例子来具体说明 OFFSET 函数的参数。

7.1.1 OFFSET 函数引用单个的单元格

引用单个单元格，是指 OFFSET 函数计算的结果是一个单元格而不是单元格区域。这种情况下，OFFSET 函数可以省略第 4、第 5 两个参数（即新区域只有 1 行 1 列）。

如图 7-2 所示，OFFSET 函数共有三个参数"OFFSET(Y1,3,2)"，省略了第四、五个参数。

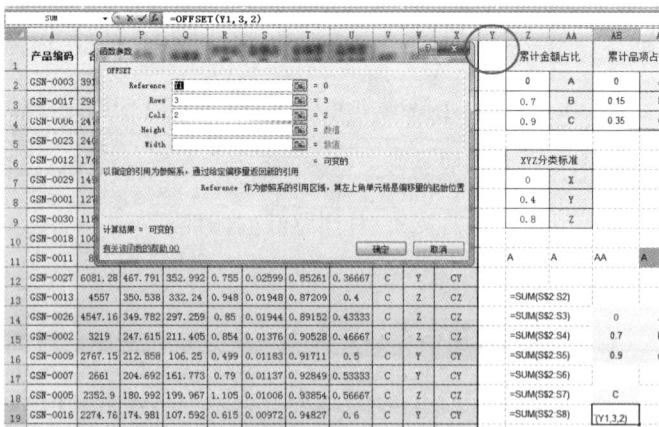

图 7-2 OFFSET 函数引用单个的单元格

（1）第一个参数 Reference，作为参照系的引用区域，其左上角单元格是偏移量的起始位置。第一个参数是确定偏移开始的起点，即偏移多少行或多少列的起始位置。本例中选择的是 Y1 单元格。

（2）第二个参数 Rows，相对于引用参照系的左上角单元格，上（下）偏移的行数。即相对于 Y1 单元格，向上或向下偏移多少行。第二个参数如果是正数，代表向下偏移；如果是负数，代表向上偏移。本例中第二个参数为"3"，3 是正数，代表从 Y1 单元格开始，向下偏移 3 行，至 Y4 单元格。这里需要注意的是，"从 Y1 单元格开始上下偏移"不含 Y1 所在的那一行。

（3）第三个参数 Cols，相对于引用参照系的左上角单元格，向左（右）偏移的列数。即相对于 Y1 单元格，向左或向右偏移多少列。第三个参数如果是正数，代表向右偏移；如果是负数，代表向左偏移。本例中第三个参数为"2"，2 是正数，代表从 Y1 单元格开始，在向下偏移 3 行（至 Y4 单元格）的基础上，再向右偏移 2 列（至 AA4 单元格）。同样要注意，左右偏移也不含基点所在的那一列。

在图 7-2 中，AA4 单元格的内容是"C"，这就是本例 OFFSET 函数计算的结果，即偏移之后所到达，从而所引用的 AA4 单元格的值。

需要注意的是：OFFSET 函数参数描述中，第一、第二与第三个参数均有提到"左上角单元格"。当参照系是一个单元格时，"左上角单元格"不起作用，指的就是这个单元格（参照系），向上向下或向左向右偏移就是以这个单元格为基点，比如图 7-2 的例子。当参照系是一个单元格区域时，"左上角单元格"才起作用，向上向下或向左向右偏移的基点是这个单元格区域左上角的那个单元格。比如，如果参照区域是 Y1:Z6 单元格区域，那么偏移的基点就是这个区域左上角的那个单元格，即 Y1 单元格。

7.1.2　OFFSET 函数引用单元格区域

上文例子中的 OFFSET 函数的计算结果为一个单元格，但在实战中，更多的时候，OFFSET 函数的计算结果是一个单元格区域，作为一个参数给其他函数使用。如图 7-3 所示，即是一个计算结果为一个单元格区域的实例。

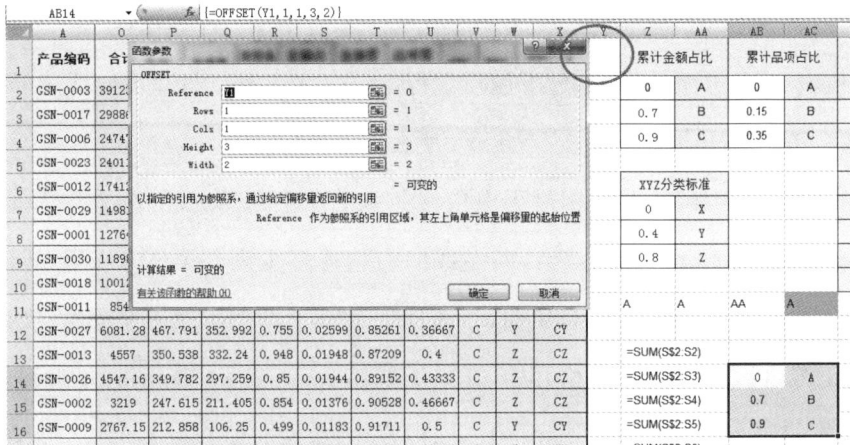

图 7-3　OFFSET 函数引用单元格区域

图 7-3 中，AB14:AC16 区域 OFFSET 函数公式为"{= OFFSET(Y1,1,1,3, 2}"。公式中，OFFSET 函数各参数介绍如下。

（1）第一个参数 Reference，作为参照系的引用区域，其左上角单元格是偏移量的起始位置。这个例子仍以 Y1 单元格为第一个参数。

（2）第二个参数 Rows，相对于引用参照系的左上角单元格，上（下）偏移的行数。即相对于 Y1 单元格，向上或向下偏移多少行。本例中第二个参数为"1"，代表向下偏移 1 行，偏移到了 Y2 单元格。

（3）第三个参数 Cols，相对于引用参照系的左上角单元格，左（右）偏移的列数。即相对于 Y1 单元格，向左或向右偏移多少列。本例中第三个参数也为

"1"，代表从 Y1 单元格开始，在向下偏移了 1 行的基础上，再向右 1 列，偏移到了 Z2 单元格。

（4）第四个参数 Height，新引用区域的行数。OFFSET 函数最终是要生成一个新的多行多列的引用区域。这里的多行多列的"多"可以是"1"（1 行 1 列就是一个独立的单元格）。第四个参数代表这个新引用的区域有多少行。如果第四个参数为正数，代表这个多少行向下延伸；如果第四个参数为负数，代表这个多少行向上延伸。本例中第四个参数为"3"，代表这个新引用区域是向下延伸 3 行。

（5）第五个参数 Width，新引用区域的列数，代表这个新引用的区域有多少列。如果第五个参数为正数，代表这个多少列向右延伸；如果第五个参数为负数，代表这个多少列向左延伸。本例中第五个参数为"2"，代表这个新引用的区域在向下延伸 3 行的基础上，再向右延伸 2 列。本例中，最终的计算结果是 Z2：AA4 区域所对应的值，即如图 7-3 所示的 AB14：AC16 区域。

OFFSET 函数的第四、第五两个参数可以省略（需要同时省略）。当省略时，新引用区域的行列数默认为参照系（即第一个参数）的行列数。

本例的计算结果为一个区域，即图中从累计金额占比方面 ABC 分类的判定标准区域。

本例中 OFFSET 函数公式外面加了大括号，这是数组公式。在 OFFSET 函数最终显示结果为区域的时候，他们需要以数组方式输入 OFFSET 函数公式。不过，在实战中，以 OFFSET 函数计算得出的区域作为结果直接输出的很少，往往是将 OFFSET 函数计算得出的区域作为一个半成品为其他函数所使用。

当然，在供应链管理中，OFFSET 数组形式输出也有其应用场景，下面章节介绍的 HOLT 双参数预测模型就是一个典型的例子。

7.1.3 OFFSET 函数参数模拟实例应用

为更好地理解和应用 OFFSET 函数，下面再以一个简单的模拟例子解释 OFFSET 函数的五个参数。

如图 7-4 所示，是一个指定日期用量之和的计算表，它是一个模拟的物料用量表，列示了 A 物料在 1～13 日的实际使用数量。现在需要计算指定两个日期间（含两个日期）的全部用量之和，比如表中 2 日到 7 日 A 物料的实际用量之和。这种场景下，可以用 OFFSET 函数先找出求和区域，即指定的两个日期之间的区域。找到这个区域之后再用 SUM 函数进行求和。

在 F6 单元格输入公式"=SUM(OFFSET(D2,1,D6－1,1,E6－D6＋1))"。本例中，OFFSET 函数的计算结果为 SUM 函数的参数。本例指定的两个日期为 2 日和 7 日，OFFSET 函数的参数介绍如下，如图 7-4 右下所示。

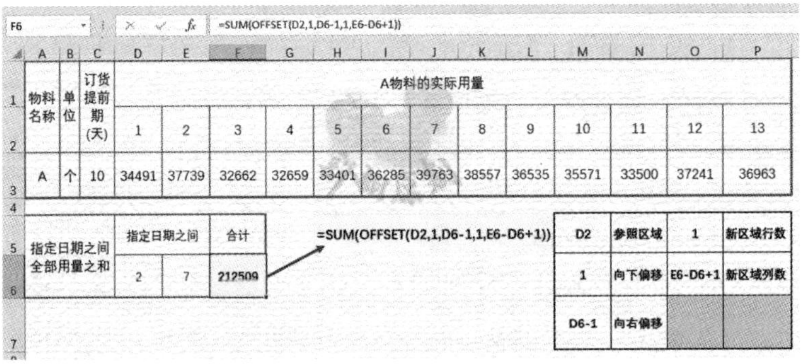

图 7-4　指定日期间用量之和计算表

（1）第一个参数，D2 单元格。为 OFFSET 函数的参照区域，即以 D2 单元格为基点偏移。

（2）第二个参数，1。向下偏移 1 行。因为本例需要对 13 天中的某几天的实际用量进行求和,需要求和数据在第 3 行,而第一个参数参照区域 D2 单元格在第 2 行,所以需要下移 1 行,到 D3 单元格。

(3)第三个参数,D6-1。本例需要求和的区域是从指定的第一个日期开始,所以,在下移 1 行到 D3 单元格之后,需要再向右移到指定的第一个日期上。因为 D 列是 1 日所在的列,而 OFFSET 函数的偏移不包含当前所在的行列,所以向右移动数就是第一个指定的日期减 1(即 D6-1),比如 2 日,就是 2-1,即移动 1 列;4 日就是 4-1,移动 3 列。

(4)第四个参数,1。新引用区域的行数。本例新引用区域为第 3 行 A 物料的实际用量区域,只有 1 行,所以第四个参数直接输入 1。

(5)第五个参数,E6-D6+1。新引用区域的列数。本例需要求取两个指定日期之间全部用量之和,显然,这个新引用区域要包含两个日期之间的全部区域(含两个指定日期的列),所以为 E6-D6+1。比如,指定日期是 2 日和 7 日,那么第五个参数就是 E6-D6+1=7-2+1=6。

本例的运算结果 212 509,与 2 日至 7 日用量直接相加之和相吻合。

7.2　OFFSET＋MATCH 应用 1:库存明细表中指定日期、产品查找

如图 7-5 所示,是红旗经营部"应收与库存总表"中的"库存明细表",表中列出了全部产品每一天的出入库及结存数以及月度(累计)的出入库汇总数。在实际工作中,有时作业人员及相关管理者,可能需要查找某产品在某一天的出入库及结存情况,这就是指定产品的指定日期查找。

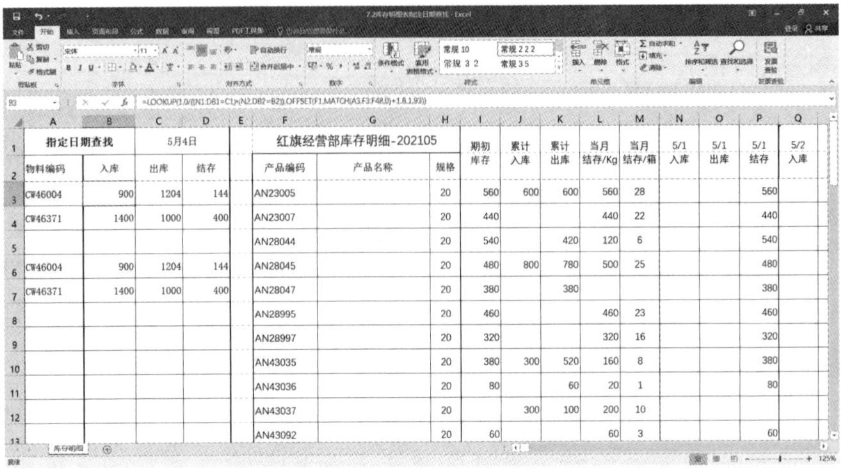

	A	B	C	D	E	F	G	H	I	J	K	L	M	N	O	P	Q
1	指定日期查找		5月4日			红旗经营部库存明细-202105			期初库存	累计入库	累计出库	当月结存/Kg	当月结存/箱	5/1入库	5/1出库	5/1结存	5/2入库
2	物料编码	入库	出库	结存		产品编码	产品名称	规格									
3	CW46004	900	1204	144		AN23005		20	560	600	600	560	28			560	
4	CW46371	1400	1000	400		AN23007		20	440			440	22			440	
5						AN28044		20	540		420	120	6			540	
6	CW46004	900	1204	144		AN28045		20	480	800	780	500	25			480	
7	CW46371	1400	1000	400		AN28047		20	380		380					380	
8						AN28995		20	460			460	23			460	
9						AN28997		20	320			320	16			320	
10						AN43035		20	380	300	520	160	8			380	
11						AN43036		20	80		60	20	1			80	
12						AN43037		20		300	100	200	10				
13						AN43092		20	60			60	3			60	

图 7-5　指定日期查询出入库与库存

7.2.1　指定产品、指定日期查找的逻辑

所谓指定产品是指需要查找什么产品（产品编码）的出入库及结存情况，比如图 7-5“库存明细表”左侧列出的 CW46004 和 CW46371 两款产品；所谓指定日期，是指需要查找哪一天的出入库及结存情况，如图 7-5 中左上部的 5 月4 日。本例需要解决的问题是，根据指定的日期（C1 单元格），查找指定产品（A3 单元格至 A6 单元格）的出入库及结存情况。

这是一个多条件查找问题。可以根据指定的日期以及查找的是“入库、出库还是结存”这两个条件，采用 LOOKUP 函数查找到指定产品编码的出入库和结存情况。

但是，本例有一个问题。

LOOKUP 函数进行多条件查找时，除了需要条件区域和条件以外，还需要有查找值的区域（详见第 5.4 节的介绍）。但本例中因为指定的产品编码并不固定，可以根据需要指定查找不同的产品，所以查找值的区域并不是一个固定的区域,无法直接用 LOOKUP 函数解决问题。

这时,就可以用 OFFSET＋MATCH 两个幕后的隐形高手组合,来解决这个问题,具体步骤如下。

(1)用 MATCH 函数给指定的产品编码定位,即找出指定的产品编码在库存明细表排列第几行。

(2)根据 MATCH 函数给出的定位,用 OFFSET 函数计算得出指定的产品编码出入库存及结存数据所在的区域(即 LOOKUP 函数查找值的区域)。

(3)用 LOOKUP 函数进行多条件查找,最终查找得到指定产品、指定日期的出入库及结存情况。

7.2.2　指定产品、指定日期查找的公式设计

前文提到,OFFSET 函数的第一个参数可以是一个单元格,也可以是一个单元格区域。如图 7-5 所示的表中,根据 OFFSET 函数第一个参数选择单元格还是单元格区域而分别进行举例(设置公式),第 3、4 行是以第一个参数为单元格而设置的公式,第 5、6 行是以第一个参数为单元格区域而设置的公式。

1. OFFSET 函数第一个参数选择的是单元格

可以采用 LOOKUP 函数的多条件查找的典型方式"LOOKUP(1,0/((条件区域=条件)＊(条件区域=条件)),查找区域)"先来计算指定产品"CW46004 产品"在指定日期(5 月 4 日)的入库数值。在 B3 单元格输入公式"＝LOOKUP(1,0/((N1:DB1=C1)＊(N2:DB2=B2)),OFFSET(F1,MATCH(A3,F3:F48,0)+1,8,1,93))"。

(1)公式中"(N1:DB1=C1)"是第一个条件,即在 5 月 1 日至 5 月 31 日整个日期区域中查找指定日期(C1 单元格,5 月 4 日)。

(2)"(N2:DB2=B2)"是第二个条件,即在 5 月 1 日至 5 月 31 日全部"入库、

出库和结存"区域中查找"入库"（B2 单元格，入库）。

(3)"OFFSET(F1,MATCH(A3,F3:F48,0)+1,8,1,93)"为 LOOKUP 函数的查找值的区域，相关参数介绍如下。

①OFFSET 函数的第一个参数是偏移基点，本例为一个单元格"F1"，即从 F1 单元格开始偏移。

②OFFSET 函数的第二个参数是偏移多少行，本例为"MATCH(A3,F3:F48,0)+1"。"MATCH(A3,F3:F48,0)"中，MATCH 函数要查找的值是 A3 单元格（CW46004 产品），查找区域是"F3:F48"（库存明细表的产品编码区域），即在全部产品编码中查找 CW46004 产品排在第几行。因为"F3:F48"区域是从第 3 行开始的，而 OFFSET 函数的偏移基点是 F1 单元格（第 1 行，偏移时不含第 1 行），所以要偏移多少行需要在"CW46004 产品排在第几行"的基础上加 1，即"MATCH(A3,F3:F48,0)+1"。

③OFFSET 函数的第三个参数是偏移多少列，本例查找值的区域是 5 月 1 日到 5 月 31 日的全部区域，从 N 列开始。以 F 列为基点与 N 列的间隔是 8 列，所以第三个参数直接输入"8"。

④OFFSET 函数的第四个参数是新引用区域的行数，本例新引用区域只有 1 行，所以第四个参数直接输入"1"。当第四或第五个参数为 1 时（即新引用区域为单行或单列），数字"1"可以不输入，但间隔的逗号不可少。比如本例也可写为"OFFSET(F1,MATCH(A3,F3:F48,0)+1,8,,93)"）。

⑤OFFSET 函数的第五个参数是新引用区域的列数，本例新引用区域是 5 月 1 日至 5 月 31 日全部区域，因每 1 日都有入库、出库和结存三列，所以整个区域的列数为 93 列（31* 3），第五参数输入"93"。

B3 单元格公式输入完成后，以"$"符号将相关行列固定，得到公式"=LOOKUP

(1,0/(($N$1:$DB$1=$C$1)*($N$2:$DB$2=B$2)),OFFSET($F$1,MATCH($A3,$F$3:$F$48,0)+1,8,1,93))"。再向右或向下拖动 B3 单元格,即完成全部公式的设计。

2. OFFSET 函数第一个参数选择的是单元格区域

如图 7-5 所示的表中,第 3、4 行 OFFSET 函数的第一个参数选择的是单元格,第 4、5 行 OFFSET 函数的第一个参数选择的是单元格区域。B5 单元格的公式是"=LOOKUP(1,0/((N1:DB1=C1)*(N2:DB2=B2)),OFFSET(N2:DB2,MATCH(A5,F3:F48,0),0))"。

此公式 LOOKUP 函数部分、MATCE 函数部分和 OFFSET 函数第一个参数选择单元格时完全相同,所不同的是 OFFSET 函数部分。"OFFSET(N2:DB2,MATCH(A5,F3:F48,0),0)"的参数介绍如下。

(1)OFFSET 函数的第一个参数是偏移基点,这里为单元格区域"N2:DB2",即从 N2:DB2 整个区域开始偏移。

(2)OFFSET 函数的第二个参数是偏移多少行。因为 OFFSET 函数偏移行列数不包括基点所在的行列,而 N2:DB2 区域在第 2 行,产品编码从第 3 行开始,所以,这里直接以 MATCH 函数确定的第几行为偏移多少行。

(3)OFFSET 函数的第三个参数是偏移多少列,因为此处偏移基点 N2:DB2 区域的列数就是 LOOKUP 函数查找值区域的列数,所以不用偏移(偏移 0 列)。第三个参数输入"0"。OFFSET 函数的第二个参数或第三个参数如果不偏移,可以直接输入"0",也可以不输入,但间隔的逗号不可少,比如本例也可写为"OFFSET(N2:DB2,MATCH(A5,F3:F48,0),)"。

(4)本例中,OFFSET 函数的第四个参数和第五个参数省略,代表新引用区域的行列数默认为参照系(即第一个参数)的行列数(即"N2:DB2"的行列数)。

注意，第四个参数和第五个参数需要同时省略。

B5 单元格公式输入完成后，以"$"符号将相关行列固定，得到公式"=LOOKUP(1,0/(($N$1:$DB$1=$C$1)*($N$2:$DB$2=B$2)),OFFSET($N$2:$DB$2,MATCH($A5,$F$3:$F$48,0),0)))"。再向右或向下拖动 B3 单元格，即完成全部公式的设计。

7.3　OFFSET＋MATCH 应用 2：Holt 预测模型（全表设计）

指数平滑法是较常用的需求预测方法，属于时间序列分析法的一种。指数平滑法的具体方法有很多种，较常见的有一次指数平滑法、Holt 双参数指数平滑法、Holt－Winters 二参数指数平滑法等。

本例进行预测建模所采用的预测方法是 Holt 双参数指数平滑法。

指数平滑法（一次指数平滑法）由布朗（Robert G. Brown）在时间序列分析和加权平均法的基础上提出，Holt 双参数指数平滑法则是由霍尔特（Holt）从一次指数平滑法扩展而来。霍尔特使用了两个平滑系数（α 和 β），分别估算序列的水平需求和增长趋势，所以将这种指数平滑法称为 Holt 双参数指数平滑法。关于指数平滑法的详细介绍请查阅我的另一本书《供应链计划：需求预测与 S&OP》。

7.3.1　Holt 双参数指数平滑预测模型的结构与逻辑

如图 7-6 所示，是笔者为一家公司所制作的预测模型。本预测模型以 HOLT 双参数指数平滑法进行基准预测（G 列至 I 列），再以清洗比率（D 列）调整基准预测（J 列），最后人工调整提交正式预测（L 列）。

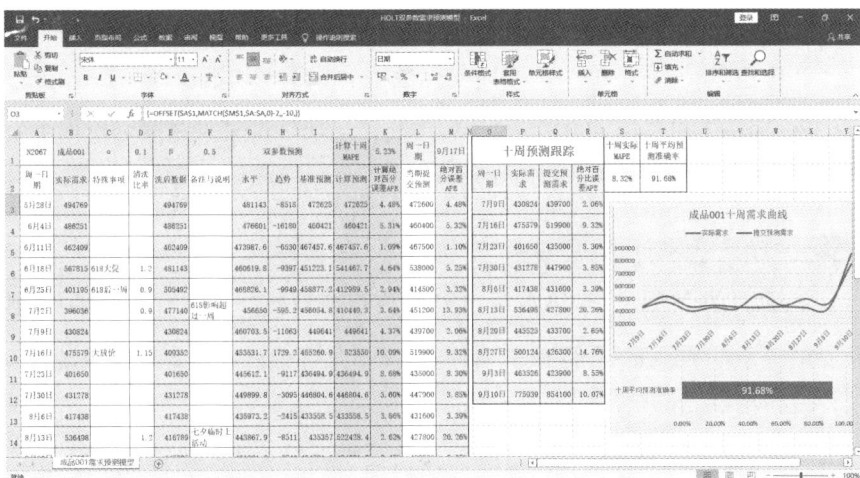

图 7-6　HOLT 双参数指数平滑预测模型

该公司最终的产品相对单纯,成品 SKU 不足 50 个,并且没有明显的爆款和滞销款。笔者为其制作了这样一个通用的预测模型,每款产品都单独预测,本例列出的是 N2067 产品"成品 001"。本模型以周为单位滚动地获取收集数据并进行预测,并对过去十周的预测进行跟踪,计算过去十周的平均预测准确率(1－MAPE)。

(1)A 列周一日期。本模型以周为单位滚动地收集数据和进行预测,以每周周一的日期代表这一周。M1 单元格的日期也为当周周一的日期。

(2)B 列实际需求。指周一所在的那一周,N2067 产品实际产生的需求。

(3)C 列特殊事项与 D 列清洗比率。特殊事项包括事前知晓的(已知的在预测时注明并填入清洗比率),也包括事前不知道的(未知的在事后注明并补录入清洗比率)。清洗比率在数据缺乏时以预测人员凭经验主观估计,当有多期数据(至少 3 期)后,可以采用线性回归分析或人工计算系数方法确定清洗比率。

(4)E 列洗后数据。本模型采用简单的数据清洗方法,如果未发生特殊事项，没有清洗比率或清洗比率为 1，那么洗后数据直接等于实际需求数据；如果发生了特殊事项，洗后数据为前三期实际数据的算术平均数。

（5）G 列至 I 列采用 HOLT 双参数指数平滑法进行基准预测。根据 HOLT 双参数指数平滑法计算思路及相关公式进行计算，同时采用试算评估法确定平滑系数 α 与 β 的值，经过试算，α 取值 0.1，β 取值 0.5。

（6）J 列计算预测，这是以清洗比率调整基准预测。当没有特殊事项时，计算预测就等于基准预测；有特殊事项时，计算预测等于清洗比率乘以基准预测。

（7）K 列计算绝对百分误差（APE），以计算预测与实际需求对比的绝对百分误差，等于实际需求减去计算预测取绝对值，再除以实际需求乘以百分之百。"计算十周 MAPE"，即计算十周平均绝对百分误差，指最近的十周（滚动十周）计算绝对百分误差（APE）的平均值。

（8）L 列当期提交预测，人工调整后最终确认并提交的预测，即当期最终的预测结果。

（9）M 列绝对百分误差 APE，是指以当期提交预测与实际需求对比的绝对百分误差，等于实际需求减去当期提交预测取绝对值，再除以实际需求乘以百分之百。

（10）O 列至 R 列十周预测跟踪，使用 OFFSET 函数抓取最近十周的周一日期、实际需求、提交预测和绝对百分误差，以对最近十周的预测情况进行跟踪和评价。

（11）S2 单元格十周实际 MAPE 与 T2 单元格十周平均预测准确率，十周实际 MAPE（平均绝对百分误差）是"十周预测跟踪"中绝对百分误差的平均数。十周平均预测准确率等于 1－十周实际 MAPE。

（12）11 周需求曲线，是根据十周预测跟踪自动生成的，最近十周实际需求与提交预测需求的曲线对比图。

7.3.2 Holt 双参数指数平滑预测模型预测部分的公式设计

理顺了 Holt 双参数指数平滑预测模型的结构与逻辑关系，可以对模型进行 Excel 公式设计。

1. 周一日期、实际需求、特殊事项、清洗比率、洗后数据确定

每周一的日期人工输入；实际需求以 VLOOKUP 函数或 HLOOKUP 函数从相关需求或出货报表中导入。特殊事项根据发生人工输入，清洗比率预测人员以自己经验人工输入。洗后数据前三期等于其实际需求，从第四期开始，如果未发生特殊事项，洗后数据等于实际需求数据；如果发生了特殊事项，洗后数据为前三期实际数据的算术平均数。

2. Holt 双参数指数平滑预测

平滑系数 α 和 β 采用试算评估法分别确定为 0.1 和 0.5；水平初始值 L1、L2 都采取前 3 期实际需求的算术平均数，趋势初始值 T1 采取前 2 期实际趋势，T2 采取前 3 期实际趋势的平均值；其他各期水平、趋势和基准预测按照 Holt 双参数指数平滑公式（如图 7-7 所示）进行 Excel 公式设计（简单的加减乘除）。

Holt 双参数指数平滑公式

$$L_t = \alpha S_t + (1-\alpha)(L_{t-1} + T_{t-1})$$

$$T_t = \beta(L_t - L_{t-1}) + (1-\beta)T_{t-1}$$

$$F_{t+m} = L_t + T_t m$$

图 7-7 Holt 公式

3. 计算预测与计算预测绝对百分误差 APE

以 IF 函数进行条件判断，没有特殊事时，计算预测直接等于基准预测；有特殊事项时，计算预测等于清洗比率乘以基准预测。J3 单元格公式为"＝IF(D3＝

0,I3,I3 * D3)"。

4. 计算预测绝对百分误差 APE

计算预测 APE 等于实际需求减去计算预测取绝对值再除以实际需求。K3 单元格的公式为"= ABS((B3-J3)/B3)"，同时将 K 列单元格格式调整为百分比。

5. 计算预测十周平均绝对百分误差 MAPE(K1 单元格)

此处计算的是最近十周计算预测 APE 的平均值，难点在于找到"最近十周"。可以用 OFFSET ＋ MATCH 函数组合，先找出最近十周的计算预测 APE，再用 AVERAGE 函数求平均值。K1 单元格公式为"= AVERAGE(OFF-SET(K1,MATCH(M1,A:A,0)- 2,0,- 10,1))"。OFFSET 函数第二、第三个参数为 0 和第四、第五个参数为 1 时可以不写。本例公式也可以写为"= AVERAGE(OFFSET(K1,MATCH(M1,A:A,0)- 2,,- 10,))"。

(1)OFFSET 函数第一个参数"K1"，为偏移基点，从 K1 单元格开始偏移。

(2)OFFSET 函数第二个参数"MATCH(M1,A:A,0)- 2"，为偏移多少行。此处"MATCH(M1,A:A,0)"的作用是从 A 列中找出 M1 单元格(当前周的周一，本例为 9 月 17 日)的位置，即 M1 单元格的这个日期在 A 列排多少行(本例为 19)。另因本例需要计算的是过去十周的 MAPE，所以过去十周的起点位置为当前这个日期的上一行，即当前日期的行号减 1(19－1＝18)。而从 K1 单元格偏移不含 K1 单元格，所以需要偏移到当前这个日期的上一行再减去 1，即OFFSET 函数第二个参数为"MATCH(M1,A:A,0)- 2"(即 19－2＝17)。

(3)OFFSET 函数第三个参数为"0"，即在列的方面不向右(或左)偏移，计算过去十周的 MAPE 所需要的数据是单列数据(过去十周每一周的 APE)。

(4)OFFSET 函数第四个参数是"－10"，代表新引用区域的行数向上延伸10 行，即过去十周每一周的 APE。

(5)OFFSET 函数第五个参数是"1"，代表新引用区域的列数只有 1 列。

确定过去十周 APE 的区域后,再用 AVERAGE 函数进行求平均,得出计算预测十周平均绝对百分误差 MAPE。

6. 当期提交预测与当期提交预测绝对百分误差 APE

当期提交预测为人工调的当期最终预测结果,人工输入;当期提交预测绝对百分误差 APE 是以当期提交预测与实际需求对比的绝对百分误差,M3 单元格公式为"= ABS((B3-L3)/B3)",并将 M 列单元格格式调整为百分比。

7.3.3 十周预测跟踪公式设计

如图 7-8 右半部分所示,十周预测跟踪由两部分组成:第一部分是十周预测跟踪数据,包括每一周的实际需求、当期提交的预测需求以及每一期的绝对百分误差 APE、十周平均绝对百分误差 MAPE 和十周平均预测准确率;第二部分是十周需求曲线图,包括十周预测曲线与实际需求曲线的对比和十周平均预测准确率的条形进度图。

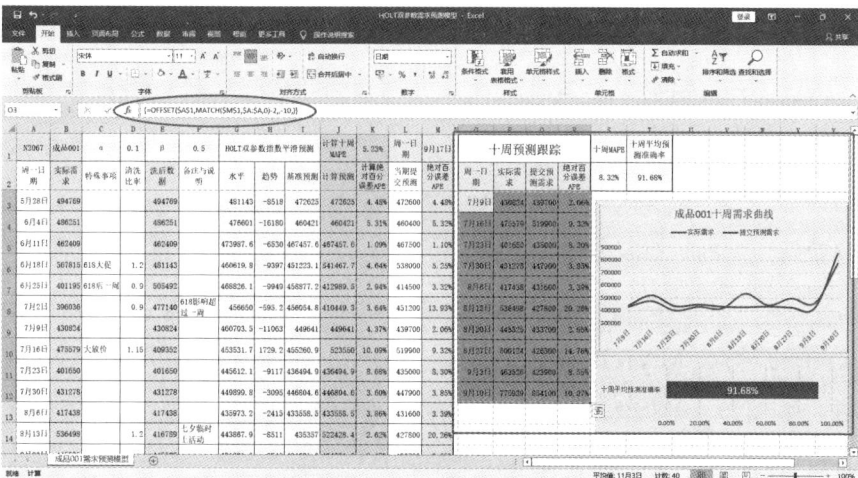

图 7-8 十周预测跟踪

1. 十周预测跟踪数据公式设计

十周预测数据采用 OFFSET 函数进行公式设计，OFFSET 函数计算得出的区域就是十周预测数据展现的结果。这是"OFFSET 函数计算得出的区域作为结果直接输出"的典型应用。

如图 7-8 右半部分所示，十周预测数据有四项数据，周一日期、实际需求、提交预测需求和绝对百分误差 APE，分别以 OFFSET 函数计算获取这四项的前十周数据。

（1）周一日期。

选定十周预测数据中"周一日期"区域（O3:O12），输入"{= OFFSET(A1, MATCH(M1,A:A,0)−2,0,−10,1)}"。此为数组公式，输入完成时，在编辑状态下"Ctrl＋Shift＋Enter"三键同按完成输入（下同），整个选定的区域（O3:O12）同时生成公式。

（2）实际需求。

选定十周预测数据中"实际需求"区域（P3:P12），输入数组公式"{= OFF-SET(B1,MATCH(M1,A:A,0)−2,0,−10,1)}"。

（3）提交预测需求。

选定十周预测数据中"提交预测需求"区域（Q3:Q12），输入数组公式"{=OFFSET(L1,MATCH(M1,A:A,0)−2,0,−10,1)}"。

（4）每一期的绝对百分误差 APE。

选定十周预测数据中"绝对百分误差 APE"区域（R3:R12），输入数组公式"{=OFFSET(M1,MATCH(M1,A:A,0)−2,0,−10,1)}"。每一期的绝对百分误差 APE，也可以直接以实际需求减去当期提交预测需求取绝对值，再除以实际需求进行计算，公式为"= ABS((P3−Q3))/P3"。

以上四个公式原理一样。下面以前十周"周一日期"的获取为例，说明 OFF-SET 函数在此类场景中的用法。过去十周周一日期计算为选定"O3:O12"区域输入数组公式"{＝OFFSET(A1,MATCH(M1,A:A,0)－2,0,－10,1)}"。

第一个参数"A1",即 A1 单元格,作为参照系的引用区域,从 A1 单元格开始偏移。

第二个参数"MATCH(M1,A:A,0)－2",以 MATCH 函数计算的偏移行数。MATCH 函数的第一个参数"M1"是当前这一周周一的日期(9 月 17 日),第二个参数"A:A"是过去全部周一的日期,MATCH 函数所解决的是在 A 列找到当前这一周周一的日期(9 月 17 日)所处的位置(行数),然后将这个行数作为 OFFSET 函数的行偏移数。因为 MATCH 函数找的是整个 A 列的,从第一行开始,而图 7-8 所示,数据从第 3 行开始,加之 OFFSET 函数偏移不包括参照系所在的那一行(列),所以,本例向下偏移的行数为"MATCH(M1,A:A,0)－2"。

第三个参数"0",表示不向左右偏移。

第四个参数"－10",表示新引用区域向上延伸 10 行。

第五个参数"1",表示新引用区域只有 1 列。

过去十周周一日期计算是选定"O3:O12"区域输入数组公式,以上 5 个参数输入完成,在编辑状态下"Ctrl＋Shift＋Enter"三键同按完成最终输入,整个选定的区域(O3:O12)同时生成公式,得出过去十周周一的日期。

过去十周的实际需求、提交预测需求和绝对百分误差 APE 的公式与过去十周周一日期基本一样,唯一不同的是第一个参数参照系。周一日期选的是 A1,偏移的结果就是 A 列的日期;实际需求的是 B1,偏移的结果就是 B 列的实际需求;提交预测需求的是 L1,偏移的结果就是 L 列的当期提交需求;绝对百分误差 APE 选的是 M1,偏移的结果就是 M 列的绝对百分误差 APE。

2. 十周需求曲线图制作

十周需求曲线是为了更直观地反映预测与实际的对比情况,而进行的可视化操作,十周需求曲线如图 7-8 右下所示。图中上半部分是实际需求与预测需求的曲线对比,下半部分是预测准确率的直观显示(条形图)。

（1）曲线图制作步骤

①如图 7-9 所示，点击"插入"选项卡，选择点击插入折线图和面积图，插入二维折线图，弹出一个空白图表，并自动跳转至"图表设计选项卡"，如图 7-10 所示。

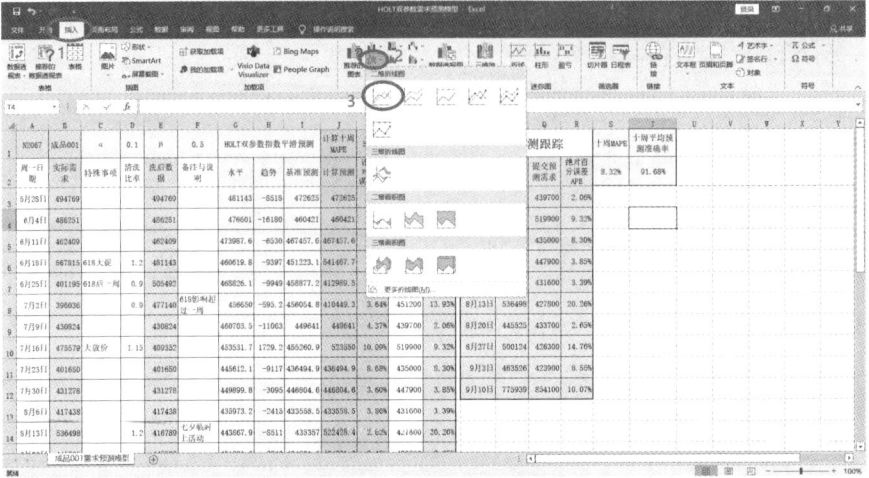

图 7-9　插入需求曲线

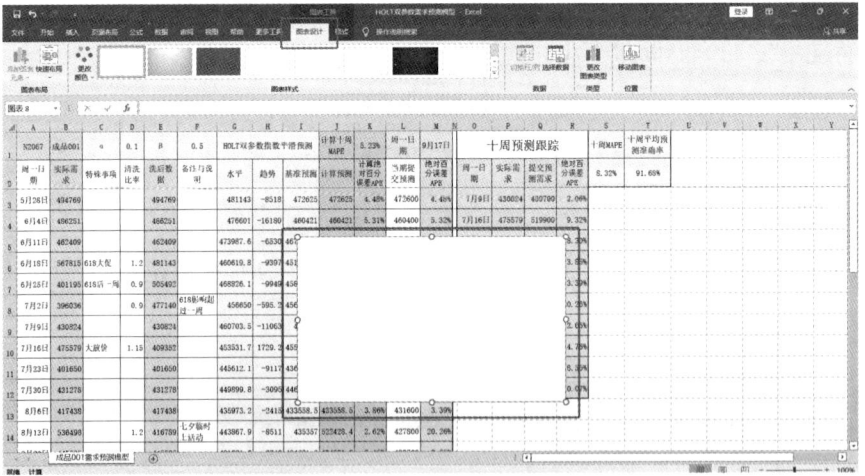

图 7-10　图表设计选项卡

②点击选定这个空白的图表,再点击选项卡上的"选择数据",弹出"选择数据源"窗口,如图 7-11 所示的。

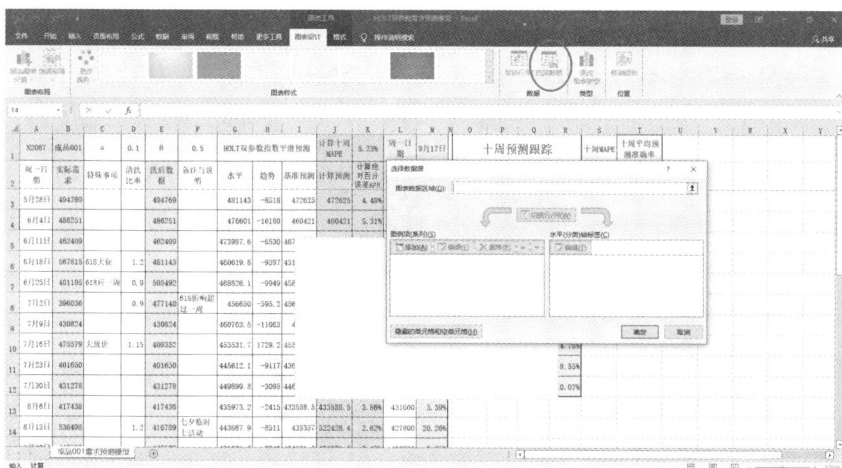

图 7-11　选择数据源

③点击"图表数据区域(D)"的填写区,选择十周预测跟踪数据区域(选择将"选择数据源"窗口移至一旁,选定 O2:R12 区域),这时页面如图 7-12 所示。

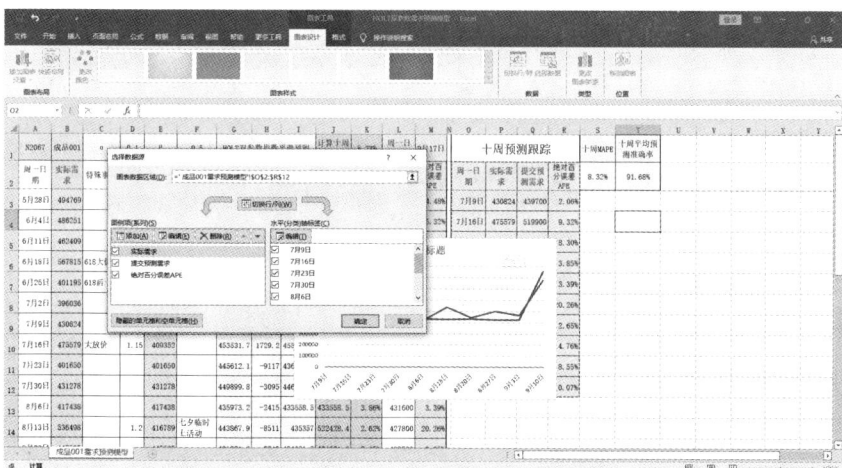

图 7-12　图表数据区域填写

④本例曲线图横向（水平）需要显示的是时间（日期），纵向需要显示的是实际需求与预测需求（提交预测需求），所以将"绝对百分误差 APE"前的选择点去，保留"实际需求"与"提交预测需求"两个选项，点击确定，生成如图 7-13 所示的折线图。

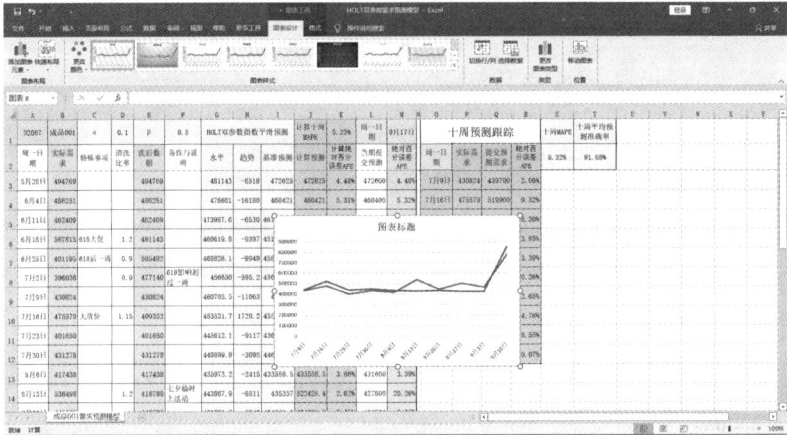

图 7-13　生成折线图

⑤点击图表，右上角出现加号等三个符号，点击加号，出现"图表元素"选择项，选择"图例"→"顶部"，图表中顶部出现图例。

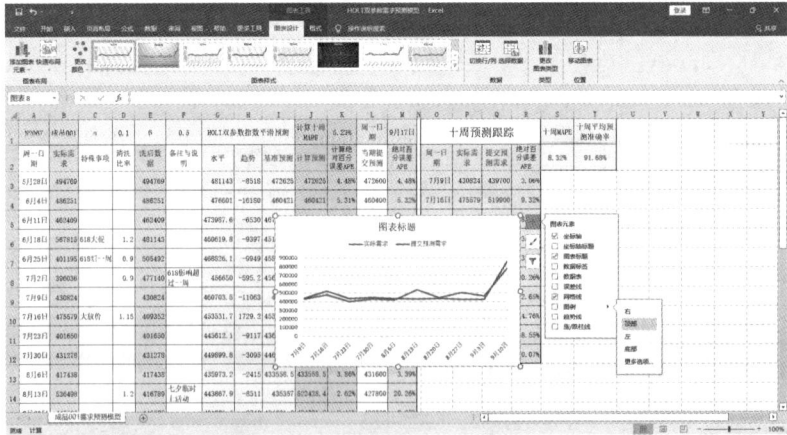

图 7-14　图表图例选择

⑥右键点击图表,在弹出的菜单中选择"设置图表区域格式",调出"设置图表区格式"栏,如图 7-15 所示。

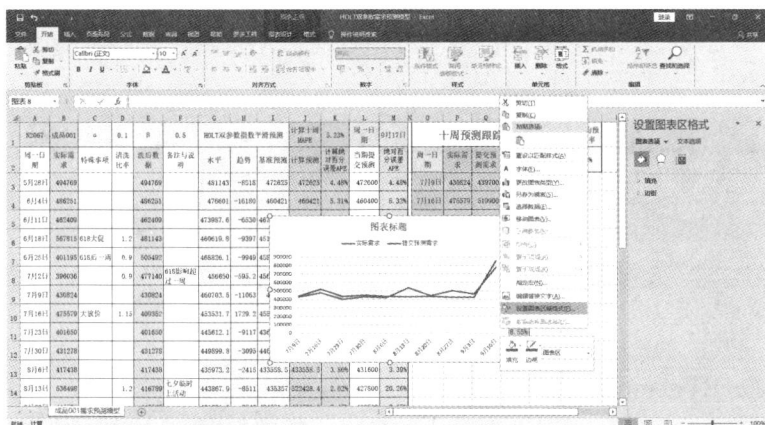

图 7-15 设置图表区格式

⑦分别点击两条曲线,右边的"设置图表区格式"变为"设置数据系列格式"。选择"系列选项"下第 1 个按钮"填充与线条",将最下面的"平滑线"选定,即将折线变为曲线,如图 7-16 所示。同时可选择曲线的颜色、线型和粗细等。

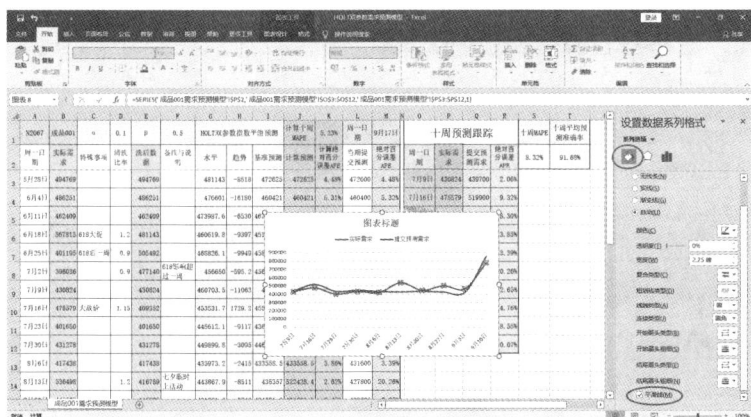

图 7-16 线条、填充

⑧点击图表上面"图表标题"4 个字，将其改为"十周预测曲线"。

⑨右键点击图表，在弹出菜单的上方选择"填充"，跳出图表的底纹颜色选择项，根据需要选择图表适合的颜色。再点击右键，选择"边框"，进行边框设置。如图 7-17 所示。

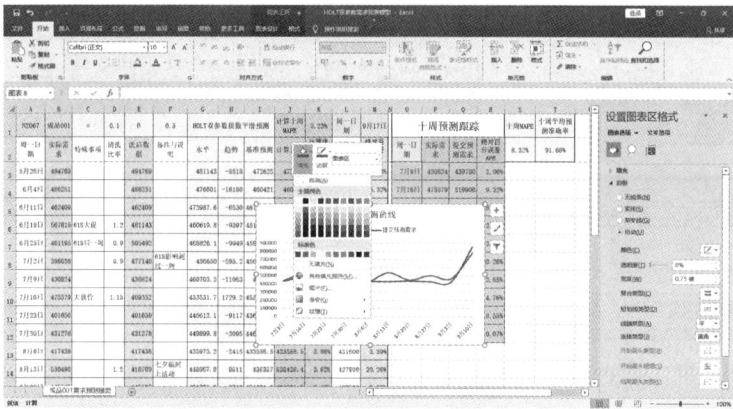

图 7-17　底纹边框设置

⑩关闭"设置图表区格式"，将设置好的图表移至表格中适合位置，完成需求曲线设置，如图 7-18 所示。

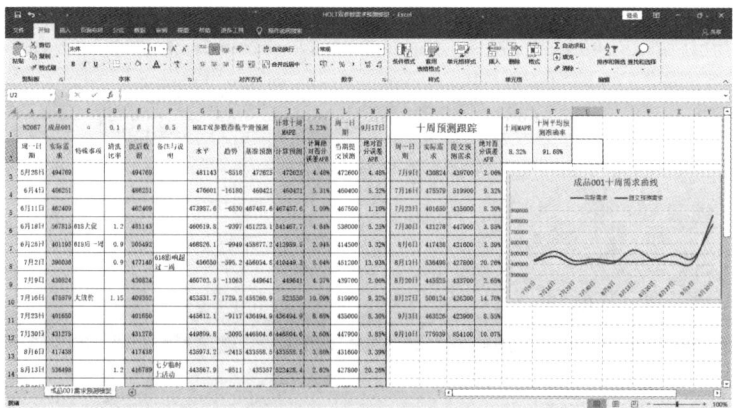

图 7-18　需求曲线设置完毕

（2）条形图制作

点击"插入"选项卡，选择点击插入柱形图或条件图：插入二维条形图。选择数据区域为 T1:T2（十周平均预测准确率），进行条形图的各项设置后，制作完成条形图，如图 7-19 所示。

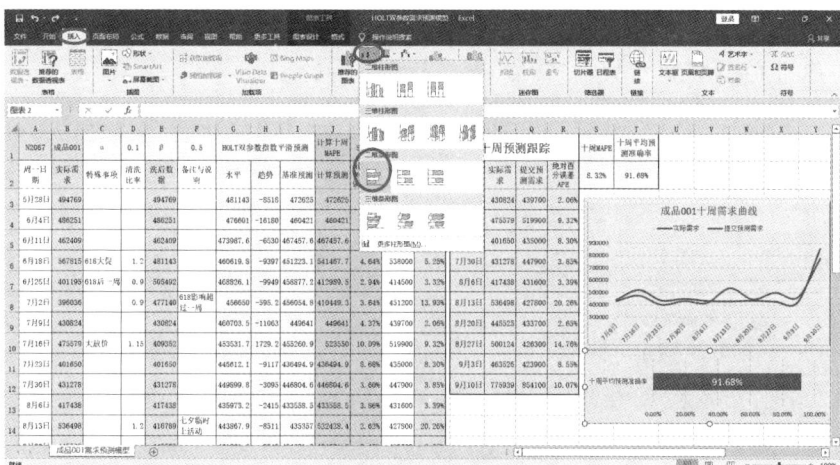

图 7-19　插入条形图

7.4　FIND 与 LEFT/MID 函数组合：导入地址的识别

甘当绿叶的隐形高手中，FIND 函数有点另类，它在做幕后英雄时一般不和别人配合，喜欢单独作战，然后再将自己的作战成果作为半成品给到其他文本函数使用，比如 LEFT 函数与 MID 函数。

Excel 中，对 FIND 函数的描述是，"返回一个字符串在另一个字符串中出现的起始位置（区分大小写）"。FIND 函数主要用于在第二个文本串中定位第一个文本串，并返回在第二个文本串中第一个文本串的起始位置的值，该值从第二个文本串的第一个字符算起。

7.4.1　FIND 函数参数

如图 7-20 所示，FIND 函数的语法为，"FIND(Find_text, Within_text,[Start_num])"，用中文翻译即为"FIND(要查找的文本，包含要查找文本的文本，[指定开始查找的位置])"。

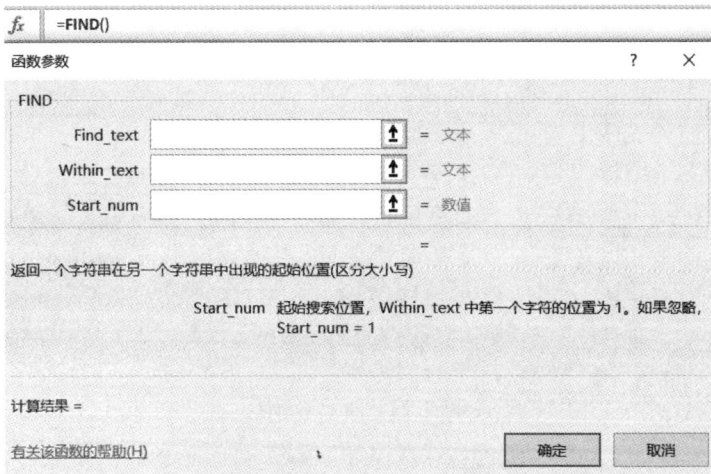

图 7-20　FIND 函数参数

（1）第一个参数 Find_text，要查找的字符串，用双引号（表示空串）可匹配 Within_text（第二个参数）的第一个字符，不能使用通配符。FIND 函数的第一个参数指的是需要查找的字符串（文本），也就是要找什么，如果直接输入文本需要加双引号。FIND 函数要查找的字符串中不支持通配符，并且区分大小写。如果输入双引号（表示空串），则要查找的就是第二个参数的第一个字符。

（2）第二个参数 Within_text，要在其中进行搜索的字符串。通俗一点就是"在哪里找"。FIND 函数第二个参数需要包含第一个参数"要查找的字符串"，也就是要在第二个参数中能够找到第一个参数，如果找不到，函数会出错。

（3）第三个参数 Start_num，起始搜索位置。Within_text 中第一个字符的位置为 1。FIND 函数第三个参数指的是在第二个参数中开始查找的位置（开始查找的字符数），即从哪里开始找。如果从第一个字符开始查找，第三个参数就是 1，从第五个字符开始查找，第三个参数就是 5。但是请注意，在 FIND 函数中，不管第三个参数是多少，FIND 函数最终的结果都是从第二个参数的第一个字符算起。第三个参数所起的作用，是忽略在第三参数之前出现的要查找的字符串（即第一个参数）。

FIND 函数的第三个参数可以省略，如果省略，函数则默认第三个参数为 1，即从第二个参数的第一个字符开始查找。

7.4.2　FIND 函数案例

如图 7-21 所示，是一个简单的模拟实例，以 B2 单元格的公式来说明 FIND 各参数的使用。

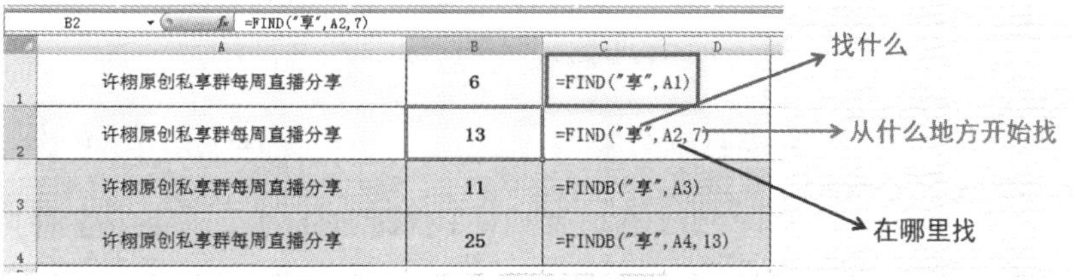

图 7-21　FIND 函数模拟简例

本例的任务，是在 A2 单元格的文本中，即"许栩原创私享群每周直播分享"这一个文本字符串中查找"享"字在这个字符串中所在位置。B2 单元格的公式为"=FIND("享",A2,7)"。

（1）第一个参数""享""，是要查找的字符串，即找什么。本例要找的是分享

173

的"享"字（直接输入文本时，需要加上双引号）。

（2）第二个参数"A2"，包含要查找字符串的字符串，即在哪里找。本例需要在 A2 单元格中找，即在"许栩原创私享群每周直播分享"这一个文本字符串中。

（3）第三个参数"7"，起始搜索位置，即指定开始查找的位置，从哪里开始查找。本例设置的是从第 7 个字符开始查找。

本例中，在 A2 单元格中从第 7 个字符开始找"享"字，找到的是第二个"享"（即最后面一个"享"字）。前文已提到，在 FIND 函数中，不管第三个参数是多少，FIND 函数最终的结果，都是从第二个参数的第一个字符算起。本例 B2 单元格的计算结果是 13。在 A2 单元格中，从第 1 个字符算起，第二个"享"是第 13 个字符。即第三个参数所起的作用：仅仅是忽略在第三个参数之前出现的要查找的字符串，而不是从第三个参数开始算起。

FIND 函数的第三个参数可以忽略。B1 单元格的公式忽略了第三个参数。B1 单元格的公式默认 FIND 函数为从第一个字符开始查找，这样查到的是第一个"享"，排第六位，B1 单元格结果显示为"6"。

在图 7-21 的下面两行，出现了 FINDB 函数。

FINDB 函数与 FIND 函数用法完全一样，所不同的是，FIND 函数将每个字符（不管是单字节字符还是双字节字符）都按 1 计数。比如上例中的"许栩原创私享群每周直播分享"就是 13 个数。而 FINDB 函数将每个单字节字符按 1 计数，将每个双字节字符按 2 计数。汉字是双字节字符，在 FINDB 函数中，一个汉字要计两个数。比如"许栩原创私享群每周直播分享"总数就是 26 个数。如图 7-21所示，相同的参数 FIND 函数与 FINDB 函数计算的结果不同。

Excel 中加"B"（字节）的类似函数还有一些，比如 LEN 函数与 LENB 函数，LEFT 函数与 LEFTB 函数，SEARCH 函数与 SEARCHB 函数等。简单来说，在Excel中，加"B"（字节）与不加"B"函数的主要区别就是汉字以 1 计数还是以 2 计数。

本书建议，在实战中，如果不是为了解决特定的问题，比如，中英文混合字符中查找英文或中文时，加“B”与不加“B”函数不要混合使用，以免出现不必要的错误。

7.4.3　导入地址识别的公式设计

目前一些 ToC 的电商公司，客单价不高但客户数量相当大，有时候需要对客户按照省市区进行分类和分析，以指导销售和物流的相关操作。不过，从相关系统中导出的客户地址信息往往是连在一起的，省市区没有分开。管理人员第一步要做的是从客户地址信息中拆分出省、市、区，以进行后续的分析和指导。

如图 7-22 所示，是从某公司销售数据中分析摘取的一部分，要从客户地址中拆分出省、市、区。这家公司从系统中导入的客户地址信息相对比较规则，其信息在省、市、区之间都有空格隔开，并且空格只出现省、市、区之间，这样就可以用 FIND 函数查找空格，以空格为介质，再辅以文本提取函数，比如 LEFT 函数等来提取、识别和区分省、市、区。

导入客户地址信息省、市、区识别的公式设计，可按以下步骤进行。

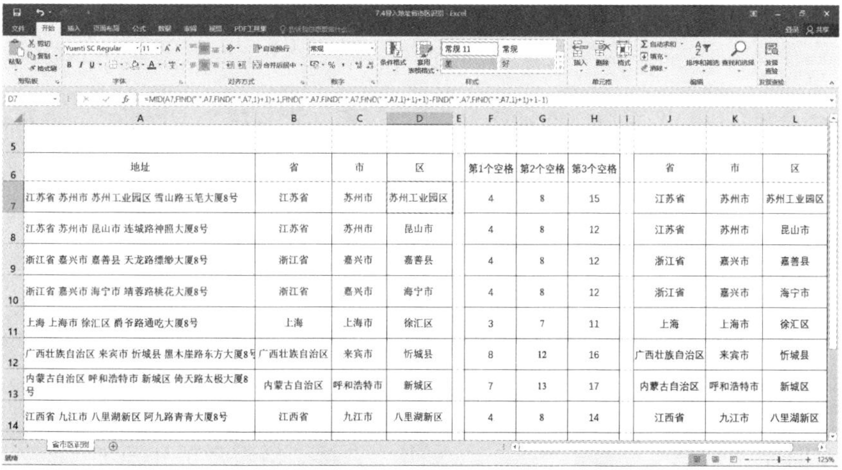

D7 =MID(A7,FIND(" ",A7,FIND(" ",A7,1)+1)+1,FIND(" ",A7,FIND(" ",A7,FIND(" ",A7,1)+1)+1)-FIND(" ",A7,FIND(" ",A7,1)+1)+1-1)

地址	省	市	区	第1个空格	第2个空格	第3个空格	省	市	区
江苏省 苏州市 苏州工业园区 雪山路玉笔大厦8号	江苏省	苏州市	苏州工业园区	4	8	15	江苏省	苏州市	苏州工业园区
江苏省 苏州市 昆山市 连城路神照大厦8号	江苏省	苏州市	昆山市	4	8	12	江苏省	苏州市	昆山市
浙江省 嘉兴市 嘉善县 天龙路缥缈大厦8号	浙江省	嘉兴市	嘉善县	4	8	12	浙江省	嘉兴市	嘉善县
浙江省 嘉兴市 海宁市 靖蓉路桃花大厦8号	浙江省	嘉兴市	海宁市	4	8	12	浙江省	嘉兴市	海宁市
上海 上海市 徐汇区 爵爷路通吃大厦8号	上海	上海市	徐汇区	3	7	11	上海	上海市	徐汇区
广西壮族自治区 来宾市 忻城县 黑木崖路东方大厦8号	广西壮族自治区	来宾市	忻城县	8	12	16	广西壮族自治区	来宾市	忻城县
内蒙古自治区 呼和浩特市 新城区 倚天路太极大厦8号	内蒙古自治区	呼和浩特市	新城区	7	13	17	内蒙古自治区	呼和浩特市	新城区
江西省 九江市 八里湖新区 阿九路青青大厦8号	江西省	九江市	八里湖新区	4	8	14	江西省	九江市	八里湖新区

图 7-22　省、市、区识别

（1）用 FIND 函数查找第 1 个空格，第 1 个空格前面的文本就是省份。

如图 7-22 所示，F 列是查找第 1 个空格的列，F7 单元格用 FIND 函数查找第 1 个空格的公式为"=FIND(" ",A7,1)"。

FIND 函数的第一个参数"" ""，即要查找的字符串为空格。空格需要双引号，因为空格为文本。在公式中，参与计算的文本需要加双引号。

FIND 函数的第二个参数"A7"，即在 A7 单元格"江苏省　苏州市　苏州工业园区　雪山路玉笔大厦 8 号"中找空格。

FIND 函数的第三个参数"1"，即从 A7 单元格"江苏省　苏州市　苏州工业园区　雪山路玉笔大厦 8 号"的第 1 个字符开始查找。

F7 单元格计算结果为 4，即 A7 单元格"江苏省　苏州市　苏州工业园区　雪山路玉笔大厦 8 号"中第 1 个空格为该字符串的第 4 个字符。

（2）因第 1 个空格之前为省份，可以用文本提取函数 LEFT，以 FIND 函数计算的结果提取省份。

Excel 中，对 LEFT 函数的描述为，"从一个文本字符串的第一个字符开始返回指定个数的字符"，即从目标文本中从左边开始提取指定个数的字符。如图 7-23所示，LEFT 函数的语法为，"LEFT(Text,[Num_chars])，共两个参数。第一个参数 Text，要提取字符的字符串（即目标文本）；第二个参数 Num_chars，要 LEFT 提取的字符数，即需要从目标文本中提取几个字符。LEFT 函数第二个参数可以省略；如果省略，则默认为 1。

图 7-22 中，J 列是提取省份的列，J7 单元格公式为"=LEFT(A7,F7－1)"。

LEFT 函数第一个参数"A7"，即需要从 A7 单元格（江苏省　苏州市　苏州工业园区　雪山路玉笔大厦 8 号）中提取字符。

LEFT 函数第二个参数"F7－1"，即从 A7 单元格中左边开始提取"F7－1"个字符串。F7 单元格是计算得出的第 1 个空格所处的位置（第 4 个字符），因需要提取的省份不包括空格，所以需要提取"F7－1"个。

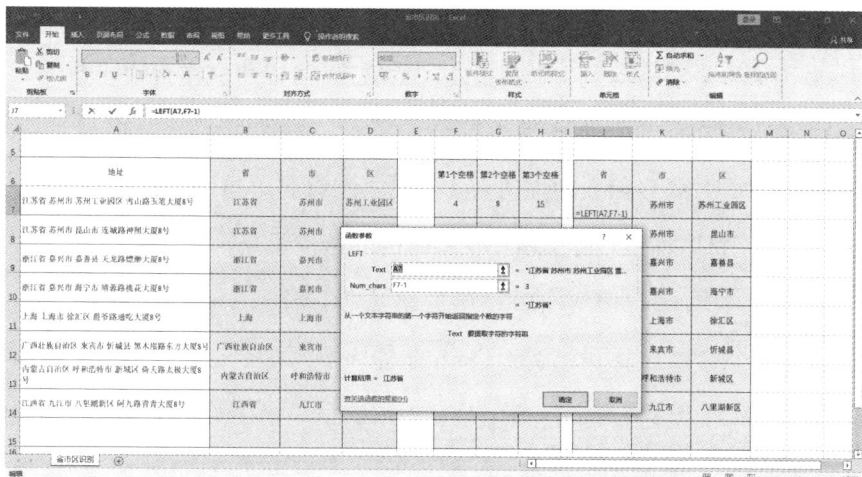

图 7-23　LEFT 函数参数

从 A7 单元格左边开始提取 3 个字符串就是"江苏省"，这样就实现了提取省份的目的。

（3）用 FIND 函数查找第 2 个空格，第 1 个空格和第 2 个空格之间的文本就是城市。

图 7-22 中，G 列是查找第 2 个空格的列，G7 单元格用 FIND 函数查找第 2 个空格的公式为"＝FIND(" ",A7,FIND(" ",A7,1)+1)"。

FIND 函数第一个参数"" ""，同样查找空格。

FIND 函数第二个参数"A7"，同样是在 A7 单元格"江苏省　苏州市　苏州工业园区　雪山路玉笔大厦 8 号"中找空格。

FIND 函数第三个参数"FIND(" ",A7,1)+1"，从 A7 单元格的第"FIND(" ",A7,1)+1"个字符开始查找。"FIND(" ",A7,1)"即已计算出的第 1 个空格的位置，加 1 是因为需要从第 1 个空格之后开始查找。

G7 单元格计算结果为 8，即 A7 单元格"江苏省　苏州市　苏州工业园区雪山路玉笔大厦 8 号"中第 2 个空格为该字符串的第 8 个字符。

（4）因第 1 个空格与第 2 个空格之间为城市，可以用文本提取函数 MID 以 FIND 函数计算的结果提取城市。

Excel 中，对 MID 函数的描述为，"从文本字符串中指定的起始位置起返回指定长度的字符"，即从目标文本中从指定的起始位置开始，提取指定的长度（个数）的字符。如图 7-24 所示，MID 函数语法为，MID（Text,Start_num,Num_chars），共三个参数。第一个参数 Text，准备从中提取字符串的文本字符串（即目标文本）；第二个参数 Start_num，准备提取的第一个字符的位置，即需要从目标文本中从哪个字符开始提取，Text 中第一个字符为 1；第三个参数 Num_chars，指定所要提取的字符串长度，即需要从目标文本中提取几个字符。

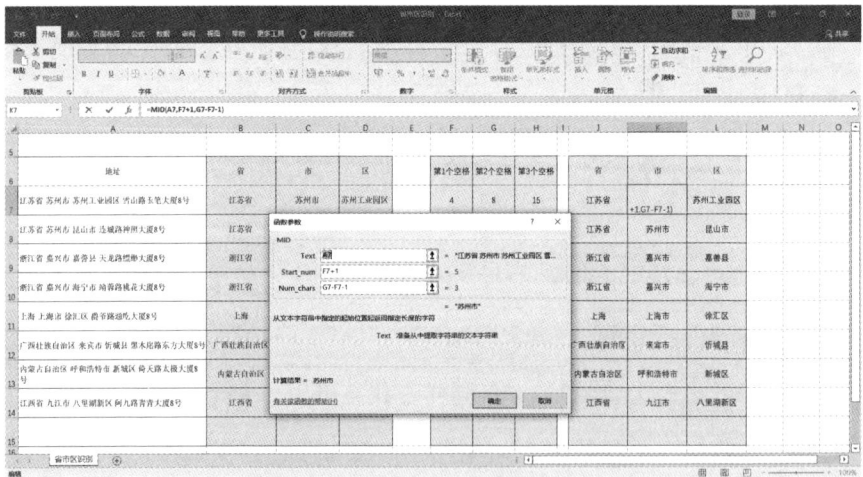

图 7-24　MID 函数参数

图 7-22 中，K 列是提取城市的列，K7 单元格公式为"＝MID（A7,F7＋1,G7－F7－1）"。

MID 函数的第一个参数"A7"，即需要从 A7 单元格(江苏省　苏州市　苏州工业园区　雪山路玉笔大厦 8 号)中提取字符。

MID 函数的第二个参数"F7+1"，即从 A7 单元格的"F7+1"的位置开始提取字符。F7 单元格是计算得出的第 1 个空格所处的位置(第 4 个字符)，因需要提取的城市不包括第 1 个空格，所以提取位置从"F7+1"(4+1＝5)开始。

MID 函数第三个参数"G7－F7－1"，即需要提取"G7－F7－1"个字符。G7 单元格是计算得出的第 2 个空格所处的位置(即第 8 个字符)，F7 单元格是计算得出的第 1 个空格所处的位置(即第 4 个字符)，因为需要提取的城市不包括空格，所以需要提取字符的个数为"G7－F7－1"(即 8－4－1＝3)。

在 A7 单元格中，从第 5 个字符开始提取 3 个字符串就是"苏州市"，这样就实现了提取城市的目的。

(5)用 FIND 函数查找第 3 个空格，第 2 个空格和第 3 个空格之间的文本就是区县。

图 7-22 中，H 列是查找第 3 个空格的列，H7 单元格用 FIND 函数查找第 3 个空格的公式为"＝FIND("　",A7,FIND("　",A7,FIND("　",A7,1)＋1)＋1)"。

公式中，"FIND("　",A7,FIND("　",A7,1)＋1)"即已计算出的第 2 个空格的位置，加 1 是因为需要从第 2 个空格之后开始查找。

(6)因第 2 个空格与第 3 个空格之间为区县，可以用文本提取函数 MID 以 FIND 函数计算的结果提取区县。

图 7-22 中，L 列是提取区县的列，L7 单元格公式为"＝MID(A7,G7＋1,H7－G7－1)"。

用 MID 函数提取区县的思路与提取城市一样，在此不再赘述。

以上 6 步是采取辅助列的方式提取省、市、区，如果不采取辅助列，也可以将以上步骤中的每两步进行合并而成一个公式。

计算省份的 B7 单元格公式＝LEFT(A7,FIND("　",A7,1)－1)。

计算城市的 C7 单元格公式＝MID(A7,FIND("　",A7,1)＋1,FIND("　",A7,FIND("　",A7,1)＋1)－FIND("　",A7,1)＋1－1)。

计算区县的 D7 单元格公式＝MID(A7,FIND("　",A7,FIND("　",A7,1)＋1)＋1,FIND("　",A7,FIND("　",A7,FIND("　",A7,1)＋1)＋1)－FIND("　",A7,FIND("　",A7,1)＋1)＋1－1)。

04

第四篇

判断与其他

第二篇和第三篇分别介绍了求和与查找函数。在供应链管理实战中，应用到的判断类函数相较不多，主要有两个：IF(IFS)函数与 IFERROR 函数。

本篇除介绍 IF(IFS)函数与 IFERROR 函数以外，还会介绍在供应链管理中不常使用，但在某些特定场合能起一定作用的其他函数。

第 08 章　孤篇横绝的 IF 函数

供应链管理必备的三大类函数中,求和函数有 SUM、SUBTOTAL、SUMIF、SUMIFS 以及 SUMPRODUCT、SUM＋IF 数组等各路好手;查找函数有 VLOOKUP、HLOOKUP、LOOKUP、INDEX、MATCH、OFFSET、FIND 以及 INDEX＋SMALL＋IF 等多位英雄;而第三大类判断函数,成员却很少,只有 IF、IFS 和 IFERROR,并且 IFS 和 IFERROR 是 IF 的升级函数或衍生函数。所以严格上来讲,判断函数其实只有一个,就是 IF 函数。

那么,以一个 IF 函数撑起来的判断函数能够与众多高手环绕的求和函数、查找函数相提并论吗? 唐朝有位诗人张若虚一生仅仅留下两首诗,凭借一篇《春江花月夜》与盛唐的那些伟大的诗人一道青史留名而毫不逊色。因为他有一首被后世评为"孤篇横绝,竟为大家"的诗歌,就是那首被称为"孤篇压全唐"或"孤篇盖全唐"的《春江花月夜》。

IF 函数之于 Excel,就相当于《春江花月夜》之于唐诗,孤篇横绝,竟为大家。拥有 IF 的判断函数,完全有资格与求和函数、查找函数平起平坐而毫不逊色。

8.1　IF 函数参数与单条件判断：呆滞处理跟踪表

IF 这个英文单词有如果和假如的意思。Excel 中的 IF 函数，其主要作用是对给出的条件进行判断，再根据判断情况返回不同的结果，这正是一个如果的过程。

人生也是一个如果的过程，也是一个根据条件作出判断并进行选择，从而得出不同结果的过程。

8.1.1　IF 函数描述与参数

IF 函数是一个条件判断函数，对给定的条件进行判断，如果满足条件则返回一个指定值，如果不满足条件则返回另一个指定的值。IF 函数的语法是，IF(Logical_test,[Value_if_true],[Value_if_false])，如图 8-1 所示。用中文翻译即为：IF(判断条件,满足条件时的返回值,不满足条件时的返回值)。

（1）第一个参数 Logical_test，是任何可能被计算为 TRUE 或 FALSE 的数值或表达式，即判断条件。这个条件可以直接用数值，也可以用各种形式表现出来的表达式，比如等于、不等于、大于、小于、大于或等于、小于或等于。

（2）第二个参数 Value_if_true，是第一个参数为 TRUE 时的返回值。即返回满足条件时的返回值。

（3）第三个参数 Value_if_false，是当第一个参数为 FALSE 时的返回值，即不满足条件时的返回值。如果忽略，则返回 FALSE。

f_x	=IF()

函数参数　　　　　　　　　　　　　　　　　　　　　　　　　　　　　? 　×

IF

Logical_test 　　　[　　　　　　　] ↑ 　= 逻辑值

Value_if_true 　　[　　　　　　　] ↑ 　= 任意

Value_if_false 　　[　　　　　　　] ↑ 　= 任意

　　　　　　　　　　　　　　　　　　　　　　　　　 =

判断是否满足某个条件，如果满足返回一个值，如果不满足则返回另一个值。

　　　　　Logical_test　是任何可能被计算为 TRUE 或 FALSE 的数值或表达式。

计算结果 =

有关该函数的帮助(H)　　　　　　　　　　　　　　　　确定　　　取消

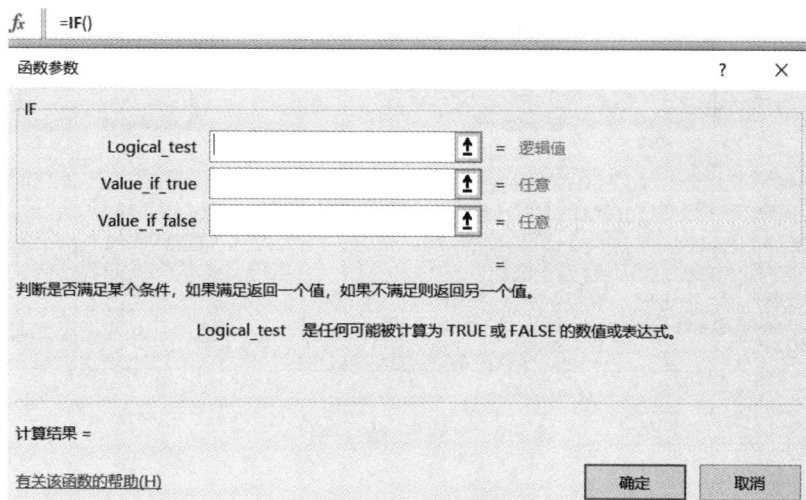

图 8-1　IF 函数参数

　　IF 函数的第三个参数可以省略。如果省略，满足条件时返回 Value_if_true，条件不满足则返回 FALSE。

　　实际工作中，判断条件可能只有一个，也可能有多个。对于单条件判断与多条件判断，IF 函数都能够有效地解决问题。

8.1.2　IF 函数单条件判断简例：呆滞处理跟踪表

　　以下用一个简单的例子，来说明 IF 函数各参数的使用(单条件)。

　　如图 8-2 所示是一个"呆滞处理跟踪明细表"。这个表的 N 列是跟踪呆滞的实际处理情况。根据实际的处理数量，计算剩余处理数量。即经过这轮处理后，呆滞还剩下多少，以便后续处理或关闭这一呆滞处理任务。

　　在本表中，实际处理情况(包含处理日期和处理数量)由操作人员人工输入或从其他报表导入，剩余处理数量经过计算生成。剩余处理数量的计算很简单，剩余处理数量(N 列)＝总呆滞数量(E 列)－实际已经处理的数量(M 列)。

N3 =IF(E3-M3<=0,"处理完成",E3-M3)

	A	B	C	D	E	F	G	H	I	J	K	L	M	N	O
1	呆滞及呆滞处理跟踪明细表											提报日期	2020/6/16		
2	物料编码	物料名称	单位	保质期（天）	呆滞数量	生产日期	呆滞判定日期	呆滞原因	呆滞处理方法	要求处理完成日期	处理责任人	实际处理日期	实际处理数量	剩余处理数量	忽略第3参数
3	W0001	A物料	Kg	270	100	2019/12/16	2020/9/19	过保质期	报废	2020/6/10	张三	2020/9/23	100	处理完成	处理完成
4	W0001	A物料	Kg	270	200	2020/3/30	2020/9/19	过临保期	W产品使用	2020/6/12	李四	2020/9/26	150	50	FALSE
5	W0001	A物料	Kg	270	150	2020/4/9	2020/9/19	过临保期	发放福利	2020/6/20	张三	2020/9/29	165	处理完成	处理完成
6	W0001	A物料	Kg	270	300	2020/8/24	2020/9/19	库存耗用不完	Y产品使用	2020/6/30	李四	2020/9/29	200	100	FALSE
7	W0001	A物料	Kg	270	2000	2020/8/29	2020/9/19	库存耗用不完	为期30天促销	2020/7/10	王五	2020/9/30	280	1720	FALSE
8	W0005	E物料	Kg	60	90	2020/8/29	2020/9/29	过临保期	新增，待确定		赵总			90	FALSE
9															

图 8-2　呆滞处理跟踪明细表

不过在实际工作场景中，可能会存在实际处理数量大于总呆滞数量的情况，尤其当处理数量从其他报表导入时更容易产生，比如将呆滞产品批量处理给相关采购方，但呆滞数量不够而启用了部分正常产品；再比如，企业以发福利的方式处理呆滞，但因呆滞库存数量有误或清点有误差等原因造成以正常产品补充等情况。

当出现实际处理数量大于总呆滞数量时，按公式“剩余处理数量＝总呆滞数量－实际已经处理的数量”进行计算时，呆滞剩余处理数量就会出现负数，这显然不合理。如本例表中的第 5 行，2020 年 4 月 9 日批次的 A 物料呆滞数量 150 kg，但发放福利时发出了 165 kg，如果按上述公式计算，这批呆滞将会剩余－15 kg，显然与事实不符。

当计算结果出现负数时，可以用 IF 函数来设计公式，以去除负值，显示正确结果。本例可以借用 IF 函数，设置一个条件，如果（IF）呆滞数量－实际处理数量小于或等于 0（即 E3－M3＜＝0），则表示处理完成，返回“处理完成”字样。即不管计算结果是负值还是 0，都显示处理完成，这样就避免了负库存的出现。如果呆滞数量－实际处理数量大于零,代表还有呆滞在库,需要继续处理,这时就按正常的"呆滞数量－实际处理数量＝剩余呆滞数量"进行计算。N3 单元格可以列出公式"＝IF(E3-M3<＝0,"处理完成",E3-M3)"。

(1)第一个参数"E3-M3<＝0",以表达式表示的判断条件。即呆滞数量减去实际数量是不是小于等于0,用这个表达式判断实际处理数量(M3)是不是比呆滞数量(E3)大。

(2)第二个参数""处理完成"",满足条件时的返回值。即如果实际处理数量大于或等于呆滞数量("E3-M3<＝0"),则返回"处理完成"。

(3)第三个参数"E3-M3",不满足条件时的返回值。即如果实际处理数量小于呆滞数量("E3-M3>0"),则返回"E3-M3"的计算结果。

前面提到,IF 函数的第三个参数可以省略,O 列就是以省略第三个参数的设置 IF 函数公式。O3 单元格公式为"＝IF(E3-M3<＝0,"处理完成")",省略了第三个参数。当省略第三参数时,满足条件时返回第二个参数("处理完成"),条件不满足时直接返回 FALSE,如本例表中的 O 列所示。

8.2　无处不在的 IF 函数 1:物流费用统计表中单票费用的计算

在供应链管理实战中,IF 函数的使用非常多,可以说是无处不在。

如图 8-3 所示是某公司的"物流费用统计表"。本表的合计票数、合计重量与合计金额计算在第三章第 2 节有详细介绍,本节仅介绍单票物流费用(快递费)的计算。

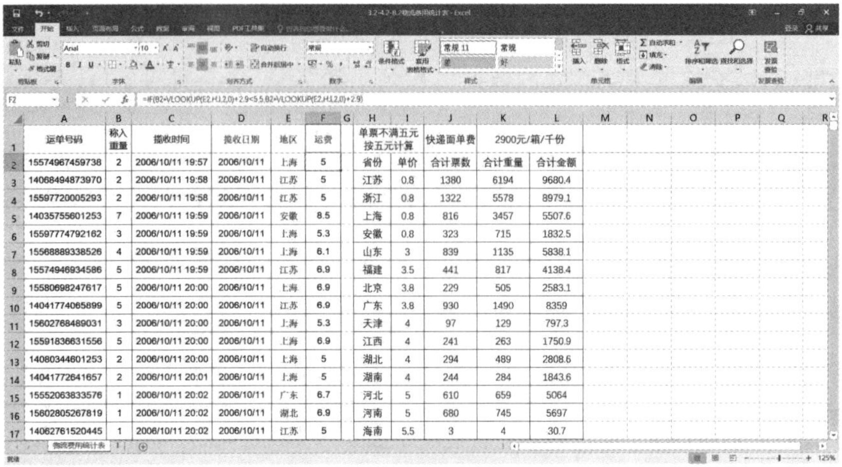

F2 =IF(B2*VLOOKUP(E2,H:I,2,0)+2.9<5,5,B2*VLOOKUP(E2,H:I,2,0)+2.9)

运单号码	称入重量	揽收时间	揽收日期	地区	运费	单票不满五元按五元计算		快递面单费	2900元/箱/千份	
15574967459738	2	2006/10/11 19:57	2006/10/11	上海	5	省份	单价	合计票数	合计重量	合计金额
14068494873970	2	2006/10/11 19:58	2006/10/11	江苏	5	江苏	0.8	1380	6194	9680.4
15597720005293	2	2006/10/11 19:58	2006/10/11	江苏	5	浙江	0.8	1322	5578	8979.1
14035755601253	7	2006/10/11 19:59	2006/10/11	安徽	8.5	上海	0.8	816	3457	5507.6
15597774792162	3	2006/10/11 19:59	2006/10/11	上海	5.3	安徽	0.8	323	715	1832.5
15568889338526	4	2006/10/11 19:59	2006/10/11	上海	6.1	山东	3	839	1135	5838.1
15574946934586	5	2006/10/11 19:59	2006/10/11	江苏	6.9	福建	3.5	441	817	4138.4
15580698247617	5	2006/10/11 20:00	2006/10/11	上海	6.9	北京	3.8	229	505	2583.1
14041774065899	5	2006/10/11 20:00	2006/10/11	江苏	6.9	广东	3.8	930	1490	8359
15602768489031	3	2006/10/11 20:00	2006/10/11	上海	5.3	天津	4	97	129	797.3
15591836631556	5	2006/10/11 20:00	2006/10/11	上海	6.9	江西	4	241	263	1750.9
14080344601253	2	2006/10/11 20:00	2006/10/11	上海	5	湖北	4	294	489	2808.6
14041772641657	2	2006/10/11 20:01	2006/10/11	上海	5	湖南	4	244	284	1843.6
15552063833576	1	2006/10/11 20:02	2006/10/11	广东	6.7	河北	5	610	659	5064
15602805267819	1	2006/10/11 20:02	2006/10/11	湖北	6.9	河南	5	680	745	5697
14062761520445	1	2006/10/11 20:02	2006/10/11	江苏	5	海南	5.5	3	4	30.7

图 8-3　物流费用统计表

8.2.1　物流单票费用计算规则与计算方法

案例公司采取的是快递发货，单票快递费用的计算分两部分：快递面单费用与称入重量费用。

快递面单费每票 2.9 元，称入重量费用按不同省份的单价和称入重量计算，不同省份的单价如图 8-3 中表所示的 H 列和 I 列所示。

同时，该公司与物流合作商合同约定，如果单票费用不满 5 元则按 5 元计算。即如果每票的快递面单费用加上称入重量费用不足 5 元的，那么该单的费用按 5 元计算。

根据以上规则，要计算单票快递费用（每一单发货的快递费用）可以分三步。

（1）根据每票的发货地区，在 H 列和 I 列找到该地区的快递单价，并以单价乘以该票的称入重量，得出该票的称入重量费用。

（2）将称入重量费加上面单费用（固定值 2.9 元），得出该票的总费用。

（3）将该票的总费用与 5 元相比较，如果小于 5 元，则按 5 元计算；如果大于或等于 5 元，则按该票的总费用计处。

8.2.2　物流单票费用的公式设计

根据以上三个步骤设计每一票的快递运费的公式，F2 单元格公式为"= IF(B2 * VLOOKUP(E2,H:I,2,0)+2.9<5,5,B2* VLOOKUP(E2,H:I,2,0)+2.9)"。

先看公式中的"B2* VLOOKUP(E2,H:I,2,0)+2.9"，其中"VLOOKUP(E2, H:I,2,0)"是以查找函数 VLOOKUP，在价格区域（H:I），根据发货的省份（E2）查找单价。找到该票的单价后，再乘以该票的称入重量（B2），即得到该票的称入重量费用，再加上固定的面单费用 2.9 元，得出该票的总费用。

再看整个公式，公式中 IF 函数的三个参数说明如下。

（1）IF 函数的第一个参数"B2* VLOOKUP(E2,H:I,2,0)+2.9<5"，判断条件，判断该票的总费用是不是小于 5 元。

（2）IF 函数的第二个参数"5"，返回满足条件时的返回值，如果该票的总费用小于 5 元（满足条件），则直接返回 5 元。

（3）IF 函数的第三个参数"B2* VLOOKUP(E2,H:I,2,0)+2.9"，不满足条件时的返回值，如果该票的总费用大于或等于 5 元（不满足条件），则返回"B2* VLOOKUP(E2,H:I,2,0)+2.9"的计算结果，即返回该票的总费用。

向下拖动 F2 单元格，得出全部发货票的单票费用。

8.3　无处不在的 IF 函数 2：订货预警和催货报警

如图 8-4 所示，是某公司的"原料库存明细与订货模型"。模型的右侧是物料库存与用量明细，左侧是订货指引。在订货部分，有两栏订货预警和催货报警。订货预警是模型监控到当前库存打破再订货点时，提醒物控人员发出订货需求；催货报警是模型监控到当前库存可能不能满足未来几天的需求，提醒物控人员向采购(或供应商)催货。

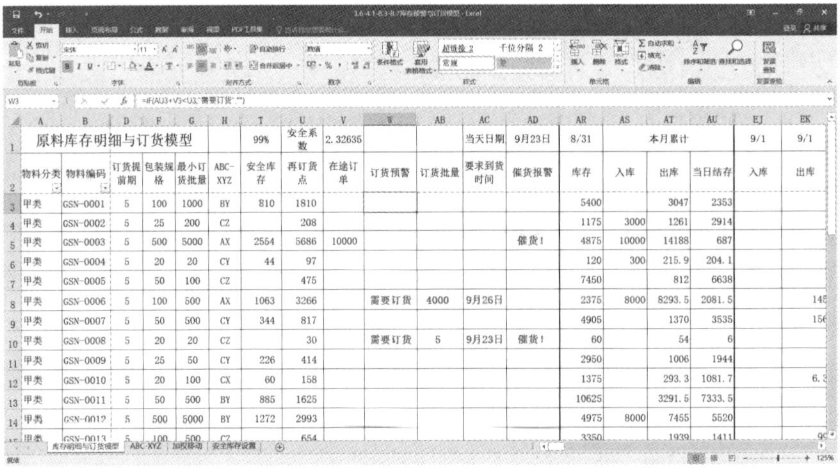

W3 =IF(AU3+V3<U3,"需要订货","")

	A	B	D	F	G	H	T	U	V	W	AB	AC	AD	AR	AS	AT	AU	EJ	EK
1	原料库存明细与订货模型						99%	安全系数	2.32635			当天日期	9月23日	8/31	本月累计			9/1	9/1
2	物料分类	物料编码	订货提前期	包装规格	最小订货批量	ABC-XYZ	安全库存	再订货点	在途订单	订货预警	订货批量	要求到货时间	催货报警	库存	入库	出库	当日结存	入库	出库
3	甲类	GSN-0001	5	100	1000	BY	810	1810						5400		3047	2353		
4	甲类	GSN-0002	5	25	200	CZ		208						1175	3000	1261	2914		
5	甲类	GSN-0003	5	500	5000	AX	2554	5686	10000				催货!	4875	10000	14188	687		
6	甲类	GSN-0004	5	20	20	CY	44	97						120	300	215.9	204.1		
7	甲类	GSN-0005	5	50	100	CZ		475						7450		812	6638		
8	甲类	GSN-0006	5	100	500	AX	1063	3266		需要订货	4000	9月26日		2375	8000	8293.5	2081.5		145
9	甲类	GSN-0007	5	50	500	CY	344	817						4905		1370	3535		156
10	甲类	GSN-0008	5	20	20	CZ		30		需要订货	5	9月23日	催货!	60		54	6		
11	甲类	GSN-0009	5	25	50	CY	226	414						2950		1006	1944		
12	甲类	GSN-0010	5	20	100	CX	60	158						1375		293.3	1081.7		6.3
13	甲类	GSN-0011	5	50	500	BY	885	1625						10625		3291.5	7333.5		
14	甲类	GSN-0012	5	500	5000	BY	1272	2993						4975	8000	7455	5520		
15	甲类	GSN-0013	5	100	500	CZ		654						3350		1939	1411		9

库存明细与订货模型 ABC-XYZ 加权移动 安全库存设置

图 8-4　原料库存明细与订货模型

8.3.1　订货预警与催货报警的逻辑

本订货模型采取的是定量订货法，即定量订货库存控制法，也称定量订货制(fixed—quantity system，FQS)，是指当库存量下降到预订的库存数量(订货点)时，立即按一定的订货批量进行订货的一种方式。(GB/T 18354—2021 物流术语)

通俗一点的说法是，根据预先设定再订货点和订货批量进行订货的方法，定量订货法要求即时地监控库存，当库存下降到预先设定的再订货点时，即按预先确定的订货批量提前订货。再订货点等于安全库存加上订货提前期的需求；而订货提前期的需求等于最低库存，所以再订货点等于安全库存＋最低库存。

订货预警就是指，当库存下降到预先设定的再订货点时进行预警，即当库存小于再订货点,模型跳出预警提示。此处的库存包括当日仓库的即时库存和在途订单(供应商未交付订单)。

本例中,订货预警在 W 列,当日仓库库存在 AU 列,在途订单在 V 列。再订货点在 U 列。当 AU 列的当日库存加上 V 列的在途订单小于 U 列的再订货点时,W 列显示"需要订货"进行预警。

催货报警基于的是仓库库存。当仓库库存小于按一定规则预先设定的未来一定天数的需求时,模型进行报警,提醒催货;否则将面临缺货。

预先设定的未来一定天数的需求,是指预先设定的一定天数乘以日均需求量。这个"一定天数"到底定多少天,需要根据企业的实际情况而定,比如物料的特性、供应商及时交付情况、企业库存控制的策略等。本例这个"一定天数"设定的是订货提前期的一半并向上取整,比如订货提前期是 6 天,这个"一定天数"就是订货提前期的一半 3 天;如果订货提前期是 7 天,这个"一定天数"是订货提前期的一半 3.5 天,向上取整为 4 天。

催货报警在 AD 列,当日仓库库存在 AU 列,订货提前期在 D 列,日均需求在 I 列,当 D 列的订货提前期的一半(向上取整)乘以 I 列的日均需求,大于 AU 列的当日仓库库存时,AD 列显示"催货!"进行报警。

8.3.2　订货预警与催货报警的公式设计

根据订货预警与催货报警的逻辑,其公式设计如下:

1. 订货预警

以 IF 函数判断是不是破再订货点并进行预警。W3 单元格的公式为"= IF(AU3+V3<U3,"需要订货","")"。

(1)IF 函数的第一个参数"AU3+V3<U3",判断条件。判断当日仓库库存与在途订单之和是不是小于再订货点。

（2）IF 函数的第二个参数""需要订货""，返回满足条件时的返回值。如果当日仓库库存与在途订单之和小于再订货点（满足条件），则返回""需要订货""（直接显示"需要订货"）。

（3）IF 函数的第三个参数""""，不满足条件时的返回值。如果日仓库库存与在途订单之和大于或等于再订货点（不满足条件），则返回""""，即返回空单元格（""表示空单元格，即单元格中什么都不显示）。

向下拖动 W3 单元格，即可对全部物料进行订货预警。

2. 催货报警

以 IF 函数判断当日仓库库存是不是小于订货提前期一半的需求，并进行报警，AD3 单元格公式为"= IF(ROUNDUP(D3/2,0)*I3>AU3,"催货!","")"。

（1）IF 函数的第一个参数"ROUNDUP(D3/2,0)*I3>AU3"，判断条件。判断订货提前期一半的需求是不是大于当日仓库库存。

第一个参数中出现了 ROUNDUP 函数，这是一个向上舍入函数（当舍入位数为 0 时，其作用就是向上即整）。Excel 中，对 ROUNDUP 函数的描述是，"向上舍入数字"，语法为"Number,Num_digits"。由两个参数组成：第一个参数 Number，需要向上舍入的任意实数，即对哪个实数向上舍入，本例是对"D3/2"（订货提前期的一半）这个计算结果进行向上舍入；第二个参数 Num_digits，舍入后的数字位数（如果此参数为负数，则将小数舍入到小数点左边某位；如果参数为零，则将小数转换为最接近的整数），本例为零，舍入为整数。

ROUND 函数、ROUNDUP 函数、ROUNDDOWN 函数是 3 个舍入函数，ROUND 函数是四舍五入，ROUNDUP 函数是向上舍入，ROUNDDOWN 函数是向下舍入。

（2）IF 函数的第二个参数""催货!""，返回满足条件时的返回值。如果当日仓库库存小于订货提前期一半的需求（满足条件），则返回""催货!""（直接显示

"催货!")。

（3）IF 函数的第三个参数"""""",不满足条件时的返回值。如果当日仓库库存大于或等于订货提前期一半的需求（不满足条件），则返回"""""",即返回空单元格。

向下拖动 AD3 单元格，即可设置全部物料的催货报警。

8.4　多条件判断 IF＋AND（OR）函数

前面两节讲的是 IF 函数的参数及其实例，这是 IF 函数的基础用法。在供应链管理的应用中，IF 函数远远不止这些基础用法，还有多条件判断、多条件嵌套等用法。

所谓多条件判断，是指根据多个不同的条件情况进行判断。IF 函数解决多条件判断问题，需要借助两个 Excel 兄弟，AND 函数和 OR 函数。

AND 和 OR 这两个函数，从它们的英文名称上就可以直观解释，一个是"和"AND，一个是"或"OR。前者是同时满足条件，即所有的条件全部满足才判断为 TURE，只要有一个条件不满足，即判断为 FALSE。后者是只要满足其中一个条件，在列出的多个条件中只要满足其中一个条件即判断为 TURE，只有当全部条件都不满足时才判断为 FALSE。

8.4.1　AND 函数及其参数

如图 8-5 所示，Excel 中，对 AND 函数的描述是，"检查是否所有参数均为 TRUE，如果所有参数均为 TRUE，则返回 TRUE"；只要有一个不符合要求就返回 FALSE。

AND 函数语法为，AND（Logical1，Logical2，Logical3，…），用中文翻译即

为：AND（判断条件 1，判断条件 2，判断条件 3，…）。AND 函数的参数 Logi-cal1，Logical2，Logical2，…，是 1 到 255 个结果为 TRUE 或 FALSE 的检测条件，检测内容可以是逻辑值、数组或引用。

AND 函数的判断条件至少需要有一个，最多可支持 255 个。判断条件可以是逻辑值、数组或引用，也可以是以"= 、< > 、>、<、> =、< ="等表示的表达式。

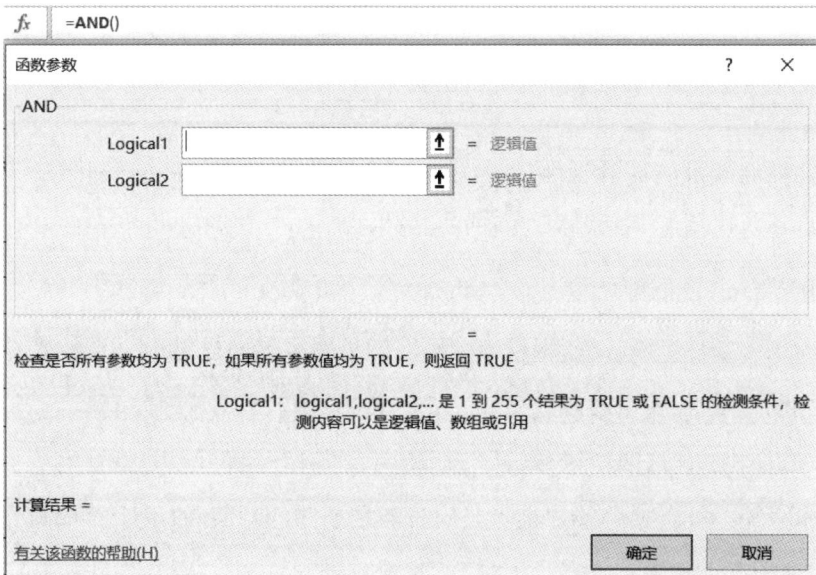

图 8-5　AND 函数参数

8.4.2　OR 函数及其参数

如图 8-6 所示，在 Excel 中，对 OR 函数的描述是，"如果任一参数值为TRUE，即返回 TRUE；只有当所有参数值均为 FALSE 时，才返回 FALSE"。即只要有一个满足条件就返回 TRUE；只有全部条件都不满足时才返回FALSE。

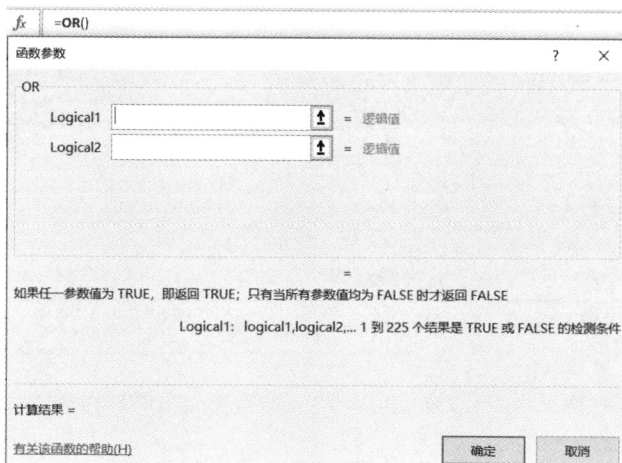

图 8-6　OR 函数参数

OR 函数语法与 AND 函数完全一样,为 OR(Logical1,Logical2,Logical3,…),用中文翻译即为:OR(判断条件 1,判断条件 2,判断条件 3,…)。OR 函数的参数 Logical1,Logical2,Logical2,…,也是 1 到 255 个结果为 TRUE 或 FALSE 的检测条件。

与 AND 函数一样,OR 函数的判断条件也至少需要一个,最多可支持 255 个。判断条件可以是逻辑值、数组或引用,也可以是以"=﹑< >﹑>﹑<﹑> =﹑< = "等表示的表达式。

OR 函数与 AND 函数最大的区别是"只要满足一个条件"和"满足全部条件",这就是"或"与"和"的区别。所以,往往将 OR 函数称为或函数,将 AND 函数称为和函数。

8.5　无处不在的 IF 函数 3:物流发货跟踪表(全表设计)

上一节介绍 AND 函数与 OR 函数的语法及参数,AND 函数、OR 函数配套

IF 函数使用可解决多条件判断问题。

如图 8-7 所示，是一个“物流发货跟踪表”。主要跟踪的是物流送货的实际到货时间是否在标准送达时间之前，并据此判断该票发货物流是否逾期。

J3　=IF(I3="","未收货","")

物流发货跟踪表								当天日期	9月30日	
发货日期	发货数量(吨)	物流公司	物流单号	客户名称	城市	标准到达天数	标准送达时间	客户实际收货时间	客户是否收货	物流是否逾期
9月23日	10	A物流公司	A00001	甲客户	上海	2	9月25日	9月25日		
9月23日	5	B物流公司	D00001	丁客户	深圳	3	9月26日	9月27日		逾期
9月24日	2	B物流公司	B00001	乙客户	北京	4	9月28日	9月28日		
9月27日	3	A物流公司	A00002	甲客户	上海	2	9月29日		未收货	逾期
9月28日	6	B物流公司	A00002	戊客户	广州	3	10月1日		未收货	

图 8-7　物流发货跟踪表

8.5.1　物流发货跟踪表的结构与逻辑

“物流发货跟踪表”记录着发货日期、发货数量、合作的物流公司、物流单号、客户名称、到达城市等发货信息，并记录了不同客户及与物流公司约定的物流到货时间(即标准到货天数)和据此计算的标准送达时间。客户实际收货时间为物流管理人员根据主动跟踪或客户反馈人工填入，客户是否收货与物流是否逾期设置公式自动生成。

“物流发货跟踪表”有三项需要计算。

(1)标准送达时间。

根据订单发货日期与双方约定的标准到达天数计算而成。标准送达时间就等于订单发货日期加上标准送达时间。比如 9 月 23 日经 A 物流公司发给上海甲客户的 10 吨货，标准到达天数是 2 天，9 月 23 日发货，那么标准送达时间为

9 月 25 日(9 月 23 日加 2 天)。

(2)客户是否收货。

因为物流管理人员需要跟踪客户收货情况,并将客户实际收货时间填上本跟踪表(I 列客户实际收货时间),所以可以据此判断,只要 I 列有实际收货时间的,就代表客户已收到货。

(3)物流是否逾期。

物流逾期有两种情况,一是客户没有收到货,并且目前的时间已超过标准送达时间;二是尽管客户收到了货,但客户收货的时间超过了标准送达时间。此两种情况判定为物流逾期,其他情况,比如客户没收到货但还没到标准送达时间为正常,继续跟踪。

8.5.2　物流发货跟踪表的公式设计

物流发货跟踪表三项计算分别在 H 列、J 列和 K 列。

H 列的标准送达时间公式非常简单,以 A 列的发货日期加上 G 列的标准到达天数即可。H3 单元格公式为"=A3+G3"。

1. 客户是否收货判定

J 列是客户是否收货列,根据 I 列是否有记录客户实际收货时间而判定,J3 单元格公式为"=IF(I3="","未收货","")"。

(1)IF 函数的第一个参数"I3="""",判断条件。判断 I3 单元格(客户实际收货时间)是不是空单元格,即有没有填入信息。

(2)IF 函数的第二个参数""未收货"",返回满足条件时的返回值。如果 I3 单元格没有填入信息,是空单元格(满足条件),则返回""未收货""(直接显示"未收货")。

(3)IF 函数的第三个参数"""",不满足条件时的返回值。如果 I3 单元格已经填入了信息,不是空单元格,客户已收到货(不满足条件),则返回"""",即返回空单元格。

向下拖动 J3 单元格，完成全部"客户是否收货"公式设计。

2. 物流是否逾期判定

K 列是物流是否逾期列，需要分客户已收货和未收货两种情况进行判断是否逾期。

（1）客户已收货。客户实际收货时间大于标准送达时间的，判断为逾期。

（2）客户未收货，当天日期（物流人员进行物流跟踪的当天）大于标准送达时间的（即超过了约定的时间还没收到货），判定为逾期。

据以上两点，列出 K3 单元格公式"= IF（OR（AND（J3=""，H3<I3），AND（J3="未收货"，$J$1>H3）），"逾期"，""）"。

这是由 IF 函数和 OR 函数及 AND 函数组合解决问题的一个公式。"OR（AND（J3=""，H3<I3），AND（J3="未收货"，$J$1>H3））"作为 IF 函数的第一个参数，判断条件。此判断条件由三部分组成。

（1）"AND（J3= ""，H3<I3）"，同时满足"J3- """和"H3<I3"两个条件，即同时满足"客户已收到货"（J 列客户是否收货，为空代表客户已收到货）和"标准送达时间小于客户实际收货时间"两个条件。

（2）"AND（J3="未收货"，$J$1>H3）"，同进满足"J3="未收货""和"$J$1>H3"两个条件，即同时满足"客户未到货"和"当天日期大于标准送达时间"两个条件。

（3）"OR（AND（J3=""，H3<I3），AND（J3= "未收货"，$J$1>H3））"，第 1、第 2 两条只要满足其中一个，即认为符合条件。

IF 函数的第二个参数""逾期""，返回满足条件时的返回值，如果满足以上第 1、第 2 两条中的任一一条，则返回""逾期""（直接显示"逾期"）。

IF 函数的第三个参数"""，不满足条件时的返回值，如果第 1、第 2 两条都不满足,则返回""",即返回空单元格。

向下拖动 K3 单元格,完成全部"物流是否逾期"公式设计(当天日期$J$1单元格是完全固定的)。

8.6　多条件多结果的 IF 嵌套

上两节分别介绍了 IF 函数的单条件判断,以及 IF 函数与 AND&OR 函数的组合解决问题的多条件判断。不管是单条件判断还是多条件判断,它们解决的都是返回单结果的问题,即根据条件判断得到一个结果。单条件判断是单条件单结果,多条件判断是多条件单结果。

在实际工作中,除了单条件单结果或多条件单结果以外,还会出现多条件多结果的应用场景,这时需要用到 IF 嵌套。

8.6.1　IF 嵌套及其公式形式

IF 嵌套也称为多重 IF,是指由两个或两个以上的 IF 一环一环相嵌而成的一组公式,用以解决不同条件返回不同结果的问题(即多条件多结果)。

IF 函数嵌套的公式形式是:＝IF(判断条件 1,满足条件 1 的结果,IF(判断条件 2,满足条件 2 的结果,IF(判断条件 3,满足条件 3 的结果,…,IF(判断条件 n,满足条件 n 的结果,不满足所有条件的结果)))…)。

IF 函数嵌套结尾共有 n 个右括号,即有多少个 IF,最后面就有多少个右括号。

在 Excel 2003 及以前版本中,IF 函数可以嵌套 7 层,在 2007 及以后的版本中,可以嵌套 64 层,这在实战中足够使用。当然,如果 IF 函数嵌套过多,会使公式显得非常复杂,并且很容易出错。所以,如果碰到需要非常多重的嵌套,比如十重以上，才能解决问题的情况，不建议用 IF 嵌套，可以考虑采取其他函数或相关软件或系统来解决。

IF 函数嵌套的本质，是以一个 IF 函数做原 IF 函数的第三个参数。比如两重嵌套，IF（判断条件，满足条件的结果，IF（判断条件，满足条件的结果，不满足条件的结果）），其中，后面的"IF（判断条件，满足条件的结果，不满足条件的结果）"充当着前面 IF 函数的第三个参数。

上面的 IF 嵌套参数可以解释为，如满足条件 1，则返回满足条件 1 的结果，如果不满足条件 1 的，则返回后面的 IF，即 IF（判断条件 2，满足条件 2 的结果，…，IF（判断条件 n，满足条件 n 的结果，不满足所有条件的结果））…），以此类推，直至得出最后结果。

IF 函数嵌套中，每一个 IF 后面都是判定条件，每一个判定条件后面紧跟着的，都是满足这一判定条件时返回的结果。最后一个参数是不满足列出的所有条件时的结果，即当所有条件都不满足时，返回最后一个参数。

8.6.2　IF 函数嵌套简例：爆旺平滞判定表

如图 8-8 所示，是某公司的"爆旺平滞判定表"。该公司以过去两个月的销售份数，对公司全部产品进行分级，确定爆旺平滞。该公司爆旺平滞的判定标准：两月累计销售 40 万份以上（含）确定为爆款，20 万份（含）至 40 万份之间确定为旺销款，1 万份（含）至 20 万份之间确定为平款，1 万份以下确定为滞销款。

根据爆旺平滞的判定标准，以及各款产品前两个月的累计销售份数，可以用 IF 函数嵌套，来确定每一款产品的分类。

在 C2 单元格输入公式"= IF（B2> =400000,"爆款",IF（B2> =200000,"旺销",IF（B2> =10000,"平款","滞销"）））"。这是 IF 函数嵌套的基础公式，也是 IF 函数嵌套最常规的应用。

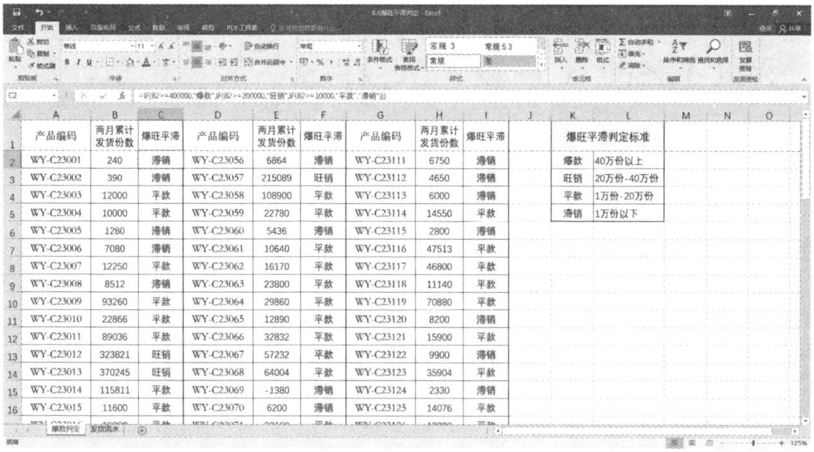

产品编码	两月累计发货份数	爆旺平滞	产品编码	两月累计发货份数	爆旺平滞	产品编码	两月累计发货份数	爆旺平滞
WY-C23001	240	滞销	WY-C23056	6864	滞销	WY-C23111	6750	滞销
WY-C23002	390	滞销	WY-C23057	215089	旺销	WY-C23112	4650	滞销
WY-C23003	12000	平款	WY-C23058	108900	平款	WY-C23113	6000	滞销
WY-C23004	10000	平款	WY-C23059	22780	平款	WY-C23114	14550	平款
WY-C23005	1280	滞销	WY-C23060	5436	滞销	WY-C23115	2800	滞销
WY-C23006	7080	滞销	WY-C23061	10640	平款	WY-C23116	47513	平款
WY-C23007	12250	平款	WY-C23062	16170	平款	WY-C23117	46800	平款
WY-C23008	8512	滞销	WY-C23063	23800	平款	WY-C23118	11140	平款
WY-C23009	93260	平款	WY-C23064	29860	平款	WY-C23119	70880	平款
WY-C23010	22866	平款	WY-C23065	12890	平款	WY-C23120	8200	滞销
WY-C23011	89036	平款	WY-C23066	32832	平款	WY-C23121	15900	平款
WY-C23012	323821	旺销	WY-C23067	57232	平款	WY-C23122	9900	滞销
WY-C23013	370245	旺销	WY-C23068	64004	平款	WY-C23123	35904	平款
WY-C23014	115811	平款	WY-C23069	-1380	滞销	WY-C23124	2330	滞销
WY-C23015	11600	平款	WY-C23070	6200	滞销	WY-C23125	14076	平款

爆旺平滞判定标准	
爆款	40万份以上
旺销	20万份-40万份
平款	1万份-20万份
滞销	1万份以下

图 8-8　爆旺平滞判定表

IF 函数嵌套按先后顺序进行条件判断，先判断第一个 IF 给出的条件，如果满足，即返回第一个条件后面的结果；如果不满足，再判断第二个条件，第二个条件如果满足，返回第二个条件后面的结果；如果不满足，再判断第三个条件，以此类推。

本例的公式中，IF 嵌套的判断顺序如下。

(1)判断 B2 单元格(两月累计销售份数)是不是大于或等于 400 000 份，如果大于或等于 400 000 份(满足条件)，将此款产品判定为“爆款”，公式计算结束。如果 B2 单元格小于 400 000 份(不满足条件)，则往下判断第二个条件。

(2)判断 B2 单元格是不是大于或等于 200 000 份(判断第二个条件)，如果大于或等于 200 000 份(满足条件)，将此款产品判定为“旺销”，公式计算结束。如果 B2 单元格小于 200 000 份(不满足条件)，则往下判断第三个条件。

(3)判断 B2 单元格是不是大于或等于 10 000 份(判断第三个条件)，如果大于或等于 10 000 份(满足条件)，将此款产品判定为“平款”，公式计算结束。如果 B2 单元格小于 10 000 份(不满足条件，即不满足上述所有条件)，将此款产品判定为“滞销”。

8.7 无处不在的 IF 函数 4：安全库存及订货批量计算方法的选择

如图 8-9 所示，是某公司的"物料订货模型"。安全库存是订货的重要参数，而订货批量则是订货模型的主要输出之一。

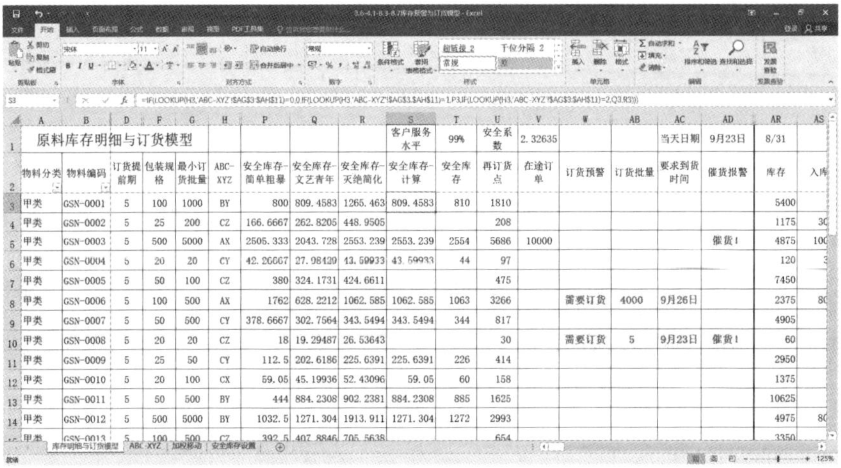

S3 =IF(LOOKUP(H3,'ABC-XYZ'!$AG$3:$AH$11)=0,0,IF(LOOKUP(H3,'ABC-XYZ'!$AG$3:$AH$11)=1,P3,IF(LOOKUP(H3,'ABC-XYZ'!$AG$3:$AH$11)=2,Q3,R3)))

	A	B	D	F	G	H	P	Q	R	S	T	U	V	W	AB	AC	AD	AR	AS
1	原料库存明细与订货模型									客户服务水平	99%	安全系数	2.32635			当天日期	9月23日	8/31	
2	物料分类	物料编码	订货提前期	包装规格	最小订货批量	ABC-XYZ	安全库存-简单粗暴	安全库存-文艺青年	安全库存-天绝简化	安全库存-计算	安全库存	再订货点	在途订单	订货预警	订货批量	要求到货时间	催货报警	库存	入库
3	甲类	GSN-0001	5	100	1000	BY	800	809.4583	1265.463	809.4583	810	1810						5400	
4	甲类	GSN-0002	5	25	200	CZ	166.6667	262.8205	448.9505			208						1175	30
5	甲类	GSN-0003	5	500	5000	AX	2505.333	2043.728	2553.239	2553.239	2554	5686	10000				催货！	4875	10
6	甲类	GSN-0004	5	20	20	CY	42.26667	27.98429	43.59933	43.59933	44	97						120	3
7	甲类	GSN-0005	5	50	100	CZ	380	324.1731	424.6611			475						7450	
8	甲类	GSN-0006	5	100	500	AX	1762	628.2212	1062.585	1062.585	1063	3266		需要订货	4000	9月26日		2375	8
9	甲类	GSN-0007	5	50	500	CY	378.6667	302.7564	343.5494	343.5494	344	817						4905	
10	甲类	GSN-0008	5	20	20	CZ	18	19.29487	26.53643			30		需要订货	5	9月23日	催货！	60	
11	甲类	GSN-0009	5	25	50	CY	112.5	202.6186	225.6391	225.6391	226	414						2950	
12	甲类	GSN-0010	5	20	100	CX	59.05	45.19936	52.43096	59.05	60	158						1375	
13	甲类	GSN-0011	5	50	500	BY	444	884.2308	902.2381	884.2308	885	1625						10625	
14	甲类	GSN-0012	5	500	5000	BY	1032.5	1271.304	1913.911	1271.304	1272	2993						4975	8
15	甲类	GSN-0013	5	100	500	CZ	392.5	407.8846	705.5638			654						3350	

图 8-9 物料订货模型

8.7.1 安全库存及订货批量计算方法的选择逻辑

"物料订质模型"的 H 列为物料的 ABC-XYZ 矩阵分类，P 列至 R 列分别给出了安全库存的三种计算方法。S 列是根据物料的分类而选择哪一种安全库存计算方式，T 列为经人工调整后最终确定的安全库存。

在这里先简单叙述一下几种常见的安全库存计算方法。简单粗暴算法以紧急订货提前期乘以日均需求计算安全库存；文艺青年算法以订货提前期乘以最大离均差计算安全库存；灭绝师太算法采用安全库存经典公式，安全库存＝z $\sqrt{\sigma_d^2(\overline{L})+\sigma_d^2(\overline{d})^2}$。本例采用的是灭绝师太的简化算法（安全库存＝$z\sigma_d\sqrt{\overline{L}}$）。

　　X 列至 Z 列分别给出了订货批量的三种计算方法，AA 列是根据物料的分类而选择哪一种订货批量计算方式，AB 列为经人工调整后最终确定的订货批量。

　　根据 ABC-XYZ 矩阵分类而对安全库存计算方法的选择和订货批量确定方法的选择如图 8-10 所示。AX、AY 类采取灭绝师太简化算法，以目标库存定量法进行订货。AZ、BY 类采取文艺青年算法，以最小订货批量进行订货。BX 类采取简单粗暴算法，以最高库存定量法进行订货。BZ 类，不设置安全库存。CX 类设置安全库存，采取简单粗暴算法，以最小订货批量进行订货。CY 类设置安全库存，采取灭绝师太简化算法，以最小订货批量进行订货。CZ 类不设置安全库存。

ABC-XYZ 矩阵分类安全库存设置方法

分类	是否设置安全库存	安全库存计算方法	订货方法
AX/AY	设置	灭绝师太简化	定期＋目标库存定量法
AZ/BY	设置	文艺青年	定量＋最小订货批量
BX	设置	简单粗暴	定量＋最高库存定量法
BZ	不设置	强替代性	供应商物料安全库存
CX	设置	简单粗暴	定量＋最小订货批量
CY	设置	灭绝师太简化	定期＋最小订货批量
CZ	不设置	淘汰选项	MTO

图 8-10　安全库存设置与订货批量的确定

　　按照图 8-10 的设置方法，在安全库存设置与计算方法方面，以 0 表示不设置安全库存，1 表示采用简单粗暴算法，2 表示文艺青年算法，3 表示灭绝师太简化算法。在订货批量方面，以 0 表示按单订货，以 1 表示以最小订货批量订货，以 2 表示以目标库存定量法订货，以 3 表示以最高库存定量法订货。将安全库存设置与计算方法的 1、2、3 和订货批量的 1、2、3 分别与 ABC-XYZ 矩阵分类的各个类别相匹配，得出如图 8-11 所示对应关系。

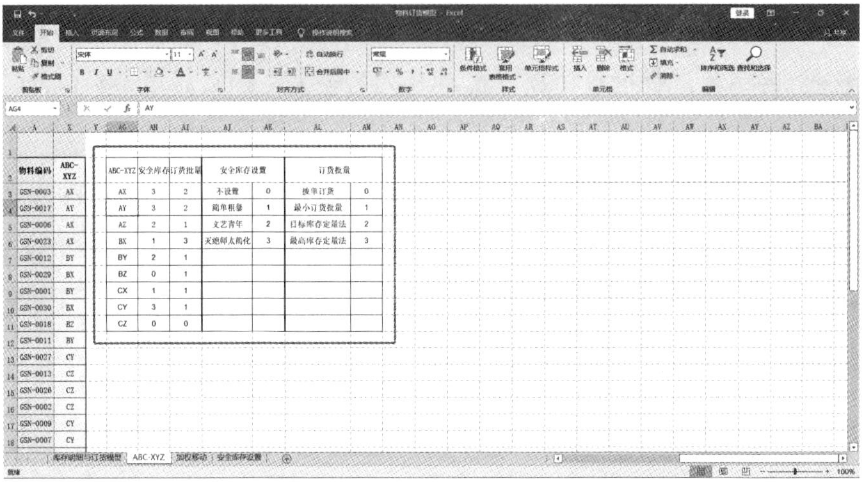

图 8-11　ABC-XYZ 矩阵分类的安全库存与订货批量选择

有了此对应关系，就可以在订货模型中以 H 列的 ABC-XYZ 矩阵分类，来对不同类别物料的安全库存和订货批量进行选择。比如 AY 类，对应的安全库存是 3，代表采用灭绝师太简化算法；对应的订货批量是 2，代表采用目标库存定量法订货。

8.7.2　安全库存及订货批量计算方法选择的公式设置

如图 8-9 所示的"物料订货模型"中，S 列是"安全库存－计算"列，本列根据 H 列物料 ABC-XYZ 矩阵的分类，选择对应安全库存计算方法的计算结果。S3 单元格公式为，"＝IF（LOOKUP（H3,'ABC-XYZ'!＄AG＄3:＄AH＄11）＝0,0,IF（LOOKUP（H3,'ABC-XYZ'!＄AG＄3:＄AH＄11）＝1,P3,IF（LOOKUP（H3,'ABC-XYZ'!＄AG＄3:＄AH＄11）＝2,Q3,R3)))"。

这是一个 IF 嵌套的应用。

（1）第一个判断条件是"LOOKUP（H3,'ABC-XYZ'!＄AG＄3:＄AH＄11）＝0"。LOOKUP 函数的介绍详见第 5 章。本处 LOOKUP 函数解决的是,根据 H3 单元格的 ABC-XYZ 分类,查找该分类对应的安全库存计算方法所代表的数字（查找区域为 ABC-XYZ 工作表的 AG3:AH11）。第一个判断条件判断的是,H3 单元格的分类对应的安全库存计算方法所代表的数字是不是为"0"（不设置安全库存）。

（2）第一个返回结果是"0"。第一个结果是满足第一个判断条件所返回的结果,即如果 H3 单元格的分类,对应的安全库存计算方法所代表的数字是"0",那么就不设置安全库存,安全库存直接等于 0。

（3）第二个判断条件是"LOOKUP（H3,'ABC-XYZ'!＄AG＄3:＄AH＄11）＝1"。即判断 H3 单元格的分类对应的安全库存计算方法所代表的数字是不是为"1"（简单粗暴算法）。

（4）第二个返回结果是"P3"。这是满足第二个条件时返回的结果,即如果 H3 单元格的分类,对应的安全库存计算方法所代表的数字是"1",那么该物料的安全库存采用简单粗暴算法。

（5）第三个判断条件是"IF（LOOKUP（H3,'ABC-XYZ'!＄AG＄3:＄AH＄11）＝2）"。即判断 H3 单元格的分类,对应的安全库存计算方法所代表的数字是不是为"2"。

（6）第三个返回结果是"Q3"。这是满足第三个条件时返回结果,即如果 H3 单元格的分类,对应的安全库存计算方法所代表的数字是"2",那么该物料的安全库存采用文艺青年算法。

（7）第四个返回结果是"R3"。这是所有条件都不满足时的返回结果。因为安全库存计算方法所代表的数字只有"0、1、2、3"四个,以上三个条件都不满足的话,就代表该物料安全库存计算方法所代表的数字是"4",那么该物料的安全库存,采用灭绝师太简化算法。

8.8 无处不在的 IF 函数 5：线性回归分析自变量的选择

多元回归分析预测法，是通过多个因素（自变量）对目标（因变量）进行预测的一种手段和方法。多元回归分析，可以简单地理解为，有两个或两个以上自变量的回归分析（本节所讲的多元回归为多元线性回归）。

如何对多个因素进行选择是多元回归分析首先要解决的问题。目前常采用的方法是对每一个因素和目标做相关分析，求出每一个自变量和因变量的相关系数 R，然后根据一定的标准确定是否纳入回归方程。

8.8.1 多元线性回归分析自变量选择的方法与标准

如图 8-12 所示，是一个模拟的多元线性回归分析自变量选择的案例。本例中，因变量为回归火锅店的每日业绩，自变量有 4 个：气温、折扣、是否有新品上市，是否有帅哥站台。

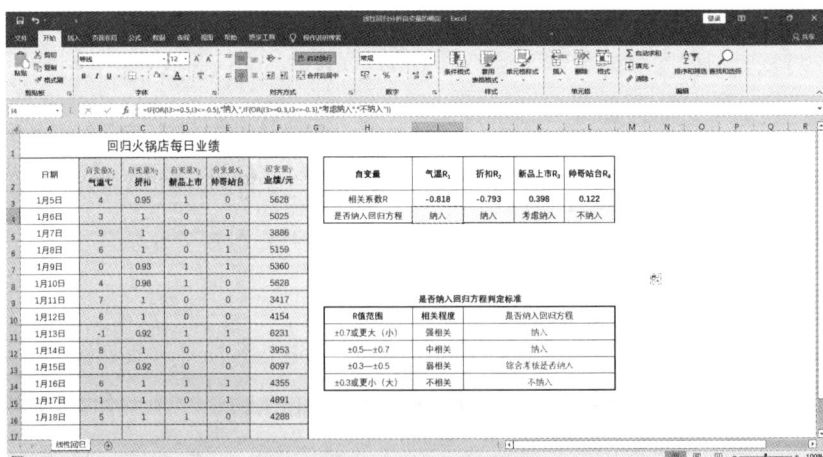

图 8-12　线性回归分析自变量的确定

为对这四个自变量进行选择,先采用 CORREL 函数中对每一个自变量与因变量做相关分析,I3 单元格公式"= CORREL(B3:B16,\$F\$3:\$F\$16)"。I3 单元格到 L3 单元格分别为计算得出的每个自变量与因变量的相关系数 R。气温的相关系数为－0.818,折扣的相关系数为－0.793,新品上市的相关系数为0.398,帅哥站台的相关系数为 0.122。

是否纳入多元回归方程的判定标准如图 8-12 右下所示:相关系数 R 比±0.5是更大(小)的强相关、中相关自变量直接纳入多元回归方程;相关系数在±0.3～±0.5 之间的弱相关自变量,综合其他因素考虑纳入多元回归方程;相关系数比±0.3 或更小(大)的微弱相关或不相关自变量,直接排除在多元回归方程之外。

8.8.2　多元线性回归分析自变量选择的公式设计

根据计算得出的相关系数 R 和是否纳入回归方程的判定标准,可以用 IF 函数嵌套来进行多元线性回归分析自变量。

在 I4 单元格输入公式"= IF(OR(I3> =0.5,I3< = －0.5),"纳入",IF(OR(I3> =0.3,I3< = －0.3),"考虑纳入","不纳入"))",并向右拖动 I4 单元格到 L4单元格,即可得出全部自变量的选择结果。

(1)第一个判断条件是"OR(I3> =0.5,I3< = －0.5)"。这是一个"或"函数 OR函数的应用,I3 单元格大于或等于 0.5 与小于或等于－0.5 均为满足条件。第一个判断条件判断的是 I3 单元格(气温的相关系数 R)是不是在±0.5 之外。

(2)第一个返回结果是""纳入""。即如果 I3 单元格大于或等于 0.5,或者I3 单元格小于或等于－0.5,那么返回"纳入"。

(3)第二个判断条件是"IF(OR(I3> =0.3,I3< = －0.3))"。判断 I3 单元格是不是大于或等于 0.3,或者小于或等于－0.3。即判断 I3 单元格是不是在

±0.3～±0.5 之间。

（4）第二个返回结果是""考虑纳入""。即如果 I3 单元格在±0.3～±0.5 之间，那么返回"考虑纳入"（即综合其他因素考虑是不是将该变量纳入回归方程）。

（5）第三个返回结果是""不纳入""。IF 函数嵌套最后一个参数是所有条件都不满足时的返回结果。因为 I3 单元格不在±0.5 之外，也不在±0.3～±0.5 之间，那就表明其值在±0.3 之内，相关系数在±0.3 之内的为微弱相关或不相关，将其排除在回归方程之外。

第 09 章　开挂的 IFS 函数

Excel 中的判断函数，解决多条件多结果的，除了 IF 嵌套以外，还有一个就是传说中的 IFS 函数。

笔者将其形容为"开挂的 IFS"。它能够很轻松地搞定 IF 多重嵌套问题，就如加了一个外挂一样。在供应链管理实战中，IFS 函数实际上是 IF 函数嵌套的升级版与简化形式。

然而，在供应链管理实际工作中，IFS 函数的应用却很少。主要有两个原因：一是要付钱购买；二是在实战中 IFS 函数能够解决的问题，用 IF 函数嵌套或其他辅助补充也能够解决，尽管没有 IFS 函数直观和简便，但一样能解决问题。

所以对于 IFS，本书只做一个简单的介绍，不进行深入叙述。

9.1　IFS 函数的语法与参数

Excel 中，对 IFS 函数的描述是，"检查是否满足一个或多个条件，且返回符合第一个 TRUE 条件的值。IFS 可以取代多个嵌套 IF 语句，并且有多个条件时更方便阅读。"

IFS 函数的语法是"＝IFS(Something is True1,Value if True1,[Something is True2,Value if True2],[Something is True3,Value if True3],…)"。用中文翻译即为"＝IFS(条件 1,满足条件 1 时的返回值 1,[条件 2,满足条件 2 时的返回值 2],[条件 3,满足条件 3 时的返回值 3],…)"。IFS 函数至少需要一个条件和一个结果。

IFS 函数是简化 IF 嵌套的函数,以"条件、结果、条件、结果"的方式来体现,非常直观、简洁,并易于理解和操作。IFS 函数是以直观的"条件、结果"的方式来体现的 IF 函数嵌套。

IFS 函数最多可以支持 127 个条件,各条件间需要正确的顺序(IFS 函数总是从最前面的条件开始判断)。

如果最后一个条件用"TRUE"(或者"1"),那么表示如果不满足所有条件,则返回最后一个结果。如果不用"TRUE"(或者"1")的话,那当列出的所有条件都不符合时,函数就会出错。

9.2　IFS 函数简例

以第八章所介绍的"爆旺平滞判定表"为例,简单介绍 IFS 函数的用法。

"爆旺平滞判定表"中爆旺平滞的判定,用 IF 函数嵌套的公式是"＝IF(E2＞＝400000,"爆款",IF(E2＞＝200000,"旺销",IF(E2＞＝10000,"平款","滞销")))"。

这个嵌套公式,因为嵌套不算多,看起来还不算十分复杂。但当条件增多,嵌套加大时,IF 函数嵌套将会非常庞杂,并且很不直观,容易出错。而如果使用 IFS 函数,则会非常直观,也更容易理解。

如图 9-1 所示,爆旺平滞判定使用 IFS 函数 F2 单元格公式"＝IFS(E2＞＝400000,"爆款",E2＞＝200000,"旺销",E2＞＝10000,"平款",TRUE,"滞销")"。

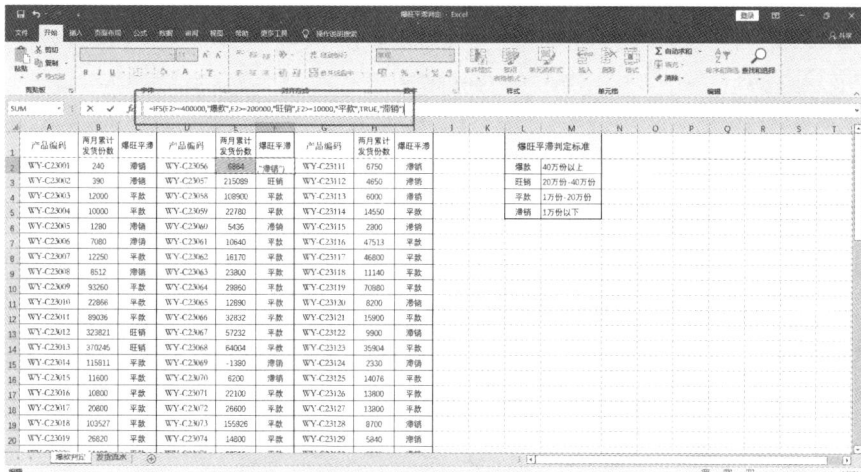

图 9-1　IFS 函数简例

（1）第一个条件与第一个结果，判断 F2 单元格是不是大于或等于 400 000 份，如果大于或等于 400 000 份（满足条件），将此款产品判定为"爆款"。

（2）第二个条件与第二个结果，判断 F2 单元格是不是大于或等于 200 000 份，如果大于或等于 200 000 份（满足条件），将此款产品判定为"旺销"。

（3）第三个条件与第三个结果，判断 F2 单元格是不是大于或等于 10 000 份，如果大于或等于 10 000 份（满足条件），将此款产品判定为"平款"。

（4）最后一个条件用了"TRUE"，表示如果 F2 单元格小于 10 000 份（不满足以上所有条件），将此款产品判定为"滞销"。

IFS 函数与 IF 嵌套计算的结果一致。

第 10 章　错了怎么办的 IFERROR 函数

IF 函数解决的问题是"如果……怎么办",在现实工作或生活中,有一种如果叫做"如果错了怎么办"。

Excel 同样会出现各种各样的错误,那么,在 Excel 中,如果错了怎么办呢?当然也能够用 IF 函数或其他各种组合来进行解决,但解决方式非常复杂,也容易出错。在 Excel 函数中,解决"错了怎么办"这个问题的,是 IFERROR 函数。

10.1　IFERROR、IFNA 与其他判断函数

Excel 中,对 IFERROR 函数的描述是,"如果表达式是一个错误,则返回 value_if—error,否则返回表达式自身的值"。IFERROR 函数的核心思路是:如果眼前这个表达式计算出现错误,那么返回指定的结果,如果这个表达式计算正常,那么,返回表达式的结果。

10.1.1　IFERROR 函数参数

如图 10-1 所示,IFERROR 函数有两个参数,其语法为:IFERROR(Value,

Value_if_error)，用中文翻译即为：IFERROR(值/表达式或引用，另行指定的值/表达式或引用)。

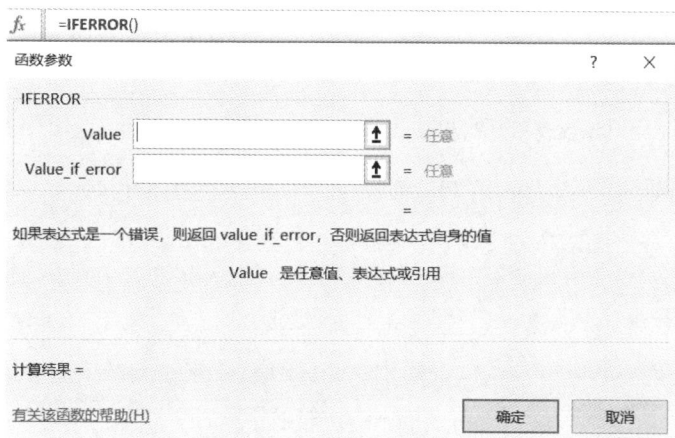

图 10-1　IFERROR 函数参数

(1)第一个参数 Value，是任意值、表达式或引用。IFERROR 函数需要判断的就是这个"任意值、表达式或引用"的结果是不是出错。在供应链管理实战中，第一个参数一般情况下都是公式(表达式或引用)，直接判断值的情况不多。

注意：IFERROR 函数需要判断的是第一个参数的计算结果是不是出错，而不是这个公式有没有用错或公式本身有没有错误。比如需要解决求平均值的问题，但操作时不慎将"AVERAGE 函数"用成了"SUM 函数"，这对需要解决的问题来说，是一个错误，但对 IFERROR 函数来说就不是错误。

(2)第二个参数 Value，也是任意值、表达式或引用。这个"任意值、表达式或引用"是另行指定的，如果第一个参数的计算结果出现错误，那么返回这个指定的"任意值、表达式或引用"。如果第一个参数的计算结果没有错误，那么返回第一个参数的计算结果。

另行指定的除了公式以外，也可以是数值，还可以是空值(以""表示)。

10.1.2　IFNA 函数

IFNA 函数也是 Excel 的新增函数。如图 10-2 所示，在 Excel 中，对 IFNA 函数的描述为，"如果表达式解析为♯N/A，则返回您指定的值，否则返回表达式的结果"。IFNA 函数的语法为：IFNA(Value,Value_if_na)，用中文翻译即为 IFNA(值/表达式或引用，另行指定的值/表达式或引用)。

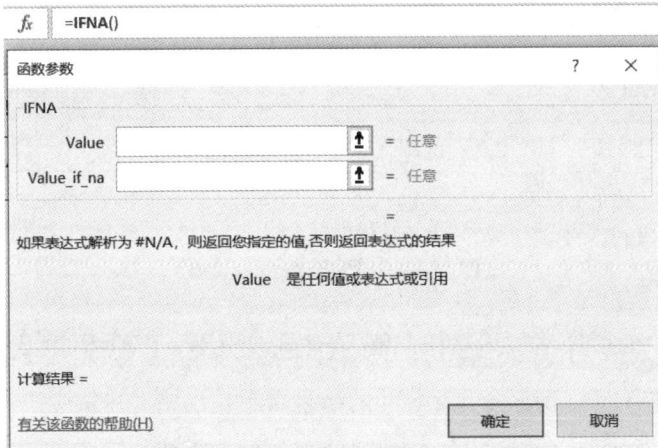

图 10-2　IFNA 函数

(1)第一个参数 Value，是任意值、表达式或引用。IFNA 函数需要判断的就是这个"任意值、表达式或引用"的结果是不是出现"♯N/A"类型的错误，IFNA 函数只能识别"♯N/A"类型的错误。

(2)第二个参数 Value，也是任意值、表达式或引用。这个"任意值、表达式或引用"是另行指定的，如果第一个参数的计算结果出现"♯N/A"类型的错误，那么返回这个另行指定的"任意值、表达式或引用"。如果第一个参数的计算结果没有出现"♯N/A"类型的错误，那么返回第一个参数的计算结果，出现其他类型的错误也返回第一个参数的计算结果。

　　IFNA 函数和 IFERROR 函数的作用、参数和用法完全一样，所不同的是，IFERROR 函数能够识别 Excel 中所有类型的错误，而 IFNA 函数只能识别类型为"♯N/A"的一种错误。

10.1.3　Excel 的错误类型

　　IFERROR 函数能够识别 Excel 中所有类型的错误，而 IFNA 函数仅识别类型为"♯N/A"的一种错误。本节就谈一谈 Excel 中的错误类型。

　　当 Excel 出错时，会显示出不同的符号，表示该单元格有错误，如图 10-3 所示。这些不同的符号就代表 Excel 中出现的不同类型的错误。

#N/A	#DIV/0!	#VALUE!	#REF!
#NUM!	#NAME?	#NULL!	#######

图 10-3　Excel 中的错误类型

　　常见的 Excel 的错误类型有 7 种，显示符号分别为：♯N/A，♯DIV/0!，♯VALUE!，♯REF!，♯NUM!，♯NAME?，♯NULL!。图 10-3 中，♯♯♯♯♯♯♯♯，其实不算是错误。

　　Excel 中，错误类型的错误符号及出错原因见表 10-1。

表 10-1　Excel 的错误符号及出错原因

错误符号	出错原因
♯N/A	找不到要查找的内容
♯DIV/0!	被零除（或除数为空单元格）
♯VALUE!	使用错误的参数或错误的运算对象类型
♯REF!	删除了被公式引用的单元格或单元格引用无效
♯NUM!	使用了不符合函数设定和要求的参数

续上表

错误符号	出错原因
♯NAME?	Excel 不能识别的函数或公式
♯NULL!	对不相交的两个区域求交集运算
♯♯♯♯♯♯♯♯	不是错误！日期时间格式时列太窄或负的日期时间

（1）♯N/A，即 IFNA 能够识别的错误。当在函数或公式中没有可用数值，即函数找不到要查找的内容时，将产生错误值♯N/A。♯N/A 类型的错误最常出现的是 VLOOKUP 函数（或其他查找函数）找不到要查找值的时候。

（2）♯DIV/0！。当值或公式被零除时，将会产生错误值♯DIV/0！。即分母不能为零。

（3）♯VALUE！。当使用错误的参数或错误的运算对象类型时，将产生错误值♯VALUE！。使用错误的参数，最常见的是写入的公式参数不符合要求，比如 SUMIFS 函数求和区域和条件区域不一致；使用错误的运算对象类型，最常见的是在不能识别文本的函数中或公式中出现了文本，比如加减乘除运算中包含了文本就会出现♯VALUE！类型错误。

（4）♯REF！。删除了被公式引用的单元格，或当单元格引用无效时将产生错误值♯REF！。删除了被公式引用的单元格一般由删除行（或删除列）操作所致，单元格引用无效比如 VLOOKUP/HLOOKUP 函数第三个参数大于所包含的列数（或行数），再比如 OFFSET 函数移动的行列数超出表格的范围等。

（5）♯NUM！。当公式或函数中某个数字有问题时将产生错误值♯NUM！，即公式中使用了不符合函数设定的逻辑和要求的参数。比较典型的是 DATE-DIF 函数，它要求前一个参数比后一个参数小，如果前一个参数比后一个参数大，将出现♯NUM！。

（6）♯NAME?。当公式或函数无法识别公式中的文本时，将出现此错误值。通俗一点说，就是出现了 Excel 不能识别的函数或公式（只要以"＝"开头的,Excel 会默认为公式)。

(7)♯NULL!。使用了不正确的区域运算符或不正确的单元格引用,当试图为两个并不相交的区域指定交叉点时(求交集)将产生错误值♯NULL!。比如使用 SUM 函数的交叉求和功能时,当两个引用没有交叉就会产生错误值♯NULL!。

(8)♯♯♯♯♯♯,这其实不是真正的错误。当单元格数字格式为日期/时间时,如果单元格列宽过窄(日期/时间显示不完全)或单元格数值为负时,出现♯♯♯♯♯♯。单元格列宽过窄造成的"♯♯♯♯♯♯"在加大列宽后,♯♯♯♯符号消失。单元格数值为负而格式为日期或时间时,不管将单元格拉多宽,♯♯♯♯♯♯符号都不会消失,需要调整单元格格式,将其换为"日期或时间"以外的格式,♯♯♯♯♯♯符号会消失而显示原来的数值。

10.1.4　其他判断函数

供应链管理中,判断函数常用的很少,在实战中基本上就 IF(IFS)函数和 IFERROR 函数。除这两个以外,还有其他一些不常用的判断函数。对于这些其他判断函数,本小节简单介绍 5 个,如图 10-4 所示。供应链从业者有个印象即可,不用深入研究。

判断函数	函数说明
ISERROR	判断是不是出错（所有类型的错误）
ISNA	判断是不是出现#N/A类型的错误
ISERR	判断是不是出现除#N/A类型以外的错误
ISTEXT	判断是不是文本
ISNUMBER	判断是不是数值

图 10-4　其他判断函数

这些不常用的其他判断函数是以"IS"开始的一系列函数。"IS"本身就是一个判断动词,这一系列 IS 开头的函数,都只有一个参数"Value"(要测试的值。值可以是单元格、公式或指代单元格、公式或值的名称),它们的基本作用都是"如果判断结果为确定,返回 TURE;如果判断结果为否定,则返回 FALSE"。

(1)ISERROR 函数,检测一个值是否为错误,返回 TRUE 或 FALSE,即判断函数的参数是不是出错。与 IFERROR 函数一样,ISERROR 函数能够识别所有类型的错误。

(2)ISNA 函数,检测一个值是否为 ♯N/A,返回 TRUE 或 FALSE,即判断函数的参数是不是出现 ♯N/A 类型的错误。与 IFNA 函数一样,ISNA 函数只能识别(或专门识别)♯N/A 类型的错误。

(3)ISERR 函数,检测一个值是否为 ♯N/A 以外的错误,返回 TRUE 或 FALSE。ISERR 函数与 ISNA 函数相对或互补。

(4)ISTEXT 函数,检测一个值是否为文本,返回 TRUE 或 FALSE。

(5)ISNUMBER 函数,检测一个值是否为数值,返回 TRUE 或 FALSE。ISNUMBER 函数与 ISTEXT 函数相对或互补。

10.2 IFERROR 函数的常规用法:物料盘点查询

在供应链管理实战中,IFERROR 函数的常规或典型用法是:如果公式计算结果出错,那么返回指定的值,即指定的数字、文本或空值(以""表示)。

10.2.1 物料盘点表与物料盘点查询

如图 10-5 所示的表格,左边是一个物料盘点表。在实际工作中,物料 SKU 非常多,往往成千上万行,当需要查询某物料的盘点情况时,在盘点表中查找非常不便，这时可以设置一个查询区域，输入物流编码，快捷地查询该物料的盘点情况，如图 10-5 中右表所示。

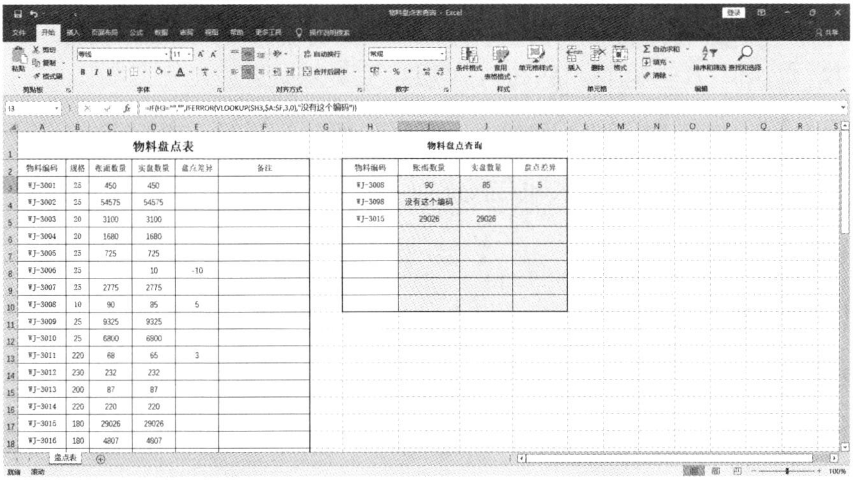

物料盘点表

物料编码	规格	账面数量	实盘数量	盘点差异	备注
WJ-3001	25	450	450		
WJ-3002	25	54575	54575		
WJ-3003	20	3100	3100		
WJ-3004	20	1680	1680		
WJ-3005	25	725	725		
WJ-3006	25		10	-10	
WJ-3007	25	2775	2775		
WJ-3008	10	90	85	5	
WJ-3009	25	9325	9325		
WJ-3010	25	6800	6800		
WJ-3011	220	68	65	3	
WJ-3012	230	232	232		
WJ-3013	200	87	87		
WJ-3014	220	220	220		
WJ-3015	180	29026	29026		
WJ-3016	180	4807	4807		

物料盘点查询

物料编码	账面数量	实盘数量	盘点差异
WJ-3008	90	85	5
WJ-3098	没有这个编码		
WJ-3015	29026	29026	

图 10-5　物料盘点查询

表中，根据物料编码查找账面数量、实盘数量和盘点差异可以使用 VLOOKUP 函数。比如在 I3 单元格输入公式“=VLOOKUP(H3,A:F,3,0)”即可查到 H3 单元格(WJ-3008 物料)的账面数量；在 J3 单元格输入公式“= VLOOKUP(H3,A:F,4,0)”即可查到 H3 单元格(WJ-3008 物料)的实盘数量。

但是，在实际工作场景中，查询人员输入的物料编码并不一定都正确，或者输入的物料编码不在物料盘点表中，这时结果就会出错“#N/A”。为了使页面美观和对操作人员的提醒，可以使用 IFERROR 函数来处理这个错误，来解决“错了怎么办”的问题。

10.2.2　物料盘点查询公式设计

在如图 10-5 所示的表中，I3 单元格中输入公式“=IF(H3="","",IFERROR

（VLOOKUP($H3,$A:$F,3,0),"没有这个编码"))"。

这个公式有三层。

（1）第一层是"VLOOKUP($H3,$A:$F,3,0)"，主要解决的是，根据物料编码（H3 单元格）查找账面数量（在 A 列到 F 列查找第 3 列）。

（2）第二层是"IFERROR（VLOOKUP($H3,$A:$F,3,0),"没有这个编码")"，解决的是，当 VLOOKUP 函数出错（找不到要查找的内容）时怎么办。

IFERROR 函数的第一个参数是任意值、表达式或引用。本例为表达式"VLOOKUP($H3,$A:$F,3,0)"。IFERROR 函数需要判断"VLOOKUP($H3,$A:$F,3,0)"的计算结果是不是出错。

IFERROR 函数的第二个参数也是任意值、表达式或引用。本例为任意值""没有这个编码""。如果 IFERROR 函数判断"VLOOKUP($H3,$A:$F,3,0)"的计算结果出现错误，则返回这个任意值""没有这个编码""。如果 IFERROR 函数判断"VLOOKUP($H3,$A:$F,3,0)"的计算结果没有错误，那么返回"VLOOKUP($H3,$A:$F,3,0)"的计算结果。

比如 I3 单元格，查找"WJ-3008"物料的账面数，在盘点表中找到了"WJ-3008"物料，就显示其账面数 90。而 I4 单元格，查找"WJ-3098"物料的账面数，但在盘点表中找不到"WJ-3098"物料，所以显示"没有这个编码"。

（3）第三层是"=IF(H3="","",IFERROR(VLOOKUP($H3,$A:$F,3,0),"没有这个编码"))"。这是 IF 函数的应用，解决的是当没有要查找的物料时（物料编码为空），让账面数量、实盘数量和盘点差异也为空。如果没有第三层 IF 函数，那么当 H3 单元格为空时（物料编码为空），VLOOKUP 函数就会出错，这样 IFERROR 函数就会返回"没有这个编码"。

I3 单元格（I 列）查找的是账面数量，查找实盘数量（J 列）和盘点差异（K 列）

也可以一样地操作。不过,当盘点表中找不到要查找的物料编码时,账面数量(I 列)已经显示了"没有这个编码",在 J 列和 K 列再显示"没有这个编码"就没有必要且很不美观,可以对 J 列和 K 列的公式进行微调。

在 J3 单元格输入公式"= IFERROR(VLOOKUP($H3,$A:$F,4,0),"")",K3 单元格公式为"= IFERROR(VLOOKUP($H3,$A:$F,5,0),"")"。公式中,IFERROR 函数的第二个参数为空"""",即当 IFERROR 函数判断"VLOOKUP($H3,$A:$F,5,0)"的计算结果出现错误时,返回空单元格(如 J4 单元格、K4 单元格)。

J 列和 K 列的公式都只有两层,没有 IF 函数层,这是因为 IFERROR 函数的第二个参数已经是"""",只要 VLOOKUP 函数出错,都返回空单元格。

10.3　IFERROR 函数实用案例:安全库存的选择

以下是一个 IFERROR 函数在供应链实际应用中的实用案例。笔者的一位朋友在一家企业做物控主管,有段时间向笔咨询一个 Excel 公式的设置。

他们公司的客户呈典型的长尾分布,其中一个大客户占总业绩的近 70%。为更好地服务这个大客户,公司决定,只要是大客户需求的产品(大客户需求的产品品类会经常变动),必须保持相对充足的安全库存,比如采取提前期增加一两天等较宽松的算法,计算安全库存。

10.3.1　安全库存选择的难题

这位朋友做了两个安全库存计算表,A 表和 B 表,如图 10-6 和图 10-7 所示。

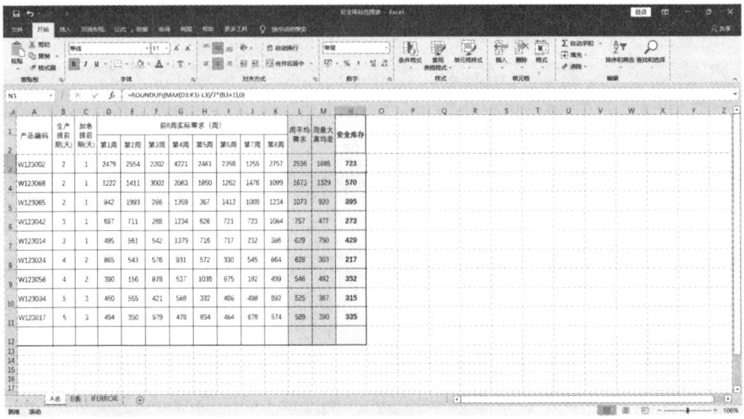

产品编码	生产提前期(天)	加急提前期(天)	前8周实际需求（周）								周平均需求	周最大离均差	安全库存
			第1周	第2周	第3周	第4周	第5周	第6周	第7周	第8周			
W123002	2	1	2479	2554	2202	4221	2461	2358	1255	2757	2536	1685	723
W123068	2	1	1222	1411	3002	2063	1850	1262	1476	1099	1673	1329	570
W123065	2	1	942	1993	266	1359	367	1412	1008	1234	1073	920	395
W123042	3	1	687	711	288	1234	626	721	723	1064	757	477	273
W123014	3	1	495	561	542	1379	716	717	232	386	629	750	429
W123024	4	2	865	543	576	931	572	330	545	664	628	303	217
W123056	4	2	390	156	878	537	1038	675	192	499	546	492	352
W123034	5	3	450	555	421	569	332	486	498	892	525	367	315
W123017	5	3	494	350	979	478	694	464	678	574	589	390	335

图 10-6　A 表

A 表以“文艺青年”算法，计算大客户涉及产品的安全库存。在 A 表列出了涉及产品的前 8 周的实际需求，这位朋友在以“文艺青年”算法计算安全库存时，还将生产提前期增加了一天（他们公司生产提前期并不长，增加一天属于较大幅度的放大）。A 表中列出所有大客户涉及的成品信息并保持更新。

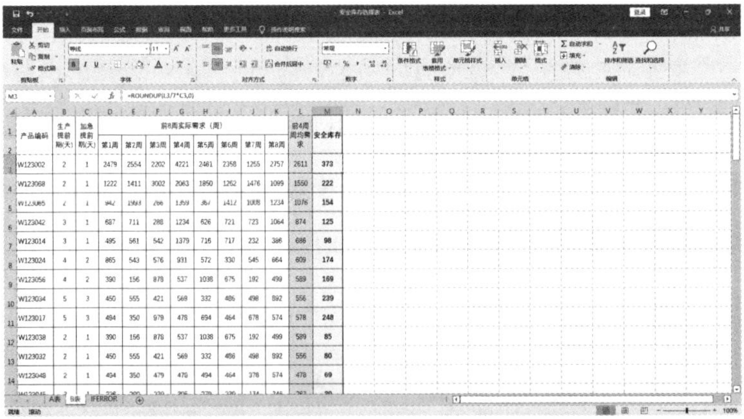

产品编码	生产提前期(天)	加急提前期(天)	前8周实际需求（周）								前4周周均需求	安全库存
			第1周	第2周	第3周	第4周	第5周	第6周	第7周	第8周		
W123002	2	1	2479	2554	2202	4221	2461	2358	1255	2757	2611	373
W123068	2	1	1222	1411	3002	2063	1850	1262	1476	1099	1550	222
W123065	2	1	942	1993	266	1359	367	1412	1008	1234	1076	154
W123042	3	1	687	711	288	1234	626	721	723	1064	874	125
W123014	3	1	495	561	542	1379	716	717	232	386	686	98
W123024	4	2	865	543	576	931	572	330	545	664	609	174
W123056	4	2	390	156	878	537	1038	675	192	499	589	169
W123034	5	3	450	555	421	569	332	486	498	892	556	239
W123017	5	3	494	350	979	478	694	464	678	574	578	248
W123038	2	1	390	156	878	537	1038	675	192	499	589	85
W123032	2	1	450	555	421	569	332	486	498	892	556	80
W123048	2	1	494	350	479	478	494	464	378	574	478	69

图 10-7　B 表

B 表以“简单粗暴”的算法，计算所有产品的安全库存。简单粗暴算法计算安全库存的公式为：安全库存＝日均需求量×紧急提前期。本例中，日均需求量以前 4 周的实际需求简单移动平均计算。

现在，这位朋友要做成品订货计划。成品订货需要用到全部产品的安全库存数据，他遇到的问题是，如何按产品编码自动地到 A、B 两个表中查找安全库存，大客户涉及的产品到 A 表中查找，未涉及的产品到 B 表中查找。

显然，单一的 VLOOKUP 函数无法解决这个问题，因为 VLOOKUP 函数无法同时查找两个表，并且 B 表中含有全部产品。这位朋友试着增加了多个辅助列，尽管最终也勉强解决了问题，但很复杂，并且这个表后续会交由作业人员操作，过程中很容易出错。

他需要一种简单易理解，并且易操作的方法，笔者向他介绍了 IFERROR 函数。

10.3.2　安全库存选择的公式设计

如图 10-8 所示，表中在 B2 单元格输入公式"＝IFERROR(VLOOKUP(A2,A 表! A:N,14,0),VLOOKUP(A2,B 表! A:M,13,0))"。

图 10-8　安全库存选择表

本例中，IFERROR 函数的第一个参数是表达式"VLOOKUP(A2,A 表! A:N,14,0)"。IFERROR 函数需要判断"VLOOKUP(A2,A 表! A:N,14,0)"的计算结果是不是出错，即判断在大客户涉及的产品中（A 表）查找 A2 单元格（W123001 产品）能不能找到。

IFERROR 函数的第二个参数也是表达式"VLOOKUP(A2,B 表! A:M,13,0)"。即如果 IFERROR 函数判断"VLOOKUP(A2,A 表! A:N,14,0)"的计算结果出现错误（在 A 表大客户涉及的产品中找不到），则返回"VLOOKUP(A2,B 表! A:M,13,0)"（在 B 表全部产品中查找）。IFERROR 函数判断"VLOOKUP(A2,A 表! A:N,14,0)"的计算结果没有错误（在 A 表大客户涉及的产品中找到了），那么返回"VLOOKUP(A2,A 表! A:N,14,0)"的查找结果。

这个公式的思路是，先用 VLOOKUP 函数在大客户涉及的产品中（A 表）查找，如果找到了，则证明这个产品给大客户供货，那么选择 A 表中的安全库存。如果在 A 表中找不到，则证明这个产品没有大客户供货，那么选择 B 表的安全库存。

本例中 W123001 产品在 A 表中找不到，证明不是大客户涉及的产品，使用 B 表以"简单粗暴算法"计算的安全库存。W123002 产品在 A 表中找到了，证明是大客户涉及的产品，使用 A 表以"文艺青年算法"计算的安全库存。

第 11 章　Excel 中的其他类函数

上文多次提道:供应链管理所必备的 Excel 函数,只有三类:求和、查找和判断。不过,尽管懂得求和、查找和判断这三类函数可以应对供应链管理中的绝大部分需求,但还有些相关的其他函数,也能给我们的工作带来一些帮助和便利。本书的最后,将会简单地介绍一些这样的其他函数。

Excel 函数非常丰富,本节只选择了取整函数、日期与时间函数、文本函数三个小类进行简单的介绍。

11.1　取整函数:加权移动平均预测取整

Excel 中常用的取整函数见表 11-1。

表 11-1　取整函数

取整函数及参数	函数说明	示　例
INT(Number)	向下取整数	INT(3.23)＝3;INT(3.93)＝3;INT(−3.23)＝−4;INT(−3.93)＝−4

取整函数及参数	函数说明	示　　例
TRUNC(Number, [Num_digits])	对数值按指定位数截尾	TRUNC(3.239)=3；TRUNC(-3.239,2)=-3.23；=TRUNC(-523.239,-2)=-500
ROUND(Number, Num_digits)	按指定的位数四舍五入	ROUND(3.329,1)=3.3；ROUND(3.369,1)=3.4；ROUND(-3.369,1)=-3.4
ROUNDDOWN(Number, Num_digits)	按指定的位数对数值向下取数	ROUNDDOWN(3.329,1)=3.3；ROUNDDOWN(3.369,1)=3.3；ROUNDDOWN(-3.369,1)=-3.3
ROUNDUP(Number, Num_digits)	按指定的位数对数值向上取数	ROUNDUP(3.329,1)=3.4；ROUNDUP(3.369,1)=3.4；ROUNDUP(-3.369,1)=-3.4
MROUND(Number, Significance)	按给定基数为倍数四舍五入计算	MROUND(3.329,0.2)=3.4；MROUND(3.229,0.2)=3.2；MROUND(-3.229,-0.2)=-3.2
FLOOR(Number, Significance)	给定基数为倍数向下舍入计算	FLOOR(3.329,0.2)=3.2；FLOOR(3.229,0.2)=3.2；FLOOR(-3.329,-0.2)=-3.2
CEILING(Number,Significance)	给定基数为倍数向上舍入计算	CEILING(3.329,0.2)=3.4；CEILING(-3.229,-0.2)=-3.4
MOD(Number, Divisor)	两数相除的余数	MOD(7,5)=2；MOD(100,5)=0；MOD(-7,5)=3；MOD(8,-5)=-2

11.1.1　常见取整函数的语法与参数

表 11-1 中，MOD 函数为求余数函数，求余数并不是严格的取整，但它的结果以整数形式体现，故也将其归于取整函数。

（1）INT 函数，INT(Number)，将数值向下取整为最接近的整数。INT 函数只有一个参数"Number"，要取整的实数。INT 函数最主要的特点是向下取整。

（2）TRUNC 函数，TRUNC(Number,[Num_digits])，将数字截为整数或保

留指定位数的小数。TRUNC 函数有两个参数,第一个参数"Number",要进行截尾操作的数字;第二个参数"Num_digits",用于指定截尾精度的数字,即截到小数点前(或后)的几位。"截尾"的意思是,不管后面尾数是什么,不管后面有多少位,一概截去。如果第二个参数为 0,则截成整数;如果第二个参数为负数,则向小数点左边截尾,比如−1,则截成整 10 的数;如果第二个参数为正数,则向小数点右边截尾,比如 1,则截成保留一位小数的小数。TRUNC 函数的第二个参数可以忽略;如果忽略,则默认为 0,即截成整数。

（3）ROUND 函数,ROUND(Number,Num_digits),按指定的位数对数值进行四舍五入。ROUND 函数有两个参数,第一个参数"Numbe",要四舍五入的数值;第二个参数"Num_digits",执行四舍五入时采用的位数。如果此参数为负数,则将小数舍入到小数点左边;如果此参数为 0,则将小数转换为到最接近的整数;如果此参数为正数,则将小数舍入到小数点右边。

（4）ROUNDDOWN 函数,ROUNDDOWN(Number,Num_digits),向下舍入数字。ROUNDDOWN 函数也是两个参数,第一个参数"Numbe",需要向下舍入的任意实数;第二个参数"Num_digits",舍入后的数字位数。如果此参数为负数,则将小数舍入到小数点左边;如果此参数为 0,则将小数转换为最接近的整数,如果此参数为正数,则将小数舍入到小数点右边。

（5）ROUNDUP 函数,其语法、参数和用法与 ROUNDDOWN 函数完全一样,区别在于,ROUNDDOWN 函数是"向下舍入数字",而 ROUNDUP 函数是向"上舍入数字"。

（6）MROUND 函数,MROUND(Number,Significance),返加一个舍入到所需倍数的数字,即按给定基数为倍数四舍五入计算。MROUND 函数两个参数,第一个参数"Numbe",是需要舍入的值;第二个参数"Significance",是要舍入到的倍数。

（7）FLOOR 函数，FLOOR(Number,Significance)，将参数向下舍入为最接近的指定基数的倍数，即按给定基数为倍数向下舍入计算。FLOOR 函数有两个参数，第一个参数"Numbe"，需要进行舍入运算的数值，第二个参数"Significance"，用以进行舍入计算的倍数。

（8）CEILING 函数，CEILING(Number,Significance)，将参数向上舍入为最接近的指定基数的倍数，即按给定基数为倍数向上舍入计算。CEILING 函数也是两个参数，第一个参数"Numbe"，需要进行舍入的参数；第二参数"Significance"，用于向上舍入的基数。

（9）MOD 函数，MOD(Number,Divisor)，返回两数相除的余数。MOD 函数由两个参数组成，第一个参数"Numbe"，被除数；第二个参数"Divisor"，除数。

11.1.2　取整函数的应用

取整函数在供应链管理实战中应用场景不是很多，如根据需求数量和最小包装规格，向上取整求取最终的订货数量（整件或整箱）。

Excel 中的众多取整函数，尽管各有各的用处，但本书建议在实战中记住 ROUND、ROUNDDOWN 和 ROUNDUP 三个函数即可。这三个函数基本能够满足供应链管理中对取整的需求。下面介绍一个以 ROUND 函数进行取整的应用实例。

如图 11-1 所示是加权移动平均预测模型。本例以五周为移动项数，根据每一周的加权权重进行加权移动平均进行预测。

因为有加权平均的存在，未来 1 周的预测（加权移动平均的结果）很大概率会是小数（H 列数据）。而实际上，案例中公司的原料是以"个"为单位并不可拆分，预测的需求不会是小数。所以，这时需要对加权移动平均的结果进行取整操作。

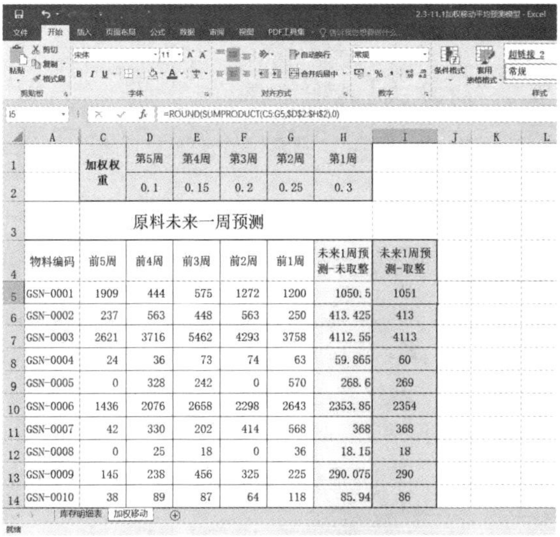

物料编码	前5周	前4周	前3周	前2周	前1周	未来1周预测-未取整	未来1周预测-取整
加权权重	第5周 0.1	第4周 0.15	第3周 0.2	第2周 0.25	第1周 0.3		
GSN-0001	1909	444	575	1272	1200	1050.5	1051
GSN-0002	237	563	448	563	250	413.425	413
GSN-0003	2621	3716	5462	4293	3758	4112.55	4113
GSN-0004	24	36	73	74	63	59.865	60
GSN-0005	0	328	242	0	570	268.6	269
GSN-0006	1436	2076	2658	2298	2643	2353.85	2354
GSN-0007	42	330	202	414	568	368	368
GSN-0008	0	25	18	0	36	18.15	18
GSN-0009	145	238	456	325	225	290.075	290
GSN-0010	38	89	87	64	118	85.94	86

图 11-1　加权移动预测结果取整

本例直接以四舍五入进行取整，使用 ROUND 函数。

在 I5 单元格输入公式“=ROUND(SUMPRODUCT(C5:G5,$D$2:$H$2),0)”。

ROUND 函数的第一个参数“SUMPRODUCT(C5:G5,$D$2:$H$2)”，是经乘积求和得出的加权移动平均的结果，是一个数值，即要四舍五入的数值。

ROUND 函数的第二个参数“0”，执行四舍五入时采用的位数，0 位代表取成整数。

“GSN-0001”物料未取整的预测结果为 1 050.5(H5 单元格)，经取整后的结果为 1051(I5 单元格)。

11.2　日期与时间函数：呆滞库存判定模型(全表设计)

日期与时间是以日期或时间格式显示的数值，日期与时间本质上是数值。

日期是整数，Excel 目前设定的日期范围在 1900 年 1 月 1 日到 9999 年 12 月 31 日之间，即如果输入数字 1，在日期格式情况下，显示为 1900 年 1 月 1 日；输入数字 10，在日期格式情况下，显示为 1900 年 1 月 10 日。

时间是小数。1 分钟以 60 秒、1 小时以 60 分钟、1 天以 24 小时计算，时间就是以时分秒换算为一天的几分几之而得出的小数。比如下午三点，就是 15 除以 24 等于 0.625，下午三点就是小数 0.625。如果 0.625 以时间格式显示，则显示为"15：00：00"。

因为不存在负的日期和负的时间，所以在日期和时间格式下数值不能为负数，如果是负数，将会显示一连串的♯号（即♯♯♯♯♯♯♯♯）。

日期和时间显示的是电脑上的时间，而不是实际的时间。

生成当前日期的快捷键是<Ctrl＋;>；生成当前时间的快捷键是<Ctrl＋Shift＋;>。

日期与时间是以日期或时间格式显示的数值，所以，日期可以进行与数值一样的各项运算，比如加减乘除等。上一节讲的取整函数对日期和时间有效，可以用四舍五入或向上、向下的不同方法对日期进行各项取整操作。

11.2.1 常见日期与时间函数的语法和参数

表 11-2 列出了一些相对来说较常使用的日期与时间函数，最右列给出了每个函数的示例。

表 11-2 日期与时间函数

日期时间函数及参数	函数说明	示　　例
NOW()	显示即时的日期、时间	2022/1/15 12:00:01
TODAY()	显示当天的日期	2022/1/15

续上表

日期时间函数及参数	函数说明	示　　例
DATE(Year,Month,Day)	将三个整数合并为一个日期	显示日期格式,DATE(2022,1,15)＝2022/1/15(或其他日期格式)
TIME(Hour,Minute,Second)	将三个整数合并为一个时间	显示时间格式,TIME(15,0,0)显示为 3:00PM(或其他时间格式)
YEAR(Serial_number)	提取日期的年	YEAR(DATE(2022,1,15))＝2022
MONTH(Serial_number)	提取日期的月	MONTH(DATE(2022,1,15))＝1
DAY(Serial_number)	提取日期的日	DAY(DATE(2022,1,15))＝15
HOUR(Serial_number)	提取时间的时	HOUR(TIME(15,10,21))＝15
MINUTE(Serial_number)	提取时间的分	MINUTE(TIME(15,10,21))＝10
SECOND(Serial_number)	提取时间的秒	SECOND(TIME(15,10,21))＝21
EDATE(Start_date, Months)	计算 N 个月后的日期	EDATE(DATE(2022,1,15),2)＝2022/3/15(或其他日期格式)
EOMONTH(Start_date, Months)	计算 N 个月后的最后一天	EOMONTH(DATE(2022,1,15),2)＝2022/3/31(或其他日期格式)
DATEDIF(Start_date, End_date,Unit)	计算两个日期的年\月\日间隔数	类型:第 3 参数"Y"为间隔年、"M"为间隔月、"D"为间隔日
WEEKDAY(Serial_Number,[Return_type])	计算一周中的第几天(星期几)	1 或省略则 1～7 代表星期天到星期六,数字 2 则 1～7 代表星期一到星期天,数字 3 则 0～6 代表星期一到星期天

(1)NOW 函数,NOW(),返回日期时间格式的当前日期和时间。NOW 函数不需要参数。NOW 函数计算结果是可变的,即随着日期时间的变化而变化,总是返回当前的日期和时间。NOW 函数自动将单元格格式设置为日期时间格式。

(2)TODAY 函数,TODAY(),返回日期格式的当前日期。TODAY 函数也不需要参数，其计算结果也是可变的。TODAY 函数自动将单元格格式设置为日期格式。

（3）DATE 函数，DATE(Year,Month,Day)，返回在 Excel 日期时间代码中代表日期的数字，就是将三个指数的整数合并为一个日期。DATE 函数有三个参数，第一个参数"Year"，是介于 1900（或 1904）到 9999 之间的数字，如果数字不是整数，则向下取整；第二个参数"Month"，代表一年中月份的数字，其值在 1～12 之间，如果数字不是整数，则向下取整，如果数字大于 12，则延伸到下一年，比如"13"即为次年 1 月；第三个参数"Day"，代表一个月中第几天的数字，其值在 1～31 之间，如果数字不是整数，则向下取整，如果数字大于当天的自然天数，则延伸到下一个月。

（4）TIME 函数，TIME(Hour,Minute,Second)，返回特定时间的序列数，通俗点说，即将三个整数合并为一个时间。TIME 函数有三个参数，第一个参数"Hour"，介于 0 到 23 之间的数字，代表小时数；第二个参数"Minute"，介于 0 到 59 之间的数字，代表分钟数；第三个参数"Second"，介于 0 到 59 之间的数字，代表秒数。

（5）YEAR、MONTH、DAY 函数，分别返回日期的年份值、返回日期的月份值和返回一个月中的第几天的数值（日期值）。这三个函数均只有一个参数"Serial_number"。Excel 进行日期及时间计算的日期－时间代码，即需要提取年月日的日期。

（6）HOUR、MINUTE、SECOND 函数，分别返回小时数值、分钟数值和秒数值，即提取时间的时、分、钞。这三个函数也均只有一个参数"Serial_number"。Excel 进行日期及时间计算的日期－时间代码，或以时间格式表示的文本，如 16:48:00 或 4:48:00PM。

（7）EDATE 函数，EDATE(Start_date,Months)，返回一串日期，指示起始

日期之前/之后的月数。EDATE 函数有两个参数,第一个参数"Start_date"是一串代表起始日期的日期;第二个参数"Months"是 Start_date 之前/之后的月数。EDATE 函数计算的是 N 个月后的日期,"N"如果是负数,那么是在超始日期(第一个参数)之前的 N 月;如果是正数,那么是在超始日期(第一个参数)之后的 N 月。

(8)EOMONTH 函数,EOMONTH(Start_date,Months),返回一串日期,表示指定月数之前或之后的月份的最后一天。EOMONTH 函数有两个参数,第一个参数"Start_date"是一串代表起始日期的日期;第二个参数"Months"是 Start_date 之前/之后的月数。EOMONTH 函数与 EDATE 函数非常相似,参数和用法基本相同,所不同的是,EDATE 函数计算的是 N 个月后的日期,而 EOMONTH 函数计算的是 N 个月后的最后一天。比如起始日期为"2022 年 1 月15 日",之后几个月为"2",那么 EDATE 函数计算结果是"2022 年 3 月 15 日",EOMONTH 函数计算结果为"2022 年 3 月 31 日"。

(9)WEEKDAY 函数,WEEKDAY(Serial_number,[Return_type]),返回代表一周中的第几天的数值,计算结果是一个 1 到 7 之间的整数。WEEKDAY 函数有两个参数,第一个参数"Serial_number",一个表示返回值类型的数字。日常应用中,第一个参数一般为日期;第二个参数"Return_type",数字类型,第二参数不同计算结果的数字所表达的含义就不同。第二个参数数字类型对应的含义见表 11-3。

表 11-3　WEEKDAY 函数第二参数的含义

第二参数	WEEKDAY 函数计算结果数字的含义	解　　释
1	从 1(星期日)到 7(星期六)的数字	1 代表星期日,2 代表星期一,3 代表星期二,……,7 代表星期六

续上表

第二参数	WEEKDAY 函数计算结果数字的含义	解　释
2	从 1(星期一)到 7(星期日)的数字	1 代表星期一，2 代表星期二，3 代表星期三，……， 7 代表星期日
3	从 0(星期日)到 6(星期六)的数字	0 代表星期日，1 代表星期一，2 代表星期二，……， 6 代表星期六
11	数字 1(星期一)到 7(星期日)	1 代表星期一，2 代表星期二，3 代表星期三，……， 7 代表星期日
12	数字 1(星期二)到 7(星期一)	1 代表星期二，2 代表星期三，3 代表星期四，……， 7 代表星期一
13	数字 1(星期三)到 7(星期二)	1 代表星期三，2 代表星期四，3 代表星期五，……， 7 代表星期二
14	数字 1(星期四)到 7(星期三)	1 代表星期四，2 代表星期五，3 代表星期六，……， 7 代表星期三
15	数字 1(星期五)到 7(星期四)	1 代表星期五，2 代表星期六，3 代表星期日，……， 7 代表星期一
16	数字 1(星期六)到 7(星期五)	1 代表星期六，2 代表星期日，3 代表星期一，……， 7 代表星期五
17	数字 1(星期日)到 7(星期六)	1 代表星期日，2 代表星期一，3 代表星期二，……， 7 代表星期六

从表 11-3 可以看出，符合我们日常习惯的是第二个参数是“2”和“11”(即 1 就表示星期一，2 就表示星期二)，所以建议 WEEKDAY 函数第二个参数只选“2”或“11”。

以上逐一介绍了表 11-2 中的日期与时间函数，但跳过了其中的 DATEDIF

函数。因为 DATEDIF 函数在供应链实战非常实用,值得专门讲述。

11.2.2　Excel 的隐藏大神:DATEDIF 函数

DATEDIF 函数是 Excel 中一个隐藏函数。

所谓隐藏函数,是指在 Excel 函数列表中找不到的函数,在 Excel 函数输入提示中也找不到如图 11-2、图 11-3 所示。

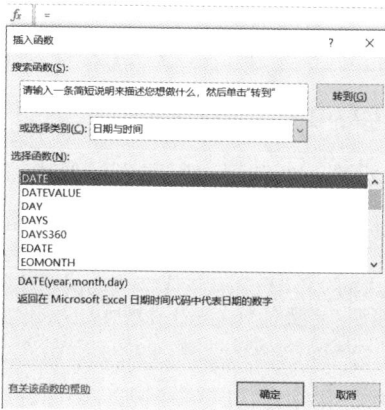

图 11-2　Excel 函数"日期与时间"类　　　　图 11-3　函数随着输入逐步提示

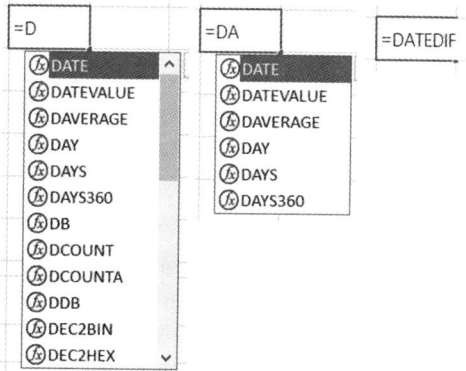

对 DATEDIF 函数的描述是,"计算两个日期之间相隔的天数、月数或年数",语法为"DATEDIF(Start_date,End_date,Unit)",用中文翻译即为"DATEDIF(开始日期,结束日期,类型)"。

(1)第一个参数"Start_date",表示给定期间的第一个或开始日期的日期。日期值有多种输入方式:带引号的文本字符串(例如"2001/1/30")、序列号(例如36921,在商用 1900 日期系统时表示 2001 年 1 月 30 日)或其他公式或函数的结果(例如 DATE(2022,1,15))。

(2)第二个参数"End_date",用于表示时间段的最后一个(即结束)日期的日期。DATEDIF 函数要求，第一个参数"Start_date"开始日期必须比第二个参数"End_date"结束日期小，即开始日期比结束日期要早，结束日期要在开始日期后面，否则函数就会出错。

（3）第三个参数"Unit"，要返回的信息类型，即计算结果的类型。计算结果常用的类型参数有三个"Y"、"M"和"D"。"Y"是一段时期内的整年数（两个日期之间间隔了多少年），"M"是一段时期内的整月数（两个日期之间间隔了多少个月），"D"是一段时期内的天数（两个日期之间间隔了多少天）。

DATEDIF 函数的类型参数还有 3 个"MD"、"YM"和"YD"。与"Y"、"M"和"D"所不同的是，"MD"、"YM"和"YD"分别忽略日期中的月份和年份、日期中的天和年份、日期中的年份。"MD"、"YM"和"YD"三个类型理解起来很费用，在实战中也不实用，并且"MD"类型还有可能出现问题，故本书不建议 DATEDIF 函数使用这三个类型。只需要记住类型"Y"、"M"和"D"分别代表年、月、日就可以。

DATEDIF 函数在供应链管理实战中非常实用，比如计算各种期限（如计算保质期以控制呆滞）、计算时间节点（如任务的达成与跟踪）等都有 DATEDIF 函数的身影。下面以呆滞库存判定模型为实例来讲解 DATEDIF 函数。

11.2.3 呆滞库存判定模型的结构与公式设计

如图 11-4 所示，是一个模拟的呆滞库存判定模型。

模型中，某企业的 A 物料保质期为 9 个月，该企业对 A 物料内部控制的临保期为 4 个月，即超过 4 个月就不能使用或限制使用。2020 年 8 月 20 日，仓库 A 物料共有五个批次的库存，该企业采用"往内看＋往前看"的组合方法确定呆滞库存。

呆滞库存判定模型

当天日期　2020/8/20

物料编码	物料名称	单位	保质期(天)	临保期(天)	库存不超天数	生产日期	批次库存数量	是否过临保期	是否过保质期	有效库存	有效库存总量	预测日均消耗	可用天数	呆滞判定	呆滞数量
W0001	A物料	Kg	270	120	90	2019/11/22	100	是	是	0	5000	30	0	呆滞	100
W0001	A物料	Kg	270	120	90	2020/4/6	200	是		0	5000	30	0	呆滞	200
W0001	A物料	Kg	270	120	90	2020/6/10	1000			1000	5000	30	33		0
W0001	A物料	Kg	270	120	90	2020/7/31	2000			2000	5000	30	100	部分呆滞	300
W0001	A物料	Kg	270	120	90	2020/8/5	2000			2000	5000	30	166	部分呆滞	2000

图 11-4　呆滞库存判定模型

所谓往内看,是指库存的 A 物料不能超过内部设定的临保期(120 天),生产日期超过了 120 天的,就认定为呆滞库存。

所谓往前看,是指该企业设定 A 物料所属的大类,库存使用天数最大不超过 90 天(即 3 个月,见图 11-4 中的"库存不超天数")。超过了 90 天,超过的部分则认定为呆滞库存。呆滞库存判定模型中,A 物料预测的日均消耗为 30 kg(见"预测日均消耗列"),按日均消耗量,90 天内耗用不了的库存,此部分就认定为呆滞库存。

(1)物料编码、物料名称、单位、保质期为固定的基础信息,直接导入或复制到模型中即可。

(2)临保期、库存不超天数,是企业事前制定的一系列制度或规则,也是已知条件,可以复制或引用到模型。

(3)物料的生产日期、批次库存及预测日均消耗,为库存控制人员每日需要跟进更新的数据,可以从其他表格中将数据导入。

（4）是否过临保期。判断过临保期分两步，第一步计算当天日期（2020 年 8 月 20 日）与生产日期的相隔天数；第二步将这个相隔天数与设定的临保期（天数）对比，相隔天数大于设定临保期的，该批产品就过了临保期。

在 I3 单元格输入公式"= IF(DATEDIF(G3,$O$1,"D")>E3,"是","")"。公式中"DATEDIF($G3,$O$1,"D")"是计算当天日期与生产日期的相隔天数。

DATEDIF 函数第一个参数"G3"是开始日期，A 物料第一个批次的生产日期 2019 年 11 月 22 日。

DATEDIF 函数第二个参数"$O$1"是结束日期。本例为当天日期 2020 年 8 月 20 日（判断的是到当天有没有过临保期）。因公式需要向下拖动，当天日期 O1 单元格需要固定。

DATEDIF 函数第三个参数""D""，是一段时期内的天数，即生产日期与当天日期之间间隔了多少天。

计算出相隔天数之后，再用 IF 函数判断相隔天数是不是大于临保的设定天数（"E3"）。如果相隔天数大于临保天数（满足条件），返回"是"（判定为呆滞库存）；如果相隔天数不大于临保天数，返回空值""""。

（5）是否过保质期。计算方法与公式设计和是否过临保期相同，将临保期"E3"改为保质期"D3"即可。J3 单元格公式为"= IF(DATEDIF(G3,$O$1,"D")>D3,"是","")"。

（6）有效库存。没有过临保期的库存均为有效库存（过了保质期的一定也过了临保期）。K 列是判断对应批次的库存是不是有效库存，如果是的话，返回该批次的库存数量；不是有效库存的，直接返回 0。

K3 单元格公式为"= IF(I3= "是",0,H3)"，即用 IF 函数判断过临保期单元格中是否为"是"，如果是"是"，代表过了临保期，则不计算入有效库存。有效库存是可以直接用于需求的库存，"向前看"针对的是有效库存。

（7）有效库存总量。即同一物料所有批次有效库存的总和，用条件求和 SUMIF 函数计算得出，K3 单元格公式为"= SUMIF(A:A,A3,K:K)"。本例只列出了一种物料，可以直接用 SUM 函数对 K 列（有效库存）进行求和，但实战中不可能只有一种物料，物料 SKU 很多，需要用 SUMIF 函数进行条件求和。

（8）可用天数。它是指从第一个批次到计算所在行的那个批次有效库存的总和除以每天的预测耗用数量。N3 单元格公式为"= ROUNDDOWN(SUMIF(A\$3:A3,A3,K\$3:K3)/M3,0)"。

"SUMIF(A\$3:A3,A3,K\$3:K3)"，计算从第一个批次到计算所在行的那个批次有效库存的总和，这里使用引用符"\$"进行累计计算（"A\$3:A3"与 K\$3:K3）。

"SUMIF(A\$3:A3,A3,K\$3:K3)/M3"，M3 单元格是预测日均消耗量，用有效库存的总和除以预测日均消耗量，即为可用天数。

"ROUNDDOWN(SUMIF(A\$3:A3,A3,K\$3:K3)/M3,0)"，因为有效库存的总和除以预测日均消耗量很可能是小数，而可用天数一般以"天"为单位，是整数，所以需要对其进行取整操作。这里用的是 ROUNDDOWN 函数，向下取整，以保障库存的安全性。

（9）呆滞判定。按照以"往内看＋往前看"的思路判定呆滞库存：如果过了临保期判定为呆滞（往内看）；如果可用天数大于库存不超天数判定为部分呆滞（往前看）。

在 O3 单元格输入公式"= IF(I3=" 是 "," 呆滞 ",IF(N3 > F3," 部分呆滞 ",""))"。这是多条件多结果的 IF 嵌套公式。先判断是不是过临保期，如果是的话返回"呆滞"；如果不是再判断可用天数是不是大于库存不超天数，如果是的话返回"部分呆滞"；如果不是，返回空值""""。

（10）呆滞数量。按照判定规则，过了临保期的，为整批呆滞；在库存不超天数内耗用不完的，累计有效库存减去库存不超天数的耗用量为呆滞数量（部分呆滞）。另因为存在多个批次，且各批次按时间顺序排列，所以当部分呆滞数量大于当批次库存时，代表这个批次整批呆滞。

在 P3 单元格输入公式"= IF（O3 = " 呆滞 "，H3，IF（O3 = " 部分呆滞 "，IF（SUMIF（A$3:A3，A3，K$3:K3）- M3 * F3 > H3，H3，SUMIF（A$3:A3，A3，K$3:K3）－ M3 * F3），0））"。

这也是多条件多结果的 IF 嵌套公式。如果"O3"为"呆滞"，返回 H3（该批次库存数量）；如果"O3"为"部分呆滞"，返回"IF（SUMIF（A$3:A3，A3，K$3:K3）－M3 * F3 > H3，H3，SUMIF（A$3:A3，A3，K$3:K3）－M3 * F3）"；条件都不满足（不是呆滞也不是部分呆滞）则返回 0。

公式中，"IF（SUMIF（A$3:A3，A3，K$3:K3）－M3 * F3 > H3，H3，SUMIF（A$3:A3，A3，K$3:K3）－M3 * F3）"是由另一个 IF 函数担当的第二嵌套的第二个参数（满足条件是的返回值）。"SUMIF（A$3:A3，A3，K$3:K3）"计算的累计有效库存，这一个 IF 的意思是，如果"累计有效库存"减去"预测日均消耗 * 库存不超天数"（M3 * F3）大于该批次库存，则返回该批次库存；否则按"累计有效库存"减去"预测日均消耗 * 库存不超天数"计算。

本例中，是否过临保期、是否过保质期、有效库存、呆滞判定、呆滞数量的计算均用到了 IF 函数，再次证明 IF 函数在供应链管理实战中无处不在。

11.3　文本函数

文本函数很多，但供应链管理实战中有效使用的并不多，表 11-4 列出了较常用的几种文本函数。

表 11-4　文本函数

文本函数及参数	函数说明	示　　例
LEN/B(Text)	计算文本字符串中字符的个数	LEN(B1)＝13，LENB(B1)＝26
LEFT/B（Text，［Num_chars］）	从左边起提取指定个数的字符	LEFT(B2,3)＝从左边，LEFTB(B2,3)＝从
MID/B（Text，Start_num，Num_chars）	从中间起提取指定个数的字符	MID(B3,3,5)＝间起提取指，MIDB(B3,3,5)＝中间
RIGHT/B（Text，［Num_chars］）	从右边起提取指定个数的字符	RIGHT(B4,3)＝的字符，RIGHTB(B4,3)＝符
REPLACE/B(Old_text,Start_num,Num_bytes,New_text)	替换字符串中指定位置的字符	要替换的整个字符串，替换开始的位置，替换长度，用以替换的文本
SUBSTITUTE（Text，Old_text,New_text，［Instance_num］）	查找与替换	要查找与替换的整个字符串，要替换的旧文本，用以替换的新文本，替换第几个
VALUE(Text)	将表示数字的文本字符串转换为数字	VALUE("123456")＝123456，"－－"能起类似的作用
TEXT(Value,Format_text)	将数字按指定格式转换为文本	Format_text，指定格式见附图

11.3.1　常见文本函数语法与参数

在上文讲述 FIND 函数时，提到 FINDB 函数，在 Excel 中加"B"的类似函数有很多。与不加"B"函数的主要区别就是，汉字以 1 个字符计数还是以 2 个字符计数。

本节介绍的文本函数 LEN、LEFT、MID、RIGHT 和 SEARCH 函数都可以加"B"成为 LENB、LEFTB、MIDB、RIGHTB、SEARCHB 函数。因加"B"与不加"B"仅影响某些文字（主要是汉字）字符的计数方式，其参数、用法完全一致，所以本节只介绍不加"B"的 LEN、LEFT、MID、RIGHT 和 SEARCH 函数。

（1）LEN 函数，LEN(Text)，返回文本字符串中的字符个数，即这个单元格（或字符串）中总共有多少个字符。LEN 函数只有一个参数"Text"，要计算长度的文本字符串（包括空格）。

（2）LEFT 函数，LEFT(Text,[Num_chars])，从一个文本字符串中的第一个字符开始，返回指定个数的字符，即从一个单元格（或字符串）左边开始提取指定个数的字符。LEFT 函数有两个参数，第一个参数"Text"，要提取字符的字符串，可以是字符串，也可以是文本单元格引用；第二个参数"Num_chars"，要 LEFT 提取的字符数，即从左边开始需要提取多少个字符。第二个参数可以忽略，如果忽略，则默认为 1（即取左边的第 1 个字符）。

（3）RIGHT 函数，RIGHT(Text,[Num_chars])，从一个文本字符串中的最后一个字符开始，返回指定个数的字符，即从一个单元格（或字符串）右边开始提取指定个数的字符。RIGHT 函数与 LEFT 函数用法与参数都相似，所不同的是，LEFT 函数从左边开始取数，RIGHT 函数从右边开始取数。

（4）MID 函数，MID(Text,Start_num,Num_chars)，从文本字符串中指定的起始位置起，返回指定长度的字符，即从一个单元格（或字符串）中第几个位置开始提取指定个数的字符。MID 函数有三个参数，第一个参数"Text"，准备从中提取字符串的文本字符串，可以是字符串，也可以是文本单元格引用；第二个参数"Start_num"，准备提取的第一个字符的位置，即从哪里开始提取，"Text"中的第一个字符位置为 1；第三个参数"Num_chars"，指定所要提取的字符串长度，即提取多少个字符。

文本提取函数 LEFT 函数、RIGHT 函数和 MID 函数相比，LEFT 函数从左边提取文本，RIGHT 函数从右边提取文本，MID 函数从中间提取文本。

（5）REPLACE 函数，REPLACE(Old_text,Start_num,Num_bytes,New_

text），将一个字符串中的部分字符用另一个字符串替换。REPLACE 函数有四个参数，第一个参数"Old_text"，要进行字符替换的文本，可以是字符串，也可以是文本单元格引用；第二个参数"Start_num"，要替换为"New_text"的字符在"Old_text"中的位置，即替换开始的位置；第三个参数"Num_bytes"，要从"Old_text"中替换的字符个数，即替换长度，替换几个字符；第四个参数"New_text"，用来对"Old_text"中指定字符串进行替换的字符串，即用以替换的新文本。

（6）SUBSTITUTE 函数，SUBSTITUTE（Text,Old_text,New_text,[Instance_num]），将字符串中的部分字符串以新字符串替换，即查找与替换。SUBSTITUTE 函数有四个参数。第一个参数"Text"，包含要替换字符的字符串或文本单元格引用，即在哪里找；第二个参数"Old_text"，要被替换的字符串，如果原有字符串中的大小写与新字符串中的大小写不匹配，将不进行替换，即SUBSTITUTE 函数区分大小写；第三个参数"New_text"，用于替换第二个参数"Old_text"的新字符串；第四个参数"Instance_num"，若指定的字符串第二个参数"Old_text"在父字符串（即第一参数 Text）中出现多次，则用第四个参数指定要替换其中的第几个。第四个参数可以省略，如果省略，则代表全部替换。

（7）VALUE 函数，VALUE（Text），将一个代表数值的文本字符串转换为数值，即将文本格式的数值转换为数值（可以计算）。VALUE 函数只有一个参数"Text"，是带双引号的文本，或是一个单元格引用，该单元格中有要被转换的文本。在实战用，连续用两个减号"一"也可以将文本格式的数值转换为数值。

（8）TEXT 函数，TEXT（Value,Format_text），根据指定的数字格式将数值转换成文本。TEXT 函数与 VALUE 函数相反，但更强大，它能转换多种格式的文本。TEXT 函数有两个参数，第一个参数"Value"，数字、能够求值数值的公式，或者对数值单元格的引用，即要转换为文本的数字；第二个参数"Format_text"，文字形式的数字格式，文字形式来自"单元格格式"对话框"数字"选项卡的"分类"框。

TEXT 函数第二个参数的文字形式、运算结果和说明见表 11-5。

表 11-5　TEXT 函数第二参数

TEXT 第二个参数	原数字 （第一个参数）	TEXT 运算结果	说　　明
G/通用格式	10	10	常规格式
0	10.25	10.3	小数点前面不够三位以 0 补齐，保留 1 位小数，不足一位以 0 补齐
＃＃＃＃	10	10	没用的 0 一律不显示
00.＃＃	1.253	1.25	小数点前不足两位以 0 补齐，保留两位，不足两位不补位
正数;负数;零	1	正数	大于 0，显示为"正数"
	0	零	等于 0，显示为"零"
	−1	负数	小于 0，显示为"负数"
0000−00−00	19820506	1982/5/6	按所示形式表示日期
0000 年 00 月 00 日		1982 年 5 月 6 日	
aaaa	2014/3/1	星期六	显示为中文星期几全称
aaa	2014/3/1	六	显示为中文星期几简称
dddd	2007/12/31	Monday	显示为英文星期几全称
[>=90]优秀;[> =60]及格;不及格	90	优秀	大于等于 90，显示为"优秀"
	60	及格	大于等于 60，小于 90，显示为"及格"
	59	不及格	小于 60，显示为"不及格"
[DBNum1][$−804]G/通用格式	125	一百二十五	中文小写数字
[DBNum2][$−804]G/通用格式元整		壹佰贰拾伍元整	中文大写数字，并加入"元整"字尾
[DBNum3][$−804]G/通用格式		1 百 2 十 5	中文小写数字
[DBNum1][$−804]G/通用格式	19	一十九	中文小写数字
[> 20][DBNum1];[DB-Num1]d	19	十九	11−显示为十一而不是一十一

续上表

TEXT 第二个参数	原数字 (第一个参数)	TEXT 运算结果	说　　明
0.00,K		12.54K	以千为单位
♯!.0000 万元	12536	1.2536 万元	以万元为单位,保留 4 位小数
♯!.0,万元		1.3 万元	以万元为单位,保留 1 位小数

11.3.2　文本函数应用:根据身份证号码计算性别与年龄

本书的最后,以一个模拟的例子来说明文本函数中 MID 函数的应用:根据身份证号码计算性别与年龄。

在企业的人事管理中,录入员工信息时,往往需要填身份证号码、性别和年龄。身份证号码中含有性别和年龄信息:中间的 8 位是出生年月日;倒数第 2 位单数表示男性,双数表示女性。因此,可以根据身份证号码来计算或获取性别和年龄。

如图 11-5 所示,是一组身份证号码和性别、年龄数据,其中性别、年龄根据身份证号码计算得出。这里的身份证号码进行了处理,非真实的身份证号。

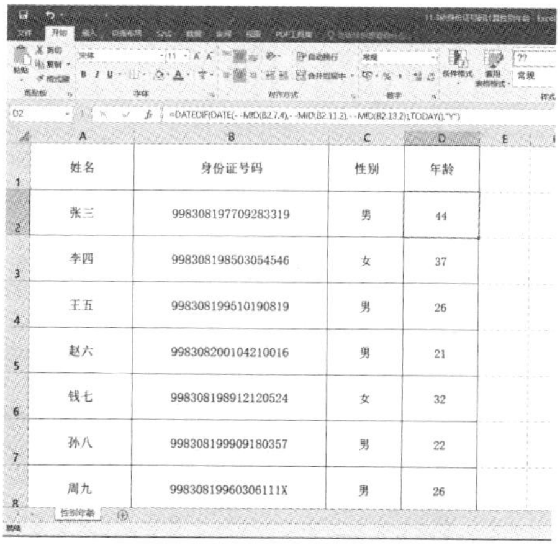

图 11-5　根据身份证号码计算性别年龄

（1）计算性别。在 C2 单元格中输入公式"= IF(ROUND(-- MID(B2,17,1)/2,0)= -- MID(B2,17,1)/2,"女","男")"，即可得出张三的性别。

"MID(B2,17,1)"是以 MID 函数获取倒数第 2 位数。MID 函数从文本字符串中指定的起始位置起，返回指定长度的字符。第一个参数"B2"，准备从中提取字符串的文本字符串，即 B2 单元格张三的身份证号码"998308197709283319"；第二个参数"17"，准备提取的第一个字符的位置，即从第 17 个字符开始提取，"998308197709283319"中第 17 个字符是"1"；第三个参数"1"，指定所要提取的字符串长度，即第 17 个字符开始提取 1 个字符。"MID(B2,17,1)"计算结果为 1。

"-- MID(B2,17,1)"，MID 函数提出的字符为文本格式，此处用两个减号"-- "将文本格式转换为数字格式。用 VALUE 函数代替两个减号将文本格式转换为数字格式也可以，改为"VALUE(MID(B2,17,1))"。

"-- MID(B2,17,1)/2"，身份证号码的第 17 位数字是 0～9 的整数，将0～9的整数除以 2 有两种结果：一种是整数 x，一种等于 x.5 的小数。

"ROUND(-- MID(B2,17,1)/2,0)"，对身份证号码的第 17 位数字除以 2 的结果进行四舍五入。因为"-- MID(B2,17,1)/2"有"x"和"x.5"两种结果，所以对其进行四舍五入也有两种结果。当"-- MID(B2,17,1)/2"等于"x"时，"ROUND(-- MID(B2,17,1)/2,0)"也等于"x"；当"-- MID(B2,17,1)/2"等于"x.5"时，"ROUND(-- MID(B2,17,1)/2,0)"等于"x+1"。

"ROUND(-- MID(B2,17,1)/2,0)=-- MID(B2,17,1)/2"，判断身份证号码第 17 位数字除以 2 的四舍五入，是不是和不进行四舍五入相等，相等的代表第 17 位数字是偶数，不相等的是奇数。

"= IF(ROUND(-- MID(B2,17,1)/2,0)=-- MID(B2,17,1)/2,"女","男")"，因为居民身份证第 17 位数字表示性别，所以最后用 IF 函数判断。如果

"ROUND(-- MID(B2,17,1)/2,0)=-- MID(B2,17,1)/2"成立的(满足条件),代表第 17 位数是偶数,返回"女";不成立,返回"男"。

(2)计算年龄。在 D2 单元格中输入公式"= DATEDIF(DATE(-- MID(B2,7,4),-- MID(B2,11,2),-- MID(B2,13,2)),TODAY(),"Y")",即可得出张三的年龄。

"-- MID(B2,7,4),-- MID(B2,11,2),-- MID(B2,13,2)",分别在身份证号码中提取四位出生年份、两位出生月份、两位出生日期,并都转换为数值。

"DATE(-- MID(B2,7,4),-- MID(B2,11,2),-- MID(B2,13,2))",用 DATE 函数将"出生年份、出生月份、出生日期"三位整数合并为一个日期。至此计算得出张三的出生年月日。

"=DATEDIF(DATE(-- MID(B2,7,4),-- MID(B2,11,2),-- MID(B2,13,2)),TODAY(),"Y")",最后用 DATEDIF 函数计算,由身份证号码计算得出的出生年月日和当天日期("TODAY()")之间的年份间隔,即是身份证号码主人的年龄。

DATEDIF 函数中,以张三的出生年月日"DATE(-- MID(B2,7,4),-- MID(B2,11,2),-- MID(B2,13,2))"为第一个参数(开始日期),以当天日期("TODAY()")为第二个参数,第三个参数为""Y"",即计算间隔年份。

后　记

这是我的第三本书。与前两本书一样，**"实战、整体和简单"** 仍是我创作的原则和行文的指引，也是我的追求。

什么是实战

刘勰的《文心雕龙》有言："操千曲而后晓声，观千剑而后识器。"刘勰认为，只有演奏了千首乐曲才能懂得音乐，只有观察过千把宝剑才能知道如何识别剑器。这句话是针对文学鉴赏与文学批评的，刘勰认为文学鉴赏与批评不仅仅是阅读和欣赏，还包括实践。他认为多读多写，也就是多实践，是文学鉴赏者加强自身学识修养，提高鉴赏能力的重要途径。

刘勰这句话强调的是实践的重要性，我将它作为自己创作的第一个原则——实战。

本书所引用的表格除个别的几个注明为模拟的以外，其他全部来自我本人的日常工作或我亲自依一些朋友的要求而制作的。这些表格均有较强的实用性，大多可以直接套用或经微调落地，这是本书"实战"的体现。

什么是整体

李清照在《词论》中提出："虽时时有妙语，而破碎何足名家。"这是李清照对宋朝词人张先、宋庠宋祁兄弟等的评价。李清照认为，张先、宋祁等人的作品，虽然时时有妙语传世，但却整篇破碎，不能称为名家。

它是李清照对张先、宋祁等人片面追求语言新奇妙警而致结构支离的批评。李清照要求词作需要有内在的逻辑性，要求结构完整，即整体性。我借用李清照的这句话，提出自己创作的第二个原则——整体。

文学作品要注重结构与整体，管理理念亦然。在供应链管理实战中，管理者一些突发的奇思妙想，可能刹那间惊艳左右，但如果缺乏（忽视）结构性与整体性，恐怕会因"破碎"而难以落地，从而仅仅留在纸面。

本书提出供应链管理必备的三大类函数求和、查找和判断，构成了一个整体体系，相互配合、相互补充，能够解决供应链管理中绝大部分问题。这是本书"整体"的体现。

什么是简单

李贽《童心说》有一经典名言："天下之至文，未有不出于童心焉者也。"李贽认为，"童心"是创作"天下之至文"的内在基础，是一切文学作品的根本。李贽认为，任何作品只要表现了童心，就是好作品，就是天下之"至文"。

童心是什么？童心即"绝假纯真，最初一念之本心"。童心强调的有两个方面，一个是纯真，另一个就是简单。我借助李贽的"童心"提出创作的第三个原则——简单。

本书的简单体现在两个方面：一是很少涉及复杂的公式和高深的函数，尽可能采用简单的函数和简单的公式来解决问题；二是行文简单、通俗、易懂，很少有多余的描述。

"操千曲而后晓声,观千剑而后识器。""虽时时有妙语,而破碎何足名家。""天下之至文,未有不出于童心焉者也。""实战、整体、简单"的创作原则也是我管理理念及管理实战的底层思路。

最后,感谢中国铁道出版社有限公司,感谢对本书提出意见及一起对我鼓励和支持的朋友,谢谢大家!